Allan R. Brewer-Carías

Profesor Titular de la Universidad Central de Venezuela
Individuo de Número de la Academia de Ciencias Políticas y Sociales

Problemas
del
Estado de Partidos

EDITORIAL JURIDICA VENEZOLANA

Caracas / 1988

Edición 1988: ISBN 980-6070-26-7

Reimpresión 2023: ISBN 978-980-6070-26-4

Por: Lightning Source, an INGRAM Content company

para: Editorial Jurídica Venezolana International Inc.

Panamá, República de Panamá.

Email: ejvinternational@gmail.com

Editorial Jurídica Venezolana
Avda. Francisco de Miranda, Edif. Galipán, entrada C, piso 3, letra "D"
Apartado 17.598 - Caracas 1015-A, Venezuela
Teléfonos: 951.14.45 - 951.50.62 - 951.25.63 - 951.45.58

A Manuel García-Pelayo,
Profesor y amigo,
a quien se debe el impulso y promoción
de los estudios políticos contemporáneos
en Venezuela.

I

EL ESTADO DE PARTIDOS Y EL PROBLEMA DE SU REFORMA

I. NOTAS SOBRE LA DEMOCRACIA Y EL ESTADO DE PARTIDOS

El Estado democrático venezolano contemporáneo, sin duda, es un *Estado de Partidos,* es decir, un Estado en el cual hay una completa interacción y articulación entre el sistema jurídico-político (estatal) y el sistema socio-político (de partidos). Los partidos políticos han llegado así, a ser, a la vez, los únicos canales para el ejercicio de la democracia, y los órganos indispensables para la formación de la voluntad estatal, de manera que en la realidad, es imposible que funcione la organización jurídico-política (el Estado) sin la decisiva cooperación de los partidos políticos.

Esta concepción del *Estado de Partidos,* formulada por los autores alemanes de principios de Siglo (Thoma, Kelsen, Radbruch, Koellreuter, Carl Schmitt, Leibholz, y otros), ha sido recientemente expuesta en forma magistral, como siempre, y aunque referida a los países europeos, por Manuel García Pelayo en su libro *El Estado de Partidos* (Alianza Editorial, Madrid 1986). Su lectura me ha conducido a concluir que no sólo el Estado Venezolano es un auténtico *Estado de Partidos,* sino que hasta cierto punto lo es llevado hasta sus últimos límites de intensidad, particularmente en el período de gobierno constitucional 1988-89, durante el cual se ha producido una casi plena sustitución de las decisiones de los órganos del Estado por las decisiones del máximo órgano ejecutivo del Partido de Gobierno, de manera que el gobierno a veces aparece degradado a ser un mero aparato dependiente del poder de un centro extraño a la organización del Estado, cuyas decisiones, incluso, se legitiman en un Congreso que no decide por sí mismo.

En efecto, en nuestro sistema constitucional, y en una norma que quizás tuvo su inspiración en una similar de la Constitución italiana, se establece el derecho de todos los ciudadanos a asociarse en partidos políticos para participar, por métodos democráticos, en la orientación de la política nacional (Art. 114).

Se trata, aun cuando en forma indirecta, del reconocimiento constitucional de los partidos políticos y de su papel como órganos de mediación entre la masa genérica de la población votante y los órganos que ejercen el Poder Público.

La soberanía, ciertamente, como lo afirma el artículo 4 de la Constitución, reside en el pueblo, quien la ejerce mediante el sufragio, por los órganos del Poder Público; pero el sistema electoral que actualiza el sufragio, está montado sobre el principio de la representación proporcional, también de origen constitucional (Art. 113), lo que conduce, en definitiva, a estructurar *un sistema de representación democrática de los partidos políticos* los cuales, efectivamente, son los conductores de la vida política nacional. De allí el sistema de democracia pluralista de partidos que tenemos como sustrato socio-político del *Estado de Partidos,* basada en relaciones competitivas de multipartidismo y pluralismo ideológico.

En este contexto, sin duda, los partidos políticos han cumplido y cumplen el papel fundamental en nuestro proceso político: suscribieron en 1958, el "Pacto de Punto Fijo" para el establecimiento y mantenimiento del régimen democrático, y de ese Pacto y de la labor consensual de los partidos, salió la propia Constitución de 1961 que configura el Estado democrático y Social de Derecho, como esquema formal neutro, no comprometido, y el cual, por tanto, podía y puede ser moldeado por las diversas ideologías representadas en los partidos políticos, en tanto en cuanto lleguen a ejercer el poder.

Ahora bien, nuestra democracia de partidos, utilizando los conceptos expuestos por García Pelayo, en su mencionado libro, puede decirse que está estructurada sobre las siguientes bases:

En *primer lugar,* en Venezuela, los partidos políticos, evidentemente, han mediatizado completamente la relación entre los representados-electores y los representantes-elegidos, de manera que son las vías de transformación de la voluntad imprecisa del pueblo en una voluntad política concreta, reuniendo a los electores en grupos capaces de acción política.

En esta forma, los partidos políticos han sido y son las únicas organizaciones capaces, realmente, de movilizar las masas para lograr su participación en el proceso democrático. Actúan como canales ascendentes de las orientaciones y actitudes políticas generales de la población, las cuales las transforman en programas concretos de acción política; y como instrumentos descendentes de generación de actividad política y demandas a ser requeridas por el pueblo. En este sentido, sin duda, puede decirse que están al servicio de los ciudadanos: les proporcionan información, programas de acción política y ofertas de listas de candidatos, normalmente escogidos entre los dirigentes de los propios partidos; y ponen a su disposición una capacidad y potencial organizativo para la ejecución de políticas que no proporcionan otras instituciones.

En *segundo lugar,* los partidos políticos monopolizan la representatividad democrática, pues el sistema electoral está diseñado para lograr una representatividad de los partidos políticos, a cuyo efecto la propia Constitución, elaborada por los partidos políticos en los albores de la democracia, erige el principio de la representación proporcional en el sistema básico de escrutinio. Esta representatividad de los partidos políticos, en la práctica, ha tenido múltiples consecuencias: los partidos ejercen el dominio del electorado, el cual no puede influir en la selección de los candidatos, lo que conduce a la percepción de que los votos de los electores, en definitiva, pertenecen a los partidos. Además, la elección o escogencia por los electores, no se ejerce sobre candidatos considerados individualmente, sino sobre las diversas listas presentadas por los partidos.

Así, progresivamente, los cargos de diputados han perdido su carácter representativo popular, convirtiéndose el proceso de selección interna de candidatos en los partidos, con cada vez más frecuencia, en un ejercicio del poder de las oligarquías y maquinarias partidistas, y la elección, en definitiva, en un plebiscito respecto de los partidos más que respecto de las individualidades que integran las listas.

En *tercer lugar,* en cuanto a los electos o representantes, estos, en definitiva, quedan con una sujeción natural a los partidos en cuyas listas fueron presentados. Tienen clara conciencia de que no fueron elegidos por sus méritos individuales, sino por pertenecer a un partido o haber estado en sus listas, por lo que en la elección priva la opinión del partido sobre los criterios personales. La representación popular, por tanto, deriva de la representación del partido, en el sentido de que se representa al pueblo sólo porque se representa al partido. De allí que la lealtad al partido está usualmente por encima a la lealtad al Estado.

En *cuarto lugar,* proviniendo los representantes electos de la voluntad de los partidos, las fracciones parlamentarias han adquirido una relevancia fundamental. Como los partidos son los que en definitiva eligen los representantes, estos, una vez electos, forman parte de una fracción parlamentaria, la cual usualmente sustituye la propia voluntad del representante, produciéndose como consecuencia, un vaciamiento de las funciones del propio Congreso. Las decisiones de las Cámaras Legislativas, así, no son realmente el resultado de la dialéctica parlamentaria ni de discusión alguna que se haga en las Cámaras o en sus Comisiones, sino de lo que dispongan las fracciones parlamentarias, con lo cual, en la casi totalidad de los casos, las decisiones del Congreso carecen de creatividad.

En *quinto lugar,* los partidos políticos venezolanos no han escapado al imperio de la famosa regla de la *naturaleza oligárquica* de su dirigencia, formulada por R. Michels a comienzos de siglo (1914), por lo que en todo el proceso político, son las cúpulas partidistas, sus élites tradicionales, las que controlan la estructura y funcionamiento de los partidos y las fracciones parlamentarias, y a través de ellos, el propio Estado.

En todo caso, si bien los partidos actualizan la democracia de partidos, internamente, invariablemente, son poco democráticos. En ellos, no son las bases las que deciden, son las cúpulas de sus cuerpos directivos los que gobiernan, por lo que no se ha podido implementar, internamente en los partidos, los más elementales principios democráticos. Por tanto, la exigencia constitucional y legal de la organización democrática interna de los partidos, no ha podido tener plena vigencia, rigiendo, al contrario, en general, el principio del centralismo democrático que en definitiva asegura el predominio de las oligarquías partidistas enquistadas en sus cuerpos directivos.

II. CONSECUENCIAS DEL ESTADO DE PARTIDOS

Ahora bien, toda esta situación de la democracia de partidos ha producido sus consecuencias directas en la configuración del *Estado de Partidos,* en el cual, los partidos políticos han ocupado los órganos políticos del Estado, de manera que la voluntad del Estado, en definitiva, es la voluntad del partido de gobierno, sobre todo cuando tiene la mayoría parlamentaria. En esa forma, los órganos políticos del Estado han quedado trastocados en mecanismos de conversión de la voluntad de los partidos políticos en voluntad del Estado, de manera que con frecuencia, incluso, el Congreso no es el lugar donde se producen determinadas decisiones en materia legislativa o de control, sino el lugar donde simplemente se

14

legitima, a través de las fracciones parlamentarias, la decisión adoptada en los cuerpos directivos de los partidos políticos. Así mismo, progresivamente se constata (muestra de ello es la experiencia de gobierno en el período 1984-1989), en relación al gobierno del Estado que éste, en más de una ocasión, se ha convertido en gobierno del partido, adoptándose las decisiones políticas fundamentales respectivas primero, en lo organismos directivos del partido de gobierno, antes de ser legitimadas por el Presidente en la reunión del Consejo de Ministros. Así, en más de una ocasión, tanto el Congreso como el Presidente de la República han actuado como meros ejecutores de decisiones tomadas en los organismos directivos del partido de gobierno, situados fuera e independientemente de la estructura del Estado. Un ejemplo, al final del período legislativo en 1988, fue el caso de las leyes de crédito público para la industria estatal del aluminio: el Comité Ejecutivo Nacional del partido de gobierno fue el que "interpeló" al Ministro-Presidente de la Corporación Venezolana de Guayana, y luego de ello, fue el que decidió que el Presidente de la República convocaría a las Cámaras Legislativas a sesiones extraordinarias, y el que decidió que éstas sancionarían las leyes mencionadas. Todo ocurrió, en efecto, como lo resolvió el órgano directivo del partido de gobierno.

En todo caso, y este es un ejemplo, es claro que no hay una dicotomía real y absoluta entre el Estado y los partidos: los cargos políticos del Estado en el Gobierno y en el Congreso, en general, son ocupados por las élites de los propios partidos, por lo que las decisiones son adoptadas en el partido por los mismos que luego las legitiman e implementan en los órganos políticos del Estado.

Esta realidad ha provocado consecuencias inmediatas en la propia estructura y funcionamiento del Estado. Por ejemplo, el principio fundamental de la separación orgánica de poderes, como base de la libertad, resulta en el *Estado de Partidos,* totalmente desdibujado. Así, el bicameralismo que, incluso, en la primera crisis de la democracia a principios de la década de los sesenta jugó un papel importante, en la actualidad no sirve para casi nada. En efecto, aun cuando la estructuración del Senado y Cámara de Diputados como cuerpos colegisladores fue concebida como un mecanismo de freno y contrapeso en la actividad legislativa, en la actualidad, al tener una misma composición político-partidista (mayoría), aquella fórmula no significa nada, pues no puede cumplir con su papel. Así, el que un Proyecto de Ley pase a la otra Cámara una vez aprobado en una, no pasa de ser un mero rito que con frecuencia se soslaya, declarándose la materia de urgencia.

Más importante, en todo caso, es el desdibujamiento del principio de la separación orgánica de poderes, tanto a nivel horizontal como vertical. En un *Estado de Partidos* como el que hemos venido consolidando en el país, y particularmente al extremo del que existe en la actualidad, en el período constitucional 1984-89, la separación entre el Legislativo, el Ejecutivo y el Judicial, materialmente no existe. La independencia entre los órganos que ejercen las tres ramas del Poder Público, por supuesto, está formalmente establecida, pero la realidad es otra, y con frecuencia hemos visto que más allá de la separación e independencia, lo que existe es una dependencia común de los órganos del Estado respecto de un centro de decisión localizado en el cuerpo directivo del partido de gobierno. Lo grave es que no se limita ese centro común, que es el cuerpo directivo o ejecutivo respectivo del partido de gobierno, a desdibujar la separación orgánica entre el Gobierno (Presidente de la República y Ministros) y las Cámaras Legislativas, sino que también ha incidido en el ámbito de la Judicatura.

En efecto, a raíz de la reforma de la Ley Orgánica del Poder Judicial de 1970, con la creación del Consejo de la Judicatura, se abrió el camino para el control partidista de dicho cuerpo, y a través de él, para la designación partidaria de jueces o para la sanción a jueces por razones de partido. Así, la justicia se ha partidizado y hasta la designación de los Magistrados de la Corte Suprema de Justicia corresponde directamente a las cúpulas partidistas a través de las fracciones parlamentarias. Incluso, los medios de comunicación social han dado cuenta durante el actual período constitucional, de las decisiones del comité directivo o ejecutivo del partido de gobierno, sobre quien debía y quien no debía ocupar la Presidencia de la Corte Suprema de Justicia.

En esta forma, el partido, así, más de una vez decide qué debe decidir o no un juez, lo que implica que no hay contrapeso o balance entre los poderes. En nuestro *Estado de Partidos,* por tanto, no se ha respetado un tradicional límite al mismo y es el que la dictadura de partido no debe incidir en el ejercicio de las funciones judiciales. Al contrario, el propio partido que controla el Congreso y decide por el Gobierno, también controla a los jueces cuando es necesario, con lo que la separación de poderes se convierte en un eufemismo.

Otro tanto sucede en materia de distribución vertical del poder, de la cual derivan tres niveles autónomos de poder en el territorio: el nacional, el estadal y el municipal. Al menos en los dos primeros, la separación orgánica ha estado totalmente desdibujada: el Presidente de la República ha nombrado a los Gobernadores, también por supuesto y en general, de entre personas vinculadas a la élite partidista (incluso, en el actual período constitucional, fueron designados gobernadores quienes ejercían la Secretaría General del partido de gobierno en cada Estado), y los mismos han sido tradicionalmente más agentes del Ejecutivo Nacional (del Presidente de la República) que Jefes de los Ejcutivos Estadales ya que los Estados, por el centralismo, pocas competencias tienen. Sin embargo, la sanción, en 1988, de la Ley de elección y remoción de los Gobernadores, sin duda, puede verse como un primer correctivo (quizás inadvertido) de los excesos del *Estado de Partidos,* pues permitirá la elección popular de los Gobernadores, pudiendo escapar su designación al control directo de las cúpulas partidistas, y podrá permitir, además, la liberación de las fuerzas políticas regionales y locales del control férreo que actualmente existe por parte de las cúpulas partidistas.

En todo caso, la efectiva implementación de esta reforma, tendría que implicar un gran esfuerzo de asignación de competencias a los Estados (descentralización), para ser gobernados y administrados por los Gobernadores electos. He aquí, sin embargo, un conflicto, en puertas, producto del *Estado de Partidos,* pues Gobernadores electos con competencias propias significará pérdida de áreas de poder de las cúpulas partidistas y del propio Estado centralizado desarrollado por la interacción del centralismo democrático de los partidos y del centralismo político del Estado. Por ello, la efectiva descentralización del poder hacia los Estados, sin duda, será la primera prueba de autolimitación que tendrá que confrontar el *Estado de Partidos.*

Lo mismo ha de decirse respecto de los poderes locales, inconvenientemente manejados hasta ahora por órganos colegiados, los Concejos Municipales, cuyos Presidentes, incluso, siempre han sido designados desde Caracas, por las respectivas cúpulas partidistas. La elección directa del Alcalde, como órgano ejecutivo y de gobierno municipal previsto en la reforma de la Ley Orgánica de Régimen Municipal de 1988, también significará una prueba de fuerza frente al poder de los partidos en el manejo del Estado, y quizás, el comienzo de la admisión del establecimiento de algún límite a su actuación totalitaria.

Por último, el *Estado de Partidos* llega al extremo ilimitado de su configuración, con el apodaremiento de la Administración Pública y sus órganos por el partido de gobierno, en contra del principio esencial del Estado contemporáneo, que tiende a asegurar la neutralidad política de la Administración Pública y de sus funcionarios. Si el Estado Democrático y Social, conforme a la Constitución, es un Estado neutro, no comprometido, la Administración Pública y sus funcionarios deberían seguir la misma suerte. Esa es, además, la intención de la propia Constitución, en la cual se proclama que los funcionarios públicos están al servicio del Estado y no de parcialidad política alguna (Art. 122).

Hasta hace algunos años, ciertamente, este límite todavía no había sido franqueado, y los funcionarios en este campo, aún actuaban con recato. Todo ello, sin embargo, ha sido olvidado y en los últimos años ya no hay límite: abiertamente el funcionario actúa en interés partidista, con frecuencia realiza retaliaciones o discriminaciones incluso contra particulares que no son del partido, y ya la realización de propaganda política y electoral en las oficinas públicas no es considerada como una falta, sino al contrario, como un signo de lealtad. Así, por supuesto, no se ha podido establecer una burocracia neutra e, incluso, la que venía estructurándose a partir de fines de los años sesenta, se ha limitado, al convertirse, materialmente, a todos los cargos públicos en cargos de confianza, y por tanto, de libre nombramiento y remoción del jerarca. El cargo público, así, es un premio a la lealtad al partido, y progresivamente la Administración Pública comienza a identificarse con el partido de gobierno, sin que puedan sentarse las bases para una burocracia profesionalizada que se encargue de conducir, con permanencia, los órganos administrativos del Estado.

Otra área tradicional de inmunidad a la acción directa de los partidos en el Estado contemporáneo, había sido la institución militar, y hasta hace algunos años todavía en nuestro país, en este campo se actuaba con cierto recato. Lo cierto es que recientemente y cada vez con más frecuencia, denuncias sobre injerencias políticas directas en los asuntos militares, comienzan a salir abiertamente de la institución militar, incluso por boca de oficiales que han pedido la baja por tales motivos.

20

Por último, la simbiosis en extremo de la partidocracia y el Estado, con el desdibujamiento de la separación de poderes —no hay frenos ni contrapresos reales— y la atenuación o casi eliminación de la autonomía de la Administración Pública y de los Tribunales, minimizada además la independencia que estos últimos deberían tener, ha puesto en crisis las bases mismas del Estado de Derecho, que deberían estar montadas sobre la legalidad y el respeto al derecho.

En efecto, el Estado contemporáneo está concebido en la Constitución, básicamente, como un Estado sometido al derecho en todas sus actuaciones, y por tanto, sometido al control de la legalidad por parte de los órganos judiciales. Sin embargo, cuando el mismo centro de poder partidista puede controlar, a la vez, las decisiones del Congreso, del Ejecutivo y de los Tribunales, no hay forma efectiva de someter a control judicial real al Estado, y la dictadura del partido es total, porque lo inconstitucional o ilegal no encuentra remedio y a veces, como por arte de magia —la magia del partido— lo contrario a derecho se convierte en excelsa legalidad.

Estos son los problemas de *Estado de Partidos* en Venezuela —gravísimos por cierto— y que seguramente el Presidente de la República en el período 1984-1989, no tenía en cuenta cuando comenzó su mandato anunciando y volviendo a anunciar y prometer que realizaría la "reforma del Estado".

III. LAS IRREALIZADAS PROMESAS DE LA REFORMA DEL ESTADO

Jaime Lusinchi, así, pasará a la historia político-gubernamental de Venezuela, como el Presidente de la República que más habló y prometió en materia de Reforma del Estado, pero en cuyo período menos se hizo en dicho campo, pues las pocas reformas institucionales aprobadas legislativamente —la reforma municipal y la elección de los Gobernadores— fueron proyectadas, presentadas y promovidas por la oposición durante todo el período constitucional, y sólo fueron aprobadas al final de la legislatura del período —agosto de 1988— cuando el órgano directivo o ejecutivo del partido de gobierno no tuvo más remedio que darles bendición a través de su fracción parlamentaria, en una decisión en la cual sólo puede verse una motivación electoral, dada la sensibilización de la opinión pública en esta materia.

Ahora bien, estando por finalizar el período presidencial del Presidente Jaime Lusinchi y concluido ya el último período de sesiones ordinarias de las Cámaras Legislativas del término constitucional de gobierno —razón por la cual ninguna otra reforma será aprobada—, es el momento de recordar todo lo que Lusinchi dijo y prometió al iniciar su mandato, para que se haga el balance necesario y se concluya, en esta materia, que lo que el Gobierno hizo fue hablar y prometer para que nada cambiara efectivamente.

Nunca en los últimos años, como en el presente período constitucional, el tema de la Reforma del Estado estuvo tan de actualidad. Todas las personas que en una forma u otra tuvieron acceso a los medios de comunicación, aun sin saber de qué se trataba, clamaron por la Reforma del Estado, y esto refleja un estado de ánimo que se capta en el ciudadano común, de insatisfacción y frustración frente a las actuaciones del sector público, de manera que se tiene conciencia de que si no se transforma lo que comúnmente se denomina el Estado (las instituciones políticas y administrativas en todos los niveles nacional, estadal y municipal) no tendremos realmente progreso económico, social y por supuesto, político.

Pero estas manifestaciones a favor de la Reforma del Estado, y esto es lo que más llamó la atención, nunca como en el inicio del presente período constitucional, habían provenido tan insistentemente del propio gobierno, y en particular, del Presidente de la República. El Presidente Lusinchi ha sido el Jefe de Estado, en toda la etapa democrática, que más ha hablado del tema de la Reforma del Estado en el menor lapso de tiempo. Puede decirse, sin duda, que el tema fue una constante en las intervenciones públicas del Presidente, no sólo a partir de la toma de posesión de su cargo, sino desde la fase final de su campaña electoral. Realmente, no es frecuente encontrar en las intervenciones de los Jefes de Estado de la Venezuela contemporánea, tanta insistencia sobre el tema. En particular en el caso del Presidente Lusinchi, deben destacarse las siguientes manifestaciones públicas:

En primer lugar, su exposición televisada el día 19 de agosto de 1983 (véase *El Universal*, 20-8-83, p. 1-13 y *El Nacional*, 20-8-83, p. D-20), en la cual prometió como candidato presidencial "la reforma a fondo de las instituciones del Estado para sacar al país de la crisis actual". Allí abordó muchos temas, y en particular, los relativos a la reforma administrativa del Estado. El contenido de dicha exposición, en general, no pasó de ser una repetición-resumen de los planteamientos sobre el tema que se venían formulando en el país desde los trabajos de la Comisión de Administracion Pública de la Presidencia de la República a comienzos de los años setenta, expuestos en variada forma por muchas personas. El tema, sin embargo, en forma tan extensamente expuesto en boca de un candidato presidencial, adquiría nueva importancia, más aún tratándose del candidato presidencial de un partido cuya fracción parlamentaria se había opuesto en los inicios de los setenta, tenaz y tercamente, a toda idea de reforma administrativa. La charla televisiva del candidato Lusinchi, por tanto, para todos los que nos habíamos ocupado del tema de la reforma administrativa, se configuraba como un acto de contrición, aun cuando lleno de apreciaciones erradas, por extemporáneas.

El Presidente R. Caldera (1969-1974) había dejado, en 1974, un completo programa de reforma administrativa que, inclusive, había servido de modelo en el ámbito latinoamericano. Los errores y horrores que el candidato Lusinchi refirió de la Administración Pública, quiso achacárselos todos al gobierno del Presidente Luis Herrera (1979-1984), pero realmente no se puede olvidar que ellos fueron cometidos en el Gobierno del Presidente Carlos Andrés Pérez (1974-1979), precisamente cuando el candidato Lusinchi era parlamentario del partido de gobierno. No debe olvidarse que fue precisamente el Gobierno del Presidente Pérez el que eliminó, en 1976, la Comisión de Administración Pública, dejando la marcha de la reforma administrativa a la deriva. En ese gobierno del Presidente Pérez fue que el desorden administrativo llegó a su máxima expresión. Era la época de la "Gran Venezuela", donde el desorden se tapaba con exceso de riqueza.

24

No debe olvidarse que el tema de la reforma del Estado y dentro de él, de la reforma administrativa, es un tema de crisis, particularmente económica. Por ello a partir de 1984 se tornó importante; pero por ello, precisamente, en la época de la abundancia se la arrinconó. Y ciertamente, con el gobierno de Carlos Andrés Pérez se comenzó entre otros aspectos, a desquiciar el sistema sectorial de empresas del Estado, pretendiendo importar esquemas como el de Italia en el famoso, por disparatado, programa del Sistema Nacional de Empresas de Estado de la CRIAP. Por otra parte fue en el gobierno del Presidente Pérez cuando se produjo el mayor porcentaje de ingresos de funcionarios al sector público; y se dictó el Decreto Nº 211 que acabó con toda idea de estabilidad en la función pública. Allí funcionó la populista política de pleno empleo y se abrió la Administración Pública al empleo inútil. Fue en el gobierno del Presidente Pérez cuando se inició y se realizó el mayor gasto inútil de la historia en materia de publicidad, propaganda, viajes y agasajos. La permisología llegó a sus más altos niveles de papeleo y obstaculización y para darse cuenta de ello basta releer los incontables e interminables Decretos y más Decretos que enredaron el ordenamiento jurídico y, por tanto, los trámites administrativos.

En todo caso, la reforma de la Administración descentralizada se planteó por primera vez en el gobierno del Presidente Caldera, en 1972, y no se pudo realizar por la oposición del entonces partido de oposición; se replanteó por el gobierno del Presidente Carlos Andrés Pérez en 1976, en un Proyecto de Ley que el Congreso y el partido de gobierno ignoró y no impulsó; se replanteó de nuevo en el período del Presidente L. Herrera por la fracción parlamentaria del entonces partido de gobierno, y de nuevo el partido de oposición se opuso. Por tanto, lo que exponía el entonces candidato J. Lusinchi, además de extemporáneo en sus críticas y repetitivo, tenía sabor de incredulidad. En todo caso, esos criterios expuestos por el candidato Lusinchi en su mensaje de agosto de 1983, en relación a la reforma administrativa, fueron los siguientes: 1. Reforzamiento del papel sectorial de los Ministros, criterio desarrollado por el Programa de reforma Ministerial de 1972, plasmado en la Ley Orgánica de la Administración Central de 1976; 2. El pago oportuno de las deudas intergubernamentales; 3. Mejoramiento del empleado administrativo, reaplicando la Ley de Carrera Administrativa, la cual fue olvidada y dequiciada en su aplicación por el gobierno del Presidente Pérez, desde 1974; 4. Aplicación efectiva de la Ley Orgánica de Procedimientos Administrativos proyectada en 1972 y promulgada durante el gobierno del Presidente Herrera. 5. Mejoramiento de la eficacia de la Administración descentralizada, privatización de servicios, reforzamiento a los que son de nivel municipal, regularización de los servicios públicos; 6. Reducción de los institutos autónomos y traspaso de muchas de sus funciones a la Administración Central y reforzamiento de las Gobernaciones como eje de la administración regional; 7. El control de las empresas básicas por el Estado, y la privatización de empresas que pudieran ser más eficientes en manos de particulares que en manos de la Administración Pública; y 8. El control de gestión de las empresas del Estado y de costo y rendimiento de los servicios públicos, la eliminación o fusión de unidades administrativas y empresas, cuando fuera necesaria.

Lamentablemente, transcurrido ya el período presidencial del Presidente J. Lusinchi, es fácil constatar que nada de lo prometido electoralmente se hizo ni se ejecutó por su gobierno. Todo sigue igual, de manera que esas mismas ofertas electorales podrían formularse ahora, sin cambiarles ni una coma, pues todo ello está por hacerse.

Pero Lusinchi no sólo prometió electoralmente realizar la reforma del Estado, sino que a lo largo de su primer año de gobierno, insistió sobre el tema.

En efecto, en su discurso con motivo de la toma de posesión de la Presidencia de la República el 2 de febrero de 1984, Jaime Lusinchi dedicó una inusitada y extensa parte de su exposición al tema del Estado y su reforma (*El Universal*, 3-2-84, p. 1-12 y 1-13), como no se encuentra en ningún otro discurso presidencial de toma de posesión en todo el período democrático.

Constató, en efecto, "que para lograr la profundización de la democracia, es preciso democratizar el Estado, reformarlo, someterlo...". Luego de constatar el carácter del Estado en Venezuela como "particularmente fuerte" con influencia determinante sobre la sociedad y la economía, indicó: "Tenemos un Estado sin control, un Estado que unas veces asalta y otras es tomado por asalto. Un Estado muy rico, repentinamente comprometido", constatando que

"El deterioro de la Administración Pública y su condición desordenada y contradictoria, han determinado que el Estado no pueda cumplir adecuadamente las funciones que le son pro-

27

pias y que el ciudadano común, los trabajadores y empresarios consideren a las entidades oficiales como un obstáculo para el desarrollo de sus actividades".

Por todo ello, al iniciar su mandato presidencial, el Presidente Lusinchi formuló como uno de los propósitos de su gestión "la reforma del Estado" y expresó:

"La reforma del Estado conlleva también su redimensionamiento, no para disminuirlo sino para restituirle su jerarquía. La ordenación de las empresas y de los servicios del Estado es una tarea ardua y de inmensas proporciones. La existncia de más de 300 entidades públicas descentralizadas indica someramente cómo el Estado ha ido hasta donde nunca ha debido ir y se ha involucrado en asuntos subalternos que no pueden ser de su competencia. Al proponernos su reforma, consolidaremos su capacidad gerencial y garantizaremos su fluidez y su dinamismo".

Transcurridos los cinco años de su mandato, nada de ello ocurrió: el Estado siguió involucrado en asuntos subalternos y aunque fue liquidada la antigua Corporación Venezolana de Fomento y la Corporación de Mercadeo Agrícola, el Estado continuaba involucrado en áreas "hasta donde nunca ha debido ir".

El 24 de febrero de 1984 y apenas veinte días después de asumir la Presidencia de la República, el Presidente Lusinchi anunció al país su estrategia para la recuperación económica y la adopción de una serie de medidas para superar la crisis (*El Nacional*, 25-2-84, p. D-1), entre las cuales estaba la de "reducir el déficit fiscal en favor de la eliminación del gasto innecesario, la ampliación de las fuentes generadoras de recursos del Estado, una mayor efectividad en la recaudación tributaria y la inaplazable racionalización de la Administración Pública". El Presidente Lusinchi, en dicho discurso anunció además que "en el tiempo inmediato formularemos las políticas tendientes a la reforma del Estado y su régimen fiscal", lo cual el país quedó esperando.

En ejecución de lo anunciado en materia administrativa, el Presidente Lusinchi dictó el Decreto Nº 55 de 13 de marzo de 1984 sobre "Medidas para la reorganización de la Administración Pública Nacional y la reducción del gasto corriente", y los Decretos Nº 60 de 20-3-84 y 71 de 27-3-84 sobre reorganización y reducción del gasto corriente en los entes descentralizados, los cuales, lamentablemente, no tuvieron cumplimiento efectivo en el período constitucional, durante el cual el gasto corriente continuó aumentando voraz e inconteniblemente a pesar del déficit fiscal. Todo lo que había anunciado el Presidente Lusinchi en el Mensaje del 14 de marzo de 1984 explicando los alcances de los mencionados Decretos (*El Universal* 15-3-84, p. 1-12; *El Nacional* 15-3-84, p. D-1) no pasó de eso, y la situación que describía de la Administración Pública, cinco años después, se había agravado durante su gobierno.

El tema de la reforma del Estado, de nuevo, lo planteó el Presidente Lusinchi al presentar al Congreso el Proyecto de Ley Orgánica que lo autorizó para adoptar medidas económicas o financieras requeridas por el interés público, que luego se sancionó por las Cámaras Legislativas. Con fecha 12 de abril de 1984, el Presidente concurrió al Congreso para justificar su solicitud de poderes extraordinarios, y en su discurso, anunció que los esfuerzos que había emprendido su gobierno con "las medidas de austeridad" que había anunciado días antes, "culminará en una reforma y modernización de la Administración Pública y de la normativa del Estado que nos permita asegurar la profundización de la democracia", afirmando que "No podemos darnos por satisfechos por haber diagnosticado los problemas y diseñado sus soluciones". Justificó su solicitud de poderes extraordinarios en esta materia, para "la reestructuración de la administración pública" lo que requería legislar sobre muchas leyes, labor que era preferible —dijo— atribuir al Ejecutivo por ser una "labor puramente administrativa", dejando al Congreso asuntos de mayor trascendencia. Por ello pedía que se otorgaran los poderes extraordinarios (*El Nacional*, 13-4-84, p. D-1), y en efecto, en la Ley Orgánica de 22 de junio de 1984 se autorizó al Presidente entre otros aspectos, para:

> "a)   Reorganizar los Ministerios, a los fines de lograr economías en los gastos y una mejor eficiencia en sus respectivas funciones:
>
> b)   Modificar, suprimir, fusionar o liquidar los Institutos Autónomos, las Empresas del Estado y las compañías en que la Nación y los Institutos Autónomos posean la mitad o más del capital social, las fundaciones y demás entes de la administración descentralizada, a los fines de lograr la reducción de los gastos, facilitar el control de gestión de los entes descentralizados, y adecuar la adscripción de éstos a la estructura sectorial de la administración central".

Sin embargo, a pesar de esta amplísima habilitación legislativa para reformar materialmente toda la Administración Central y Descentralizada, poco hizo el Presidente de la República en este campo, salvo dictar los Decretos para intervenir y suprimir la Corporación de Mercadeo Agrícola y la Corporación Venezolana de Fomento; suprimir los Consejos Nacionales para el Desarrollo de la Industria Aeronáutica, de la Industria Naval, de la Industria Nuclear y de las Industrias Militares; y reformar las leyes del Instituto Nacional de Puertos y de la Corporación Venezolana de Guayana. De nuevo, todo o casi todo quedó igual a pesar de haber sido el Presidente en todo el período democrático, que ha tenido la más amplia habilitación legislativa para reformar, por Decreto Ejecutivo, a la Administración Pública.

En su discurso del 5 de julio de 1984, en el Salón Elíptico con motivo del 173 Aniversario de la firma del Acta de la Independencia *(El Universal,* 6-7-84, p. 2-1) el Presidente Lusinchi volvió a insistir sobre el tema de la reforma, en particular respecto de la administración descentralizada, pero ya atenuando sus alcances, así:

"En lo que concierne propiamente al reordenamiento del sector público, se están tomando medidas para poner fin al desorden y la irracionalidad existente en los entes públicos descentralizados, especialmente para sanearlos financiera y administrativamente. A las empresas del Estado, se les ha dedicado especial atención exigiéndoles la instrumentación de medidas conducentes a lograr una disciplina financiera y administrativa, de forma tal que eviten incrementar sus pasivos más allá de los límites que aconseja una buena administración, honren oportunamente sus obligaciones internas y externas y en general, puedan operar con eficiencia y disponer de excedentes financieros para nuevas inversiones".

En su discurso con motivo de la clausura de la XL Asamblea de Fedecámaras el 17-7-84, *(El Universal,* 18-7-84, p. 1-12), el Presidente Lusinchi señaló:

"He sido y soy partidario, y así lo he postulado, de reformar el Estado, profundamente hipertrofiado, que asume tareas que van más allá de cualquier rasero conveniente".

Luego en el mensaje televisado que dirigió al país el 9-9-84 *(El Universal* 10-9-84, p. 1-12) señaló que

"Pareciera que todos los errores del pasado se hubieran cristalizado en la organización de la administración pública. Se necesita, por tanto y hacia ello se encaminan nuestros esfuerzos, de una reforma profunda del Estado que lo haga productivo y eficiente".

Agregó, sin embargo, que

"Lamentablemente el dispendio no ha sido sólo producto de la desorganización. Junto a él debemos constatar el hecho de la corrupción administrativa, que ha trascendido a diversos sectores, constituyéndose en una grave amenaza para la moral pública".

Un mes después, en la exposición del Presidente Lusinchi en la XXVI Convención Nacional de Gobernadores el 18-10-84 *(El Universal,* 19-10-88, p. 1-12) hizo especial énfasis en los problemas administrativos regionales, afirmando la necesidad de afianzar los Gobiernos de los Estados, incluso como "coordinadores de las oficinas nacionales que actúan en cada Estado".

Días después, en el mismo mes de octubre, al condecorar a los Magistrados del Consejo de la Judicatura el 24 de octubre de 1984, ratificó su convicción de que "toda la estructura del Estado Venezolano debe ser modificada y actualizada". *(El Nacional,* 25-10-84).

Por último, en su discurso al recibir la participación de las clausura de las sesiones ordinarias del Congreso, el 30 de noviembre de 1984 *(El Universal,* 1-12-84, p. 1-15), expresó lo oportuno de la ocasión "para señalar que está planteada con carácter de urgencia, la gran tarea de emprender la reforma del Estado", de lo cual —decía— "venimos hablando hace mucho tiempo". Para ese fin prometió anunciar a su regreso de los Estados Unidos (diciembre 1984) "la integración de una comisión especial para la reforma del Estado que actuará como matriz de los proyectos necesarios". La Comisión, en efecto, se creó por Decreto Nº 404 de 17 de diciembre de 1984 con el nombre de "Comisión Presidencial para la Reforma del Estado", la cual se instaló en enero de 1985 *(El Nacional,* 12-1-85, p. D-3).

A partir de ese momento el Presidente Lusinchi no volvió a tocar el tema de la reforma del Estado en sus discursos públicos, y cuando la Comisión le comenzó a presentar proyectos y propuestas, el apoyo que le había dado cesó. Ello no impidió que la Comisión continuara sus trabajos, pero con entera independencia de las políticas del Presidente.

En todo caso, era evidente que paralelamente a las manifestaciones verbales, en realidad, ni los Ministros, ni los altos funcionarios, ni el partido de gobierno, ni su fracción parlamentaria, ni las Cámaras Legislativas estaban interesadas realmente en reformar nada. Hacer retoques en el aparato administrtivo sin duda, era posible, pero siempre que ello no cambiara realmente nada, como sucedió con lo poco que se hizo en este campo, pero por supuesto, ningún cambio podía intentarse respecto de las instituciones políticas. En realidad, nadie estaba realmente interesado en la efectiva transformación del Estado, y de todo este proceso, lo que quedaron fueron los estudios y trabajos de la Comisión Presidencial. Además, como se dijo, quedaron las reformas legislativas del Régimen Municipal, que permitirá la elección directa del Alcalde; y la sanción de Ley sobre elección y remoción de Gobernadores de Estado, y las cuales, aun cuando su iniciativa ni correspondió al gobierno del Presidente Lusinchi, ni a la Comisión Presidencial para la Reforma del Estado, ni al partido de gobierno, si llegaran a implementarse sensatamente a partir de 1989, podrán contribuir a transformar el *Estado de Partidos* que hemos venido configurando en los últimos años, y a buscarle solución a sus problemas *.

---

* En los cuatro capítulos siguientes de este libro, hemos querido presentar en particular, cuatro de los problemas del *Estado de Partidos,* de mayor gravedad, y que exigirán en el futuro una mayor atención por parte de los partidos políticos.

El texto de estos cuatro capítulos tiene por base documentos redactados en épocas distintas y con motivaciones diferentes, que habían permanecido inéditos, pero todos dentro de la misma línea de pensamiento.

El capítulo segundo, sobre *El problema de la partidocracia* tiene su origen en el texto de la conferencia sobre el tema de la Reforma del Sistema Electoral que leímos en el Ciclo que organizó la Academia de Ciencias Políticas y Sociales, en abril de 1987, para cuya redacción seguimos lo que habíamos expuesto en el documento preparado para la Cátedra Pío Tamayo de la Universidad Central de Venezuela, con motivo de nuestra participación en el Foro sobre "La crisis: Responsables y Salidas" que tuvo lugar en junio de 1985.

El capítulo tercero, sobre *Problemas de la Federación Centralizada,* fue elaborado en abril de 1988, con ocasión de la discusión del Pro-

Precisamente, en los capítulos que siguen destacamos algunos de dichos problemas.

yecto de Ley sobre Elección y Remoción de Gobernadores, y constituyó la ponencia que presentamos al IV Congreso Iberoamericano de Derecho Constitucional, celebrado en Madrid, en septiembre de 1988, en el cual se discutió el tema del Federalismo y Descentralización.

El capítulo cuarto, sobre *Problemas de la Administración Pública,* tiene su base en el documento que elaboramos para el Banco Interamericano de Desarrollo a finales de 1986, con el título "Tendencias de Modernización del Sector Público", y que debió servir como documento para un Seminario, aún no realizado, sobre Modernización del Sector Público. Lo sustancial de dicho documento, sin embargo, lo presentamos en la Conferencia que leímos en el Seminario sobre Reforma Administrativa realizado en Quito, Ecuador, en noviembre de 1987, con ocasión de celebrarse la reunión del Consejo Directivo de la Asociación Latinoamericana de Administración Pública.

Por último, el capítulo quinto, sobre *El Problema del Poder Judicial,* tiene por base el documento que con el mismo título elaboramos para su discusión en la XI Reunión del Grupo Santa Lucía, en octubre de 1987, celebrada en Curazao.

II

EL PROBLEMA
DE LA PARTIDOCRACIA

INTRODUCCION

La manifestación más global de la crisis, y hasta cierto punto, comprensiva de todas sus otras expresiones, es la crisis institucional o la crisis de las instituciones, es decir, la que afecta a las organizaciones fundamentales de nuestra sociedad.

Tenemos todos la rara sensación de que éstas ya no sirven para los fines que motivaron su establecimiento; de que están dando muestras de agotamiento como para servir en el futuro como instrumentos efectivos de avance y progreso, y de que tienen que ser reformadas. Incluso, cualquier encuesta nos evidencia la apreciación generalizada de que las instituciones no funcionan. No funciona el Congreso, la Policía Técnica Judicial, el Correo, los autobuses, el Seguro Social, la Universidad, los Concejos Municipales, los Tribunales, los Sindicatos, los partidos políticos, las Asambleas Legislativas, la carrera administrativa, en fin, todo el conjunto de organizaciones básicas de la Sociedad. Y en general, pensamos que ya no funcionarán adecuadamente en el futuro, a menos que un cambio o transformación se produzca en ellas.

En esta forma, tenemos la sensación de que el conjunto de instituciones que conforman el Estado Democrático y la sociedad contemporánea, y que se han desarrollado y moldeado en los últimos seis lustros, ya llegaron a su punto máximo de agotamiento, a su nivel de incompetencia, y de que no sirven para las tareas y retos futuros. De allí la inevitable asociación entre crisis y reforma: la crisis de las instituciones plantea, inevitable e inconscientemente, la necesidad de un cambio, de una transformación, de una reforma de esas instituciones, lo cual con frecuencia se engloba en la expresión "reforma del Estado".

Y esto nos conduce al círculo vicioso de la crisis institucional: la reforma de las instituciones sólo puede hacerse, en un sistema democrático, con el concurso de las propias instituciones, y sus componentes, pues de lo contrario, toda transformación impuesta desde fuera implicaría eliminación de la democracia y su sustitución por la autocracia.

Por tanto, en un sistema democrático sólo las propias instituciones del sistema pueden autorreformarse. Sin embargo, lo grave ya de la crisis institucional, es que ha conducido a la incapacidad de las propias instituciones, incluso, de autoevaluarse y transformarse. De allí el sentimiento de frustración, también tan generalizado, sobre la crisis y su solución, que resulta del contraste que se evidencia entre lo que plantea y formula el liderazgo político y lo que sucede en la realidad, y de que a pesar de lo que se dice, se decide, se decreta y se legisla, no pasa nada, y todo sigue igual. Lo lamentable de esta situación es que corre el riesgo de convertirse en una frustración sobre la misma capacidad de la democracia para generar sus propios correctivos.

Estamos, por tanto, en un punto de no retorno, que se ha prolongado sólo por la mitigación de la crisis económica y social hasta ahora producida por el ingreso petrolero. Entre tanto, las instituciones no sirven y no servirán en el futuro; sabemos que necesitamos reformarlas, pero también sentimos que las propias instituciones se muestran incapaces de hacerlo.

Crisis, reforma y frustración, son por tanto, los signos característicos del sistema institucional contemporáneo.

Pero ¿quiénes son los responsables de la crisis institucional y cuáles son las salidas?

I. LOS RESPONSABLES DE LA CRISIS INSTITUCIONAL: LOS PARTIDOS POLÍTICOS

Los responsables de la crisis institucional, sin la menor duda y hay que repetirlo una y otra vez, son los partidos políticos, por no haber comprendido que el sistema institucional cuyos líderes fundamentales establecieron en 1958-1961, no era ni debía ser un sistema permanente e inmutable, sino que respondía a un Proyecto Político concreto: el desarrollar e imponer un régimen democrático en el país latinoamericano que, en 1958, tenía, históricamente hablando, la menor tradición democrática: Venezuela. No entendieron ni aún han entendido que implantada y desarrollada la democracia, como en efecto ha ocurrido en los últimos 30 años, es necesario liberar las propias fuerzas sociales democráticas de un país, ahora, paradójicamente, con una de las más viejas democracias latinoamericanas, para lograr su propio desarrollo político. Por tanto, a los partidos políticos debemos la implantación de la democracia en nuestro país, y el desarrollo de la misma se lo debemos a ellos; pero no por ello dejan de ser, también, los responsables de la crisis institucional, que es una crisis del propio sistema político configurado como una democracia de partidos y un Estado de Partidos.

Esto nos lleva, por supuesto, a tratar de puntualizar con toda brevedad, los pilares fundamentales del sistema institucional establecido a fines de los años cincuenta, a raíz del denominado Pacto de Punto Fijo, producto de la Revolución Democrática de 1958, y los problemas que hoy presenta.

1. *La Revolución Democrática de 1958 y el Pacto de Punto Fijo*

La Revolución Democrática de 1958 condujo al establecimiento de unas reglas de juego del sistema de partidos, peculiares y distintas de las que antes habían existido.

En efecto, a partir de 1958, los partidos políticos que asumieron el control del sistema político, si bien eran los mismos partidos que habían actuado democráticamente en el trienio 1945-1948, en la nueva etapa asumieron una nueva actitud. La discordia interpartidista al extremo, que caracterizó el proceso político de los años cuarenta, se cambió por un sistema en el cual esa discordia se mantuvo al mínimo, conscientes como estaban sus líderes de que aquella situación, sin duda, había provocado el derrocamiento del Presidente Rómulo Gallegos (1948), por los mismos militares que tres años antes habían llevado a Rómulo Betancourt al poder. Por eso, el mismo Betancourt, al referirse al régimen iniciado en 1958, afirmó que "la discordia interpartidista se mantuvo al mínimo y así revelaron sus conductores que habían aprendido la dura lección que a todos los venezolanos nos dio el despotismo". (Véase R. Betancourt, *La Revolución democrática en Venezuela,* Tomo I, Caracas 1968, pág. 9).

Pero por supuesto, no sólo aprendieron la dura lección del despotismo que se mantuvo durante 10 años, encarnado por la dictadura de Pérez Jiménez, sino que, realmente, quizás lo que más aprendieron fue que la discordia interpartidista al extremo, desarrollada en el trienio 45-48, no podía ser un sistema político sobre el cual podía establecerse una democracia estable y que podía funcionar, porque no estaba fundado en reglas de juego claras que permitieran la participación política. Por tanto, más que la experiencia de la dictadura, lo que motivó a los líderes políticos a instaurar el nuevo régimen, fue la experiencia del fracaso del sistema político establecido a mitades de la década de los cuarenta, que se basó, precisamente, en esa "discordia interpartidista" llevada al máximo, y que no permitió que se estabilizara la democracia. Lo que caracterizó el sistema de partidos de esa época, como lo ha afirmado Juan Carlos Rey "no eran relaciones entre competidores que se respetaban mutuamente, sino entre enemigos jurados que aspiraban a destruirse" (Véase "El sistema de Partidos Venezolanos" en Juan Carlos Rey, *Problemas Socio-Políticos de América Latina,* Caracas 1980, p. 313). Por eso afirmó el mismo Rómulo Betancourt, que en 1958, "los partidos políticos venezolanos, obligados por el despotismo a laborar en la clandestinidad, convinieron en una acción concertada y unida para abrirle a Venezuela caminos hacia el orden democrático" *(op. cit.,* p. 7).

En esta forma, la Revolución Democrática de 1958 tuvo su origen y fundamento en la acción concertada de los partidos fundamentales y sus líderes. De allí que Ramón J. Velásquez, al comentar la reunión que tuvieron los principales líderes políticos del país en Nueva York, en la primera quincena de 1958, haya señalado que "pasaron revista a la situación política venezolana, analizaron los graves errores y los aciertos del pasado y terminaron por aceptar la tesis de que el porvenir sería suyo, en la medida en que entendieran que el poder político es el producto de alianzas y de acuerdos entre los diversos sectores que integran un país". (Véase, Ramón J. Velásquez, "Aspectos de la Evolución Política de Venezuela en el último medio siglo", en Ramón J. Velásquez y otros, *Venezuela Moderna, Medio Siglo de Historia (1926-1976)*, Caracas, 1979, p. 219).

En esta forma, el pacto político que enrumbó el proceso democrático a partir de 1958, buscaba eliminar la hegemonía de cualquiera de los partidos políticos y la exclusión de los otros en el proceso político, así como el establecimiento de un sistema de partidos competitivos pero que se respetaran mutuamente, el cual debía estar comprometido, por sobre todo, al mantenimiento del régimen democrático; y la expresión formal de ese pacto político fue el denominado "Pacto de Punto Fijo" suscrito el 31 de octubre de 1958 entre los líderes de los tres partidos políticos democráticos fundamentales del país. La Constitución de 1961, puede decirse, es el producto directo de aquel pacto, desde el punto de vista de la organización del Estado y su régimen político, y su texto se elaboró, precisamente, bajo la influencia de los principios de unidad, de concordia, de evitar las di-

44

vergencias interpartidistas y de lograr acuerdos entre partidos que caracterizó al Pacto de Punto Fijo, y que condujo al establecimiento de un cuerpo de normas flexibles, no comprometido definitivamente con ninguna orientación y que sentara las bases de la República de acuerdo al espíritu unitario, dentro de un régimen democrático. La Constitución, en definitiva, configuró un Estado Democrático y Social de Derecho de carácter neutro, que podía ser gobernado por cualquier fuerza política conforme a su propia ideología.

En esta forma, ese denominado "espíritu del 23 de enero" provocó diversos efectos en las regulaciones del texto constitucional sobre nuestro sistema político, que han influido en forma decisiva en la conformación de las instituciones del país. No es nuestra intención, por supuesto, analizar todas esas regulaciones, sino referirnos, al hablar de la crisis institucional, a los pilares fundamentales del sistema institucional establecido para lograr la realización del Proyecto Político definido: implantar y mantener la democracia, y que hoy, paradójicamente, están conspirando, precisamente, contra nuestro propio desarrollo institucional futuro. Esos pilares fueron la partidocracia y el centralismo del Estado, cuya interacción ha provocado la consolidación del actual Estado de Partidos.

2. *La partidocracia o democracia de partidos*

El principal instrumento institucional concebido en los años 1958-1961 para lograr implantar y mantener el régimen democrático, fue la configuración de un sistema de partidos políticos que podemos calificar, sin duda, como un sistema de "Democracia de partidos" o partidocracia, y que es el resultado directo de las reglas de juego que se establecieron en el Pacto de Punto Fijo y que inspiraron, además, el texto constitucional.

En efecto, el sistema de partidos políticos venezolanos, tuvo su origen contemporáneo en la década de los cuarenta, período en el cual, como hemos dicho, no era un sistema de relación entre competidores políticos que se respetaban mutuamente, sino que era un sistema de relaciones entre partidos enemigos que aspiraban destruirse unos a otros. No había reglas de juego de cooperación, y la única regla, si se quiere, era la búsqueda de la hegemonía y la destrucción del enemigo. Por eso, se ha dicho que este sistema se configuraba como uno de conflicto entre partidos antagónicos e irreconciliables, que buscaban su mutua eliminación, pues no había aceptación mutua, ni tolerancia. Al contrario. había rechazo y discordia. Por eso, frente a la situación de los años cuarenta, el Pacto de Punto Fijo resulta un acuerdo entre los partidos políticos tendiente a asegurar un mínimo de entendimiento para que el sistema funcionara. Había el convencimiento, a partir de 1958, de que nada se ganaba con volver a establecer un régimen democrático, si no se aseguraba el mantenimiento y el funcionamiento del sistema democrático. Para ello, debía establecerse un sistema conforme al "espíritu del 23 de enero", que asegurara el funcionamiento del mismo y evitara el enfrentamiento y la discordia entre los partidos. Por eso, frente al sistema anterior, de relación entre competidores irreconciliables, se estableció un sistema de cooperación que pudiera unir a los partidos frente al enemigo común, identificado en quienes antagonizaban el sistema democrático y la propia Constitución.

En esta forma, las reglas de juego que están en el Pacto de Punto Fijo, de mutuo respeto y tolerancia, son las que se reflejan en la Constitución cuando establece un sistema de partidos que, vinculado al sistema democrático, podemos calificar como lo hemos hecho, como de *democracia de partidos*. La idea de representatividad política de este sistema, al cual se adapta el sistema electoral, es el de la representatividad de los partidos políticos. En efecto, este sistema se fundamenta en dos elementos previstos en la propia Constitución: por una parte, en que la representatividad democrática es una representatividad por los partidos políticos y a través de ellos; y segundo, en que los partidos políticos acumulan la mayor cuota de participación política.

En efecto, de acuerdo a la Constitución, son los partidos los que básicamente aseguran la representación, entre otros aspectos, por la previsión del principio, luego desarrollado legalmente, de la representación proporcional de las minorías como modo de escrutinio en las elecciones de los cuerpos representativos, pero en grandes circunscripciones electorales mediante listas cerradas y bloqueadas. Este sistema, puede decirse, es el instrumento por excelencia para asegurar el monopolio de la representatividad a través de los partidos, y para la consolidación de este sistema de democracia de partidos.

Ello, sin duda, fue esencial para la implantación de la democracia en los lustros siguientes a 1958; sin embargo, hoy constituye uno de los signos más patentes de la crisis institucional. Desarrollada la democracia, todos queremos modificar y aumentar las bases de la representatividad política, de manera que además de los partidos, los ciudadanos, ahora habituados a la democracia, y con un desarrollo político que los propios partidos contribuyeron a configurar, puedan directamente e incluso, a través de otras sociedades intermedias, obtener representación en los órganos representativos.

Pero además del mecanismo de representatividad por los partidos, nuestra democracia de partidos, como sistema establecido para mantener el régimen democrático, también otorgó a éstos, en el propio texto constitucional, el monopolio de la participación política, al reconocerlos como los instrumentos por excelencia para participar en la vida política, y en la conducción de la vida nacional. Ello también era esencial en un país en el cual *los partidos precedieron a la democracia:* ellos debían asumir el monopolio de la participación, lo que condujo a la preeminencia de los partidos sobre las otras sociedades intermedias: sindicatos, gremios, colegios profesionales, asociaciones vecinales, las cuales, además, se desarrollaron bajo el control de los partidos.

Pero aquí también, desarollada la democracia, todos queremos modificar y aumentar las bases de la participación política, de manera que además de los partidos políticos, las otras sociedades intermedias, liberadas de su influencia y control total, puedan participar también en la conducción de los intereses nacionales, con autonomía.

En todo caso, el objetivo fundamental del Pacto de Punto Fijo, es decir, el mantenimiento del régimen democrático, a través de un sistema de partidos, o de democracia de partidos, reflejado en los dos aspectos señalados: representatividad a través de los partidos políticos, por el establecimiento del sistema electoral de representación proporcional en grandes circunscripciones mediante listas cerradas y bloqueadas, y participación política a través de los partidos políticos, por su establecimiento expreso en la propia Constitución, ha operado y se ha desarollado en Venezuela en los últimos 30 años. Así, el control del sistema democrático ha quedado en manos de los partidos políticos, asegurándose el monopolio de la representación democrática y de la participación política. La democracia se le debe, sin duda, a los partidos políticos, pero éstos no sólo son responsables de lo bueno que ha ocurrido en el sistema institucional, sino también de lo malo. Por ello, decimos que los partidos también son responsables de la crisis institucional.

La democracia de partidos fue esencial para el desarrollo del sistema democrático y su mantenimiento a partir de 1958; sin embargo, el sistema ahora ha hecho crisis, por lo que está planteada su revisión, en el sentido de determinar si los partidos políticos deben seguir siendo el único mecanismo de representatividad y de participación o si al contrario, como creemos, la sociedad venezolana ha avanzado lo suficiente, en la vía democrática, como para buscar otros medios de representación y otros mecanismos de participación. En la búsqueda de ello es que está, sin duda, uno de los elementos de la reforma del Estado que debe llevarse a cabo en el futuro. Sin embargo, es claro, que por el monopolio que los partidos tienen del sistema político y del poder, en definitiva, sólo ellos pueden ser los actores de dichas reformas, renunciando al monopolio y transfiriendo poder a otras sociedades intermedias.

3. *El Estado Centralizado*

Pero además de la partidocracia, otro de los pilares institucionales concebidos para lograr el mantenimiento del sistema democrático, como resultado de la decisión política unitaria contenida en el Pacto de Punto Fijo y en la Constitución, y además, como refuerzo de los propios partidos, fue el sistema de centralismo de Estado o de Estado centralizado motivado, entre otros aspectos, por el temor al federalismo.

Por supuesto, además de responder a las exigencias del Proyecto Político concreto de 1958-1961, este sistema institucional de Estado centralizado es el resultado de un largo proceso evolutivo de centralización en el cual, si se quiere, ganaron las fuerzas de integración frente a las de disgregación en la estructuración política de la sociedad venezolana. Ese proceso tiene su origen, por supuesto, en todos los problemas originados en el país por el caudillismo, el localismo y el regionalismo que durante el siglo pasado tuvieron tanta repercusión en la vida política venezolana. Lo cierto, en todo caso, es que todavía en nuestra política contemporánea, cuando se habla de federación, algunos evocan las guerras federales; y cuando se busca otorgarle mayor autonomía a las entidades político-territoriales, a los Estados de la Federación, se piensa en la posibilidad del separatismo. Son reminicencias del siglo pasado, cuya vida política quedó traumatizada, en nombre del federalismo, por el caudillismo. De allí que la opción centralismo-federación, también aparece en la propia Constitución de 1961.

En todo caso, la estructura real del Estado, en 1958, era la centralista, por lo que para no caer en contradicciones estableciendo un real Estado Federal como un sistema democrático, teóricamente, lo exigía, había que regular una forma de Estado, que sin dejar de ser federal fuera centralista. Para lograr esta contradicción, se reconoció que no había descentralización política en el sistema, y que lo federal era una cuestión de tradición histórica. Por ello, algunos pensaron en eliminar la federación, y sustituirla por otra forma de descentralización. Sin embargo era evidente que si había una forma federal tradicional, como forma ideal de descentralización, lo lógico era aprovechar esa forma y darle contenido y no pensar en eliminarla para estructurar una forma nueva de descentralización política. Por otra parte, también resultaba evidente que mantener la federación sólo por razones históricas, sin contenido descentralizador, tampoco tenía sentido.

Frente a ello, y en base a estas dudas y realidades, la opción del Constituyente de 1961 fue por el establecimiento de una contradicción institucional: una federación en un Estado Centralista. Se siguió, así, una tradición contradictoria: el mantener la forma federal y el espíritu federalista que ha acompañado a toda la historia republicana, por una parte; y por la otra, el reaccionar contra la federación, como forma de disgregación, y consolidar un Estado Centralizado, que comenzó a establecerse desde comienzos de siglo, como reacción frente a lo que fue el localismo, el caudillismo y los problemas que ello produjo con las guerras federales y todos los conflictos internos derivados de autonomía local, hasta principios de este siglo. Por ello se llega a esa solución de compromiso contradictorio que está en el texto fundamental: "Estado Federal en los términos consagrados en la Constitución", es decir, una Federación centralizada.

Pero aparte de que esta haya sido la culminación de un proceso histórico evolutivo, sin duda, pensamos que la opción que los partidos políticos erigidos en Constituyentes en 1961 hicieron por un Estado Federal Centralizado, con tendencia, como desiderátum, hacia la descentralización, fue también una opción provocada por la exigencia política del mantenimiento del sistema democrático, como base del Proyecto Político definido a raíz de la Revolución Democrática de 1958.

En efecto, así como se estableció un sistema de democracia de partidos como opción política para mantener el sistema democrático, así también se optó por una forma de Estado Centralizado, como la mejor garantía para mantener ese sistema democrático. Ciertamente que no hubiera sido fácil mantener este sistema en el momento naciente de la República democrática, si se hubiera dado mucha autonomía y libertad a las diversas comunidades político-territoriales de la República: los Estados y Municipios. Por tanto, la opción por el Estado Centralizado con forma federal, aparte de ser producto de una evolución histórica, fue el producto de una voluntad del liderazgo político como instrumento para mantener el sistema democrático, considerando que la mejor forma de lograr ese objetivo era a través de un sistema de democracia de partidos que operara en un aparato estatal centralizado, controlable desde el centro.

Este Estado centralizado, establecido como reacción contra el federalismo, se ha manifestado básicamente en dos aspectos: en el fortalecimiento del Poder Nacional y el consecuente debilitamiento de los poderes estadales; y en la transitoriedad del régimen municipal.

El primero de dichos aspectos derivados de la reacción contra el federalismo, es decir, el fortalecimiento del Poder Nacional y el debilitamiento de los Poderes de los Estados, por supuesto, también fue el resultado de un proceso evolutivo, que se manifestó básicamente en el sistema de repartición de competencias entre los niveles territoriales nacionales y estadales como consecuencia del sistema de distribución vertical del Poder Público que se adoptó.

En efecto, si se analiza detenidamente la Constitución, se evidencia una ampliación de las competencias nacionales que, materialmente, provoca que el Poder Nacional tenga que ver con todo lo que sucede en el país. Lo que queda en poder de los entes territoriales locales es, realmente, un residuo sin mayor importancia. Por supuesto, este fortalecimiento del Poder Nacional no fue producto del azar, sino que respondió a la búsqueda por consolidar un Estado Centralizado, como condición para implantar e imponer la democracia bajo un sistema de partidocracia, situación luego consolidada en la figura del Estado de Partidos actual producto de la interacción del sistema de partidos (democracia de partidos) y del sistema jurídico político (Estado centralizado). En esta regulación se siguió el mismo esquema conciliatorio adoptado para el establecimiento de otras instituciones en el texto fundamental: permite su desarrollo en la dirección que quiera la conducción política. Así, se estableció un esquema federal con competencias residuales en los Estados, pero con una competencia nacional amplísima y ampliable cuando ello sea así por su índole o naturaleza, que permite centralizar materialmente todo. El esquema centralista que resulta, sin embargo, podría mitigarse al establecerse la posibilidad expresa de que el Poder Nacional pueda descentralizar, lo cual no ha sucedido jamás. Al contrario, la práctica legislativa, administrativa y política de las últimas tres décadas lo que muestra es una progresiva y constante centralización.

En todo caso, la Constitución reguló una forma de Estado Centralizado con membrete federal, precisa y contradictoriamente como reacción frente al federalismo, y que se caracterizó por el fortalecimiento del Poder Nacional al definirse las competencias nacionales; por el debilitamiento de los Poderes estadales por la inocuidad de los poderes residuales, y por la ausencia de recursos financieros de los Estados y su dependencia frente a los recursos fiscales que provienen del Poder Nacional. Por ello, junto con el proceso de nacionalización o centralización de competencias, y el consecuente vaciamiento de competencias de los Estados, paralelamente se desarrolló un proceso de minimización de competencias tributarias de los Estados, eliminándoseles, materialmente, todo Poder tributario, y compensándoles esta situación con el establecimiento de un sistema de retribución o de devolución nacional a los Estados de recursos financieros, que adquirió el nombre de "Situado Constitucional" que, sin embargo, materialmente se maneja desde el nivel central.

54

En todo caso, es evidente que este sistema centralizado que previó la Constitución, como hemos dicho, tuvo una motivación política concreta, aparte de ser el resultado de un proceso evolutivo: consolidar el régimen democrático de partidos, minimizando el desarrollo de poderes políticos locales que en el naciente Estado pudieran conspirar contra el mantenimiento del sistema democrático. Posiblemente si se establece una forma descentralizada de Estado en 1960, no se hubieran podido controlar las fuerzas centrífugas del proceso político, y hubiera sido más difícil consolidar el sistema democrático.

Sin embargo, implantada la democracia en Venezuela y transcurridos 30 años de democracia consolidada, el propio centralismo está dando muestras de ineficiencia, de ahogamiento del propio proceso de desarrollo en el interior del país, y de evidente crisis institucional, que provoca las cíclicas exigencias de descentralización política contemporáneas que se aprecian en diversas manifestaciones políticas.

Pero vinculado al tema de la descentralización política propuesta en 1958, debe señalarse que otro signo del esquema de Estado Centralizado que previó la Constitución de 1961, sin duda, fue la transitoriedad del antiguo régimen municipal. Si hemos dicho que en el texto constitucional se evidencia una tendencia centralizadora y una reacción contra la descentralización y las autonomías locales, evidentemente que ello era contradictorio con el régimen municipal que se regulaba en el Capítulo IV del Título I del mismo Texto Constitucional (Arts. 25 a 34), donde se establecía un Municipio ideal, con amplia autonomía local, como ejemplo de descentralización política, al cual se le otorgaban amplios poderes, tanto en las materias propias de la vida local como en la gestión de los intereses peculiares de la entidad, con importantes poderes tributarios.

La aplicación inmediata de este régimen municipal, sin duda, hubiera sido completamente contradictorio con el esquema de Estado Centralizado que se buscaba establecer, por lo que el Constituyente dejó en suspenso dicho régimen, a través de la Disposición Transitoria Primera, con la cual continuó en aplicación un régimen municipal consolidado bajo la Constitución autocrática de 1953, hasta tanto no se desarrollasen legalmente las nuevas normas constitucionales. De nuevo, aquí se observa el sistema del constituyente de prever y no prever: instituyó un régimen municipal ideal pero impidió su aplicación, por una norma transitoria, lo que equivalió, ni más ni menos, a decir: he aquí el régimen municipal de una democracia nueva, pero por ahora seguirá vigente el esquema municipal de la dictadura.

En esta forma, la Constitución reguló un Municipio inexistente, pues tal como allí se prevé, ni ha existido ni existe en la actualidad. Ciertamente que con 17 años de retraso se sancionó la Ley Orgánica de Régimen Municipal de 1978, pero en la misma, aparte de desarrollarse principios de organización formal de los Municipios, no se estableció, realmente, el Municipio democrático, como unidad política primaria y autónoma dentro de la organización nacional, sino que mediante normas transitorias, en 1978 y 1984, en la propia ley se reafirmó la transitoriedad del antiguo régimen de Distritos Municipales. De nuevo nos encontramos aquí la contrariedad consensual de la Constitución, de prever una institución que la propia Constitución luego impidió aplicar de inmediato, mediante un régimen transitorio.

En definitiva, por las sucesivas transitoriedades, aún no se ha establecido el Municipio previsto en la Constitución. Ese Municipio del que hablan los artículos 25 y siguientes del texto fundamental, no existe, y a lo sumo, lo que todavía seguimos teniendo es algo igual al Distrito autónomo (a pesar de que ahora tenga el nombre de Municipio), siguiendo el esquema centralizante que se estableció en 1904. Es sólo con las previsiones de la reforma de la Ley Orgánica de Régimen Municipal de 1988, si ellas se ejecutan efectivamente, que podrá crearse el Municipio democrático que la Constitución consagró.

En todo caso, implantada la democracia, otro de los signos evidentes de crisis institucional ha estado en la situación del régimen municipal, configurado lejos de los principios constitucionales, en el cual no ha habido efectiva representatividad ni participación, pues éstas la han monopolizado los partidos; y configurado además, tan alejado del ciudadano y sus organizaciones, que lo hacen materialmente imposible de concretizar.

4. *La responsabilidad de la crisis*

Ahora bien, el régimen político establecido en 1958-1961 y que conforma el conjunto de instituciones de la sociedad venezolana, está montado sobre los dos pilares fundamentales señalados: la partidocracia y el centralismo del Estado, que se consideraron esenciales como instrumentos para el logro del Proyecto Político que se generó en la Revolución Democrática de 1958: implantar y mantener la democracia en Venezuela. Para ello había que concentrar el poder en los partidos políticos y en el centro (nivel nacional) del país: los partidos asumieron el monopolio del poder político, a través de la asunción exclusiva de la representatividad, de la participación y del control del aparato Estatal, el cual se centralizó, concentrándose en el ámbito nacional y minimizándose los poderes locales, dando origen al Estado de partidos de la actualidad.

Aquél sistema institucional, sin embargo, ni podría ser ni era concebido como permanente e inmutable; y si bien era esencial para desarrollar el Proyecto Político de implantar la democracia, debía evolucionar con ella. Sin embargo, los partidos políticos y el liderazgo nacional no entendieron la necesidad de los cambios, y al contrario de lo que debió ocurrir, concentraron y han continuado concentrando mayor poder en los partidos; y han seguido centralizando mayor poder en el nivel nacional. Esta concentración del poder en los partidos y en el centro, y la consolidación consecuencial del *Estado de Partidos,* en su versión extrema es la principal causa de la crisis institucional, siendo por tanto, los responsables de la crisis, los mismos partidos políticos que, sin duda, han perdido el rumbo, por el agotamiento del Proyecto Político de 1958 y la incapacidad de autoevaluar y transformar el sistema.

II. LAS SALIDAS A LA CRISIS INSTITUCIONAL: LA DESPARTIDIZACION Y LA DISTRIBUCION DEL PODER

La crisis institucional evidencia, por tanto, una crisis del poder. Ya el monopolio del poder ejercido por los partidos políticos y la injerencia de éstos en todas las instituciones de la sociedad con pretensiones de control, no sólo no se justifica, sino que está revirtiendo en frustración respecto de la propia democracia. La salida de la crisis, en este aspecto, está en el desarrollo de un proceso de despartidización y, por tanto, de apertura del mismo proceso democrático, para lo cual hay que cambiar las bases de la representatividad y promover la participación del ciudadano mediante el desarrollo de otras sociedades intermedias, libradas del control férreo de los partidos políticos. Los partidos políticos, por tanto, tienen que comprender en que ha llegado el momento de compartir el poder, tanto para acelerar el desarrollo político de la sociedad, como para deslastrarse de tanta intervención en asuntos minúsculos que les está impidiendo, realmente, asumir el poder y gobernar.

Pero paralelamente al proceso de despartidización, y como complemento de él, para salir de la crisis institucional está planteada también la descentralización del poder, mediante su transferencia de los niveles centrales y nacionales del Estado, a los niveles político-territoriales hoy olvidados y relegados: los Estados y los Municipios. Sólo distribuyendo verticalmente el poder del centro a la periferia territorial, es que podremos lograr el desarrollo político del país entero y concluir con el espejismo de que Venezuela es Caracas y la actuación política concluye en los niveles del Poder Nacional.

Ha llegado el momento, por tanto, de que nos replanteemos el modelo extremo de Estado de partidos que hemos consolidado. Venezuela vive una crisis institucional, provocada por el acaparamiento del poder por los partidos y por la centralización del poder a nivel nacional, y ella sólo tiene como salida la despartidización y la descentralización.

1. *La despartidización*

En cuanto a la despartidización, ésta implica, en efecto, el que los partidos políticos aflojen parte del poder que tienen monopolizado en el funcionamiento del régimen democrático, que se manifiesta en el acaparamiento que ejercen de la representatividad y de la participación; y además, implica el cese del control absoluto que ejercen sobre los órganos del Estado.

La salida de la crisis por la despartidización implica, en consecuencia, necesariamente, la realización de reformas tanto en el funcionamiento del régimen democrático, como en el funcionamiento de los órganos del Poder Nacional y de la Administración Pública.

A. *La apertura de los partidos y del régimen democrático y la búsqueda de otras vías de representatividad y participación*

La primera de las salidas a la crisis está en el proceso de apertura de los partidos políticos y en la consecuente demo-

cratización de la democracia, para superar la crisis de representatividad y participación.

Desde el inicio del período democrático, hemos dicho, los partidos asumieron el monopolio de la representatividad y participación, y el país aceptó ese papel. Sin embargo, ese rol de los partidos políticos en haber intermediado y mediatizado en la representatividad, está conduciendo a la búsqueda de nuevas vías de representatividad y participación. De allí el planteamiento de la elección uninominal a nivel local para lograr una mayor vinculación de los elegidos con los electores, y una escogencia directa de los representantes. Ya el ciudadano no se contenta con que los partidos sean sus únicos representantes, ni por supuesto, con que los partidos sean los únicos mecanismos de participación que debe haber en el sistema democrático.

En todo caso, esta búsqueda de mayor representatividad y mayor participación, consecuencia de la despartidización, implica sin duda, transformaciones en algunas de las instituciones tradicionales. Aumentar la representatividad inevitablemente implica modificar el sistema electoral, el cual además, está montado en el esquema de los años cuarenta. Desde esa época, tenemos las mismas circunscripciones electorales, el mismo sistema de votación por listas bloqueadas y cerradas en grandes circunscripciones electorales, y el mismo sistema de escrutinio de representación proporcional puro. Ese esquema fue estructurado en el año 1946, y reestructurado en 1958, y quizás en ese momento, era el adecuado. Sin embargo en las últimas elecciones de 1983 y 1984, mostró signos de no satisfacer adecuadamente la representatividad.

Por tanto, inevitablemente, si se quiere variar y aumentar la representatividad, hay que acometer la reforma del sistema electoral y hay que cambiar las circunscripciones electorales. El país es otro distinto respecto del de los años cuarenta, incluso, por fuerza de la propia democracia y del propio desarrollo económico, por lo que tenemos que reformular el sistema de las circunscripciones electorales. Si se quiere la despartidización, tenemos que reducir el ámbito terirtorial de esas circunscripciones, y así aproximar más los elegidos a las comunidades. No se puede lograr realmente una mayor representatividad, si no se reduce el ámbito de esas circunscripciones electorales que hoy están vinculadas a los Estados.

En efecto, la elección de los diputados al Congreso se hace en bloque, por circunscripciones electorales que coinciden con los Estados. Así, por cada Estado, según su población, se vota por una larga lista de diputados al Congreso, que varía entre 2 a 25 diputados en cada entidad. El mismo sistema se aplica para la elección de los diputados a las Asambleas Legislativas, en el sentido de que por cada Estado, según su población, se vota por una larga lista de diputados a las mismas, en un número que varía entre 11 a 23 diputados en cada circunscripción. En cuanto a la elección de los Concejales, también, en un número que varía entre 5 a 17 Concejales, éstos se eligen en bloque mediante un solo voto, por todo el Municipio en el cual funciona cada Concejo.

Ese esquema territorial, en alguna forma, hay que reducirlo, creando nuevas circunscripciones territoriales menores, para que pueda haber una mayor comunicación entre el representante electo y el elector.

Hay también, por supuesto, que variar el sistema de escrutinio, y superar el sistema puro de representación proporcional, montado conforme al llamado sistema d'Hondt que se adoptó a partir de los años cuarenta, y que conduce, cuando se combina con amplísimas circunscripciones electorales y listas cerradas y bloqueadas, a que los únicos que pueden resultar representados sean los partidos. En lugar de dicho sistema, en cambio, hay que plantearse la configuración de un sistema de elección nominal dentro de un esquema de escrutinio plurinominal en pequeñas circunscripciones, o mejor, un sistema de escrutinio de carácter uninominal, particularmente a nivel local. Hasta 1983, para esto último, había una objeción de orden constitucional, pues se argumentaba que la Constitución impedía la elección uninominal a nivel municipal. Aparte de que ello no era correcto, lo cierto es que el problema ya está resuelto por la Enmienda Constitucional Nº 2, que autoriza acudir a un sistema de escrutinio distinto en el nivel local, al que existe para el nivel nacional, que es el de representación proporcional.

Pero por supuesto, la sola elección uninominal a nivel local, no resuelve el problema de la representatividad, si se continúa aplicándola al ámbito territorial del viejo Distrito Autónomo, convertido ahora, en Municipio. No sólo la administración local continuaría ineficiente, sino que se agravaría. Por ello, al plantearse la reforma electoral a nivel local, no basta con el solo elemento de la elección uninominal de concejales. Era necesario reformar radicalmente la estructura local y superar el esquema de administración y de gobierno colegiado del ámbito municipal, lo que se ha hecho con la reforma de la Ley Orgánica de Régimen Municipal de 1988.

Los partidos políticos se convencieron que no podía seguir admitiéndose como sistema de administración y gobierno local, el que ello se hiciera sólo a través de Concejos Municipales, como órganos colegiados. Era necesario establecer una diferenciación de funciones y lograr que a nivel local existiera una autoridad ejecutiva electa, un Alcalde, y un Concejo Municipal, como órgano deliberante y de control. Sólo ahora, ese Concejo Municipal separado del Alcalde y con funciones sólo legislativas y de control, podría estar integrado por un sistema de elección uninominal.

Pero dentro del funcionamiento del sistema democrático, aparte de la reforma del sistema electoral, el otro aspecto de la crisis del régimen democrático provocada por la excesiva partidización, que también requiere reformas, es el provocado por la crisis de la participación política. Así como hay una crisis de representatividad, porque cada vez nos sentimos menos representados por el monopolio de la misma asumido por los partidos, asimismo también hay una crisis de participación política por su acaparamiento por los partidos. Por ello, para satisfacer las exigencias de participación, también tenemos que pensar en las necesarias reformas de las instituciones.

De nuevo aquí es necesario mencionar, como elemento central para hacer más participativo nuestro sistema democrático, que tenemos que reformar las instituciones regionales y locales. No se podrá realmente establecer una democracia participativa, pensando sólo en las instituciones políticas nacionales. Para que pueda haber democracia participativa, tenemos que hacerla participativa en el único lugar donde ello pueda hacerse políticamente: en los Estados y en el nivel local, en los Municipios, mediante un definido proceso de descentralización política. Para ello, ya sancionada la reforma municipal de 1988, tenemos, que inventar el Municipio con imaginación, partiendo del supuesto de que no existe como tal en Venezuela, ni ha existido, desde principios de siglo. Tenemos además, que reforzar los vínculos políticos vecinales y lograr que las asociaciones de vecinos, como movimientos sociales urbanos espontáneos, no sean sólo lo que hasta ahora han sido, grupos de presión, sino que podamos convertirlas en instrumentos de gestión local, pues sólo a ese nivel podemos acercar el poder político al ciudadano. Para ello está prevista la nueva figura de las Parroquias, las cuales, si son implementadas con audacia, podrían ser el centro más importante de gestión local participativa.

En definitiva, para que pueda haber participación política, tiene que haber descentralización política, pues aquélla resulta imposible en un Estado centralizado, pero además, los partidos políticos tienen que aflojar parte del poder monopolizado, y abrir paso al desarrollo político de sociedades intermedias con autonomía frente al control partidista. Debe superarse, así, la tutela otrora necesaria y hasta indispensable, de sindicatos, corporaciones profesionales, universidades, y gremios de funcionarios y liberarse a estas instituciones del control partidista centralizado. Así mismo, la estructura de centralismo democrático de los propios partidos, que está conduciendo a que sea en el nivel central-nacional, incluso, donde se tomen decisiones tales como quiénes deben ser electos presidentes de Concejos Municipales y aun de Comisiones de ciertos Concejos, debe superarse, mediante la reforma interna de los partidos, y permitirse el desarrollo político regional y local de los propios partidos, transfiriéndose el poder de decisión hacia las directivas regionales y locales en el interior del país.

B. *Las reformas de los Poderes Nacionales del Estado y el aflojamiento del control partidista de las instituciones*

Pero la despartidización no sólo está planteada mediante la búsqueda de otras y adicionales vías de representatividad y participación política, no monopolizada por los partidos, y la liberación del control por los partidos de todas las sociedades intermedias y la descentralización del propio poder partidista, sino que también debe conducir al abandono del férreo control partidista sobre los órganos del Estado, en particular del Poder Nacional, que ha originado el actual esquema de Estado de Partidos. Los partidos políticos, en efecto, controlan completamente al Congreso, donde sólo ellos tienen representación; al Poder Judicial, mediante el sometimiento a sus designios y a los de sus representantes, del Consejo de la Judicatura que ha nombrado a los Jueces a dedo; y a la Administración Pública, donde la carrera administrativa es una entelequia que no se aplica. La salida de la crisis institucionl, inevitablemente tiene que conducir a la despartidización de estas instituciones, mediante una serie de reformas que, es claro, sólo los partidos políticos pueden acometer en nuestro sistema democrático, y que tienen que incidir en el funcionamiento del Congreso, del Poder Judicial y de la Administración.

Puede decirse que hay consenso político y en la opinión pública en la apreciación de que el Congreso, que tiene funciones legislativas y de control, no siempre legisla y cuando lo hace, lo realiza relativamente mal y que además, no siempre controla y cuando lleva a cabo sus funciones de control, también lo hace relativamente mal. El Congreso requiere de una profunda reforma y esto se ha venido planteando. A tal efecto, la Enmienda Constitucional Nº 2 de marzo de 1983 estableció una base para ello que es la creación de la Comisión Legislativa que podría permitir, si funcionara, agilizar el proceso de formación de las leyes y el desarrollo de las tareas legislativas por parte de las Cámaras Legislativas.

Pero sin duda, es necesario que haya una reforma en la composición de los cuerpos asesores del Congreso, a los efectos legislativos y de control. Hasta ahora, en realidad, tenemos el raro caso de un Congreso que pretende legislar y controlar a la Administración, apoyándose sólo en los dictados de sus fracciones parlamentarias y sin contar con los cuerpos asesores permanentes de los mayores niveles de excelencia.

No se puede legislar sólo con el trabajo de alguno que otro diputado o senador que dedique algo de su tiempo a redactar artículos de una ley. Lo mismo sucede con las actividades de control. Nos quejamos los ciudadanos de que ninguna investigación parlamentaria concluye en nada, y no nos percatamos de que en general, no puede ser de otra forma, pues aun cuando no fueran partidistamente orientadas, serían investigaciones mal hechas, porque no hay cuerpos asesores permanentes con niveles de excelencia, que permitan realmente a las Comisiones del Congreso desarrollar su labor. Lo que hay en el Congreso en general, como asesores, son amigos de los partidos o activistas de los mismos, que con extrañas excepciones, conforman un cuerpo burocrático con niveles excelsos de incompetencia.

Por tanto, en el Congreso, debe estructurarse un cuerpo permanente de funcionarios, seleccionados por concurso, que integren un cuerpo de carrera, y que tengan a su cargo la labor de asesorar a los parlamentarios en las labores legislativas y de control. Para ello, los partidos políticos tienen que renunciar a financiar a sus dirigentes medios a través de los cargos de asesorías en el Congreso, o a colocar sus amigos desempleados.

La reforma del Estado motivada por la despartidización también tiene que ser un proceso que debe incidir en el Poder Judicial. Sobre esto, como hemos dicho, puede decirse que también existe una conciencia política fundamental en torno a la necesidad de darle un vuelco total al Poder Judicial.

Hemos estructurado en nuestro país un régimen democrático y estamos orgullosos de nuestra democracia, pero nos hemos olvidado que el pilar fundamental de todo sistema democrático es la Justicia, y mientras la Justicia no tenga credibilidad, tendremos una falla en los cimientos del sistema mismo. Y tan es así que no tiene credibilidad la Justicia en nuestro país, que hace algunos años llegamos a la situación absurda, conspirativa casi, de que frente a una decisión de la Corte Suprema de Justicia que en cualquier país del mundo desarrollado políticamente se respetaría, fue el propio Congreso el que desconoció la decisión, y en dos semanas reformó una Ley (Ley del Trabajo, 1983) para conspirar contra una decisión de la Corte Suprema. Es decir, ni siquiera el Congreso respeta la Justicia.

Por tanto, uno de los elementos centrales que tiene que formar parte de un programa de reforma del Estado y perfeccionamiento de la democracia, es la reforma del Poder Judicial y el sistema administrativo que lo conforma.

Por ejemplo, el Consejo de la Judicatura ha sido altamente cuestionado por la politización del Poder Judicial que en los últimos años ha provocado y por no haber desarrollado un adecuado sistema de selección de los jueces para protegerlos con la carrera judicial. Al contrario, hemos desarrollado una carrera judicial pero para darle, en muchos casos, estabilidad a la ineficiencia. Los concursos están previstos en la Ley de Carrera Judicial, pero no se han cumplido y, recientemente el cuestionamiento a ese proceder, incluso ha sido formulado hasta por la propia Corte Suprema de Justicia.

En esta forma, la independencia y autonomía de los jueces, que un organismo como el Consejo de la Judicatura podría garantizar de acuerdo al esquema de la Constitución, está distorsionada, pues, dicho ente, lejos de asegurar esa independencia y la autonomía de los jueces, lo que ha hecho es politizar el Poder Judicial, conduciendo a una progresiva pérdida de credibilidad en la Justicia, hasta por parte de los propios sectores políticos.

Por ejemplo, tan ello es así, que cuando se reformuló la Ley Orgánica de Salvaguarda del Patrimonio Público

(1982), frente a la partidización y consecuencial politización del Poder Judicial, la Comisión Bicameral optó por proponer que el nombramiento de los jueces de Salvaguarda debía quitársele al Consejo de la Judicatura, porque ese organismo no garantizaba dichos nombramientos fuera de las líneas de partido, y el Congreso, deliberadamente, le asignó el nombramiento de tales jueces a la Corte Suprema de Justicia, porque estimó que el Supremo Tribunal salvaguardaba más la designación de dichos jueces ante la politización. Hay por tanto, conciencia general en torno a la politización-partidización de la Justicia debido a que el sistema del Consejo de la Judicatura, tal como ha funcionado, ha sido ineficiente y ello tiene que transformarse.

Por supuesto, otras transformaciones son necesarias en el funcionamiento de la Justicia; lograr que la misma sea rápida, efectiva y democrática, mediante una reforma de los procedimientos, cuya normativa hasta hace poco era la de principios de siglo y asegurar a todos el acceso a la justicia y el derecho a la defensa, mediante adecuados mecanismos de asistencia jurídica.

Por último, es evidente que en el campo de la administración pública, las exigencias de la despartidización conllevan a una reforma en la función pública. Definitivamente, la eficiencia del Estado depende de la eficiencia y revalorización del personal que cumple funciones públicas, y en este campo hay un reto fundamental en el futuro. Tenemos que crear una burocracia en Venezuela y lo decimos en términos precisos pues, en verdad, en Venezuela no tenemos ni hemos tenido una auténtica burocracia. Tenemos un personal al servicio del Estado, que desafortunadamente cambia en su composición básica cada cinco años, con los cambios de gobierno, conspirando contra todo elemental principio de eficacia; y ello conduce a que no tengamos una burocracia como instrumento permanente de gestión, de niveles de excelencia, que pueda conducir efectivamente la acción del Estado. Por supuesto, para crear esa burocracia tenemos que pensar en políticas que hemos sólo desarollado muy relativamente; la formación, la selección, la estabilidad y la remuneración de ese personal, y los partidos políticos, por sobre todo, deben renunciar al control de la burocracia y a seguir aplicando el sistema del botín.

Por otra parte, después de 18 años de vigencia de la Ley de Carrera Administrativa tenemos que convenir en que la relativa estabilidad lograda, aquí también, como en los jueces, de la ineficiencia, es el peor atentado a la sociedad. Por eso, la propia Ley de Carrera Administrativa tenemos que repensarla para la Venezuela futura, pues sólo cuando formemos gerentes públicos fuera del control férreo de los partidos y cuando responsabilicemos esos gerentes públicos de la gestión de los servicios del Estado, podremos realmente contar con una administración eficiente. Para ello, insistimos, las políticas de formación y capacitación son claves. No podemos volver a caer en las absurdas decisiones de hace años cuando la "gran política" en Administración Pública (1975) fue la eliminación de la estabilidad (Decreto Nº 211), la extinción de la Escuela Nacional de Administración Pública y de todos los programas de capacitación en la Administración Pública y hasta la eliminación de la Comisión de Administración Pública que era, en definitiva, la única institución del Estado que tenía posibilidad de imaginar y de investigar en el campo de la Administración Pública.

2. *La descentralización*

Pero además de la despartidización como salida a la crisis institucional, también está planteada como parte de esa salida, la necesidad de descentralizar el poder y transferirlo a las entidades político-territoriales que componen al Estado. La forma de este, por tanto, debe ser revisada, y debe establecerse, en sustitución del Estado centralizado de la actualidad, un nuevo Federalismo que permita reforzar los niveles estadales, y un nuevo Municipalismo, que permita superar el esquema transitorio de régimen municipal autocrático que aún tenemos al margen de la Constitución.

Gobernar no es centralizar, por lo que incluso bajo el ángulo del Poder Nacional, la revisión de la forma del Estado, debe acompañarse de un proceso de descentralización y desconcentración del Poder Nacional de manera que, por ejemplo, los asuntos nacionales que conciernen a las regiones, se decidan a nivel regional. No hemos logrado todavía desconcentrar regionalmente al Poder central, ni llevar a los niveles políticos estadales, asuntos que sean de ese nivel y que puedan desarrollarse a ese nivel, descentralizando el Poder Nacional. Por tanto, en materia de reforma administrativa, además de las múltiples reformas que requiere la Administración Pública Nacional, debe procederse a descentralizarla territorialmente y desconcentrarla regionalmente, hacia los Estados, en las tareas que puedan cumplirse a ese nivel, reforzando las estructuras de las Gobernaciones de Estado, ahora que sus titulares van a ser electos conforme a la Ley de elección y remoción de los Gobernadores de los Estados de 1988.

Por ejemplo, son muy pocos los países del mundo en los cuales la educación no sea un servicio estadal y municipal. Al contrario, en Venezuela pretendemos gerenciar la educación desde el nivel central y eso ya está llegando a niveles de ineficiencia completa. Sin embargo, algunos esfuerzos se han hecho para desconcentrar y descentralizar, y entre ellos destacarse que en la Ley para la Ordenación del Territorio de 1983, por ejemplo, por primera vez se les atribuyeron a los Gobernadores funciones directas en materia de control de la aplicación de una ley, en sus jurisdicciones, lo cual, sin embargo, no se ha implementado, básicamente por ignorancia de esta normativa.

En todo caso, para que se pueda desarrollar la democracia participativa de la que tanto hablamos en nuestro país, tenemos que descentralizar el Estado y el poder; y tenemos que crear, en definitiva, un nuevo federalismo y un nuevo municipalismo.

Por tanto, otro aspecto fundamental de la reforma del Estado para la salida de la crisis institucional además de las señaladas reformas políticas en el funcionamiento del régimen democrático para hacerlo más participativo, y más representativo, es el de la necesaria búsqueda de un nuevo federalismo y un nuevo municipalismo.

A. *Las reformas en la forma del Estado: el nuevo
Federalismo*

En efecto, uno de los grandes programas de reforma del
Estado venezolano tiene que diseñarse para lograr que con
las transformaciones necesarias en nuestro sistema federal,
logremos un nuevo federalismo. Venezuela, como hemos dicho y sucede en casi todos los Estados Federales de América
Latina, tiene una estructura contradictoria: formalmente, somos una Federación, establecida en la Constitución, por lo
que teóricamente deberíamos tener un esquema descentralizado del poder. Sin embargo, realmente lo que existe es un
Estado centralizado, con apoyo en una Administración Pública centralizada, y en un sistema de partidos centralizados
y centralizante. Desde el punto de vista de la forma del Estado, como hemos dicho, tenemos una contradicción política,
pues nuestra Federación es centralista.

En todo caso, este centralismo político-administrativo del
Estado venezolano, ha conducido, por una parte, a la ineficiencia administrativa del aparato global del Estado, y por
la otra, a la extinción o degradación de la vida política
en el interior, deteniendo el desarrollo político del país por
dentro. Por eso pensamos que para hacerlo políticamente
desarrollado, además de los logros en el campo del desarrollo económico y social, tenemos que descentralizar el poder, transfiriéndolo de los niveles centrales a los Estados y
a los nuevos Municipios. En esa forma tenemos que convertir a estas entidades en verdaderas entidades políticas, como
las denomina la Constitución; "entidades federales", a los Es-

tados, y "entidades políticas primarias y autónomas" a los nuevos Municipios que hay que inventar.

En esta forma, el esfuerzo que debe hacerse hacia el futuro, en el campo de la forma de Estado, tiene que significar el idear e inventar, con imaginación, un nuevo federalismo que pueda hacer más eficiente al Estado y que pueda contribuir a disminuir el paternalismo del Estado nacional. Y descentralizar, en definitiva, es confiar más en la capacidad política de las regiones, de las provincias y de las comunidades para gobernarse a sí mismas; es distribuir verticalmente el poder; es crear, efectivamente, un gobierno regional, un gobierno estadal y un gobierno municipal o local; es transferir competencias y recursos a los Estados y Municipios; en fin, descentralizar es estimular el autogobierno local. Sólo, por ejemplo, cuando establezcamos niveles de gobierno política y administrativamente poderosos en los Estados, mediante una transferencia de competencias nacionales a esos niveles político-territoriales, es que las Asambleas Legislativas comenzarán a tener sentido y a justificarse, y que tendrá sentido y efectividad la elección directa de los Gobernadores del Estado.

Pero además, descentralizar es hacer participar, y, ello sólo puede lograrse, efectivamente, en un régimen democrático. No hay ni puede haber descentralización ni, por supuesto, participación, en los regímenes autoritarios. La democracia es el sistema donde puede haberla.

Dentro de este esquema de búsqueda de un nuevo federalismo, además, tenemos que revisar desde el punto de vista político, las bases del proceso de desarrollo regional que hemos tenido en el país. Pensamos que llegó el momento, hacia el futuro, de darle al desarrollo regional la base política que no ha tenido. El desarrollo regional, en general, ha sido un asunto conducido por el Poder Nacional; así, ha sido Cordiplán el que ha creado Oficinas de Planificación en las regiones y ha sido el Poder Nacional el que ha creado Corporaciones de Desarrollo Regional en ellas. Sin embargo, no debemos olvidar que las Corporaciones de Desarrollo Regional son Institutos Autónomos Nacionales, que dependen del poder central. No son instrumentos de los Estados, ni del poder político local incipiente sino que son instrumentos nacionales. Por tanto, en nuestro criterio, el reto en materia de regionalización está en transformar el esquema de desarrollo regional y lograr que en lugar de ser un mero asunto nacional, comience a ser un problema realmente regional, que debe ser conducido por las instancias políticas de las regiones. Así, cuando tengamos un proceso de desarrollo regional conducido por los Estados de la Federación (sea las regiones con un Estado como el Zulia, o con varios Estados como el resto del país), es decir, cuando comience a ser la regionalización una preocupación de esas nuevas instancias políticas estadales, es que podremos realmente pensar que tendrá futuro político. En cambio, mientras la regionalización sea un asunto nacional y, por tanto, centralista, no tendrá futuro el desarrollo regional.

Por supuesto, para reformular el proceso hay que buscar una conciliación entre el nuevo federalismo que hay que establecer y las escalas regionales, asignándoles la responsabilidad del desarrollo regional a las instituciones políticas y administrativas estadales.

 Las reformas políticas en los Municipios: el nuevo Municipalismo

La descentralización del Estado, además, implica la realización de una reforma a nivel local, a los efectos de lograr un Nuevo Municipalismo. De esta manera, la reforma política de la forma del Estado para salir de la crisis institucional, y que plantea la necesidad de la descentralización a nivel estadal y regional, también tiene que ir hacia una profunda reforma del Régimen Municipal, cuyas bases, aún no implementadas, están en la Reforma de la Ley Orgánica de Régimen Municipal de 1988.

En este campo tenemos que crear, realmente, el gobierno local en nuestro país. Para ello debemos sustituir el esquema territorial del viejo Distrito Autónomo que hoy todavía tenemos, excesiva y deliberadamente alejado del ciudadano como para que no haya participación ni democracia local y al contrario, acercar la autoridad local a las comunidades y vecindades para que la estructura local pueda, realmente, servir de instrumento de participación política y además, para que pueda servir de efectivo medio de gobierno y de administración de los intereses locales.

Los Municipios que resultaron de cambiarle el nombre a los Distritos Autónomos hoy, no son ni lo uno ni lo otro; ni son un eficiente nivel para gerenciar los intereses locales, ni son un nivel suficientemente bajo, territorialmente hablando, como para permitir la participación política. Por ello, el reto planteado frente al poder local es, además de crearlo, convertirlo en esas dos cosas: en un instrumento de participación a través del cual podamos realmente hablar de una democracia participativa, que sólo es posible mediante la descentralización y además, hacerlo un eficiente medio de administración y de gobierno de los intereses locales.

Para eso tenemos que estructurar un nuevo Municipio, para lo cual no basta con la elección uninominal ni con la separación de las elecciones. Se requería una profunda reforma de la Ley Orgánica de Régimen Municipal, la cual, en 1978 y 1984 no había pasado de ser una reforma para que nada cambiara y para que todo permaneciera igual, consolidando el esquema de principios de siglo del Municipio autocrático.

La reforma realizada en 1988, en cambio, si se implementa efectivamente, abre la vía para crear el Nuevo Municipalismo que reclamamos, pues en ella se ha buscado el establecimiento de una nueva base para la existencia de los Municipios; se ha previsto una diversidad de regímenes organizativos de los Municipios en sustitución del uniformismo tradicional; se ha establecido la separación de funciones ejecutivas y legislativas locales, superándose la colegialidad ineficiente y creándose la figura del Alcalde; y se ha buscado el desarrollo de un sistema escalonado de entidades y gobiernos locales, que permita la participación. Faltó, por supuesto, el establecimiento de un nuevo sistema electoral municipal, para sustituir la sola representatividad de los partidos. El Estado de Partidos no lo permitió.

III. LA PARTICULAR REFORMA DEL SISTEMA ELECTORAL

Los sistemas electorales, por supuesto, constituyen una pieza esencial de los regímenes democráticos. Mediante ellos se asegura la elección de los gobernantes, y se actualiza la idea de la representatividad. En esta forma, se trata de mecanismos políticos para asegurar, como lo dice la Constitución Venezolana, que el pueblo ejerza la soberanía mediante el sufragio, por los órganos del Poder Público (Art. 4º). Los sistemas electorales, por tanto, constituyen mecanismos políticos para asegurar la representatividad política del gobierno, o como también lo dice la Constitución, que el gobierno de la República sea democrático representativo, además de responsable y alternativo (Art. 3º).

Estando condicionados por la idea de la representatividad, puede afirmarse que los sistemas electorales no son buenos o malos en sí mismos; ni son buenos los sistemas electorales porque se hayan aplicado en determinados países con mayor desarrollo político que el nuestro, o porque estén siendo adoptados en otros países; ni son malos porque hayan fracasado en algunos países. Insistimos, los sistemas electorales no son bueno o malos en sí mismos, ni se los puede juzgar en términos abstractos de valor.

Hemos dicho que se trata de mecanismos políticos para asegurar la representatividad democrática o mejor dicho, la idea de la representatividad que el sistema político de un determinado país ha configurado. Por ello, para juzgar las bondades de un sistema electoral y por tanto, para plantearnos la necesidad o no de su reforma, lo que tenemos que plantearnos es si el sistema electoral cumple o no con la idea de la representatividad que tiene el sistema político de un determinado país.

En esta forma, para hablar de la reforma del sistema electoral en Venezuela, lo que realmente tenemos que plantearnos es la cuestión de saber si el sistema electoral que hemos tenido en el país desde 1958, y que hoy tenemos, satisface o no las exigencias de la idea de representatividad que conforma el sistema político, que derivó de la Revolución Democrática de 1958.

Nuestra conclusión a esta cuestión, como hemos indicado, es que el sistema electoral venezolano actual sirve perfecta y adecuadamente a la idea de representatividad que ha conformado nuestro sistema político: la de la partidocracia y la del Estado de Partidos, por lo que realmente, bajo ese ángulo, nuestro sistema electoral no requeriría de reforma alguna. Sin embargo, hemos propugnado desde hace ya varios lustros, la reforma del sistema electoral; y lo seguimos propugnando. Ello, por supuesto, no deriva de que pensemos en que el sistema electoral no se adopte a la idea de representatividad del actual sistema político de democracia de partidos, sino de la necesidad ineludible que hoy está planteada de cambiar esa idea de representatividad democrática que ha caracterizado nuestro sistema político.

En efecto, replanteando lo dicho anteriormente, puede decirse que el régimen político establecido en 1958-1961 y que conforma el conjunto de instituciones de la sociedad venezolana, está montado sobre los dos pilares fundamentales señalados: la partidocracia y el centralismo del Estado, que se consideraron esenciales como instrumentos para el logro del Proyecto Político que se generó en la Revolución Democrática de 1958: implantar y mantener la democracia en Venezuela. Para ello había que concentrar el poder en los partidos políticos y en el centro (nivel nacional) del país: los partidos asumieron el monopolio del poder político, a través de la asunción exclusiva de la representatividad, de la participación y del control del aparato estatal, el cual se centralizó, concentrándose en el ámbito nacional y minimizándose los poderes locales. De allí el producto: el Estado de Partidos.

Conforme a este sistema, la idea de la representatividad que se concibió fue, entonces, la representatividad democrática a través de los partidos, o lo que es lo mismo, la representatividad de los partidos. Para actualizar esa idea se concibió un sistema electoral que tuviera por objeto actualizarla de la forma más perfecta posible. Por ello, el sistema electoral de representación proporcional por largas listas, cerradas y bloqueadas en grandes circunscripciones electorales.

En efecto, en la Constitución se estableció como principio general que la legislación electoral debía asegurar la representación proporcional, y aquélla la reguló, estableciendo la representación proporcional de los partidos políticos y de manera secundaria, de los grupos de electores los cuales, a mediano o corto plazo, terminan por organizarse como partidos políticos. Pero por supuesto, para asegurar la representatividad exclusiva de los partidos, no bastaba la consagración del principio de la representación proporcional, que se opone al principio de escrutinio mayoritario, sino que resultaba indispensable que la elección de los representantes se hiciera mediante listas cerradas y bloqueadas de manera que el elector no tuviera otra opción que la decidida por los partidos y que la elección se hiciera, además, en grandes circunscripciones electorales, de manera que el control de la selección de los candidatos quedara en las solas manos de los partidos, a través de largas listas de candidatos. Nuestro elector, cuando ha votado para elegir diputados al Congreso, diputados a las Asambleas Legislativas y Concejales a los Concejos Municipales, con un solo voto, ha depositado su preferencia por una larga lista de candidatos, escogidos por los partidos, ubicados en el orden que los partidos han determinado y sin que exista ninguna necesaria vinculación entre los candidatos y las circunscripciones electorales en las cuales fueron postulados.

Este sistema, con esos tres componentes, representación proporcional, mediante largas listas cerradas y bloqueadas, en grandes circunscripciones electorales, así, ha sido el sistema electoral ideal para asegurar el monopolio de la representatividad y participación a los partidos políticos los cuales, incluso, por su configuración centralista democrática, controlan el proceso totalmente desde el centro, en las cúpulas partidistas.

Por tanto, es indudable que el sistema electoral actual satisface a cabalidad la idea de representatividad que se concibió a raíz de la Revolución Democrática de 1958. Es el sistema electoral adecuado para asegurar la representatividad exclusiva de los partidos políticos. Bajo este ángulo, dicho sistema no puede ser juzgado en sí mismo, aisladamente, ni se lo puede criticar abstractamente, sino que lo que debe juzgarse es la propia idea de representatividad que está a la base del sistema de democracia de partidos. Debe aclararse, en todo caso, que esa idea de representatividad exclusiva de los partidos políticos, tampoco puede juzgarse en abstracto. Sin duda, como hemos dicho, era la adecuada para la naciente democracia de 1958 y los años subsiguientes, pero vista ahora retrospectivamente hay que concluir en que no podía ni debería ser concebida como una idea permanente e inmutable; y si bien era esencial para desarrollar el Proyecto Político de implantar la democracia, debía evolucionar con ella. Sin embargo, los partidos políticos y el liderazgo nacional no entendieron la necesidad de los cambios, y al contrario de lo que debió ocurrir, concentraron y han continuado concentrando mayor poder; y han continuado centralizando mayor poder a nivel nacional. Para tal fin, el sistema electoral lo han considerado, consecuencialmente, inmutable.

En esta perspectiva, por tanto, la reforma del sistema electoral sólo puede resultar, como consecuencia, del cambio que debe producirse en la idea de representatividad, como consecuencia de un proceso de descentralización política del poder y de descentralización de la propia democracia y de los partidos, para buscar nuevas formas de representatividad y nuevos canales de participación.

En este sentido, dicha reforma debe incidir en el sistema de elección de los Diputados al Congreso Nacional, de los Diputados a las Asambleas Legislativas y de los Concejales miembros de los Concejos Municipales.

En primer lugar, en cuanto a las elecciones de los diputados al Congreso Nacional, en el Proyecto de Ley Orgánica del Sufragio que elaboramos en el Consejo Supremo Electoral en 1969 y que éste sometió a consideración de las Cámaras Legislativas, propusimos la eliminación de las actuales circunscripciones electorales que abarcan las entidades federales, es decir, propusimos la necesidad de reducir las circunscripciones electorales que hoy coinciden con el territorio de los Estados, y en su lugar, propugnamos el establecimiento de circunscripciones electorales *ad hoc* o distritos electorales, que debían tener un ámbito de población tal, que aplicada la base de población para elegir diputados, permitiera la elección de sólo cuatro o cinco diputados, en cada circunscripción. Esas circunscripciones, conforme a ese límite, podrían estar integradas por los Distritos, Municipios o Parroquias que determinase el Consejo Supremo Electoral. En esta forma, de acuerdo con ese proyecto, por cada circunscripción electoral de las que determinase el Consejo Supremo Electoral, para las elecciones de Diputados, no podrían elegirse más de cuatro o cinco diputados. Decíamos en la Exposición de Motivos del Proyecto, que esa reforma perseguía "la neutralización de los aspectos negativos que el principio de la representación proporcional origina en circunscripciones electorales densamente pobladas, en las cuales, como sucede con la Ley vigente deben elegirse un número considerable de Diputados". (Véase *Memoria y Cuenta 1969*, Consejo Supremo Electoral, Caracas 1969, p. 74). La reducción del ámbito de las circunscripciones electorales eligiendo un número reducido de cuatro o cinco diputados en cada una de ellas, sin duda, contribuiría a acercar el elegido con el elector y aumentar la representatividad.

Por supuesto, a la reducción de las circunscripciones electorales puede agregarse la reforma propuesta en la discusión pública de los últimos años, de listas abiertas, conforme a las cuales el lector puede, además, mostrar su preferencia dentro de las listas postuladas, cambiando su orden o votando por alguno o algunos de sus integrantes, o puede formular su propia lista, de entre los candidatos de las diversas listas postuladas. Pero debemos advertir que esta propuesta no puede operar en la práctica si no se reducen las circunscripciones electorales de manera que el voto preferencial sólo se ejerza en listas de cuatro o cinco candidatos. De allí lo impracticable de la sola propuesta de votación por listas abiertas, pero sin variar el amplio número de los candidatos derivado de la magnitud de las actuales circunscripciones electorales que ha formulado, en 1988, el partido de gobierno, y que fue rechazada, por inviable, por el propio Consejo Supremo Electoral.

En cuanto a la elección de los Diputados a las Asambleas Legislativas, en el mismo Proyecto de Ley Orgánica del Sufragio de 1969, propusimos sustituir la elección de los mismos, en bloque, por listas en el ámbito de cada Estado, y establecer la elección de los diputados, en circunscripciones coincidentes con cada uno de los Distritos que componían el Estado, en un número de 2 por cada Distrito.

En cuanto a la elección de los miembros de los Concejos Municipales, separando el Alcalde del órgano colegiado, en el mismo Proyecto de Ley Orgánica del Sufragio de 1969 propusimos la elección de los mismos en forma uninominal. Así, desde 1969 y durante los últimos 19 años hemos venido propugnando la elección uninominal de los Concejales, en circunscripciones electorales reducidas, "de manera que los candidatos se tengan que vincular, necesariamente, a la comunidad local que los elige para gestionar los asuntos locales" (Véase Allan R. Brewer-Carías, *Cambio Político y Reforma del Estado en Venezuela*, Madrid 1975, p. 448). Ello mismo lo ratificamos en el Proyecto de Ley Orgánica de Régimen Municipal que elaboramos a finales de 1983 y que fue presentado con algunas variaciones a la Cámara de Diputados en enero de 1984, en el cual propusimos la elección directa del Alcalde, y la elección de los miembros de los Concejos Municipales en forma uninominal, dividiendo el territorio municipal en tantos distritos electorales como número de concejales debían elegirse, coincidentes con las entidades locales menores que integrasen el Municipio (Art. 40. Véase en Allan R. Brewer-Carías, *Estudio de Derecho Público* (Labor en el Senado 1983), Ediciones del Congreso de la República, Caracas 1984, p. 308 y 248); propuesta que si bien fue acogida formalmente por el principal partido de oposición, no fue incluida en la reforma municipal de 1988. El Estado de Partidos, conducido en ese momento por el Comité Ejecutivo Nacional del partido de gobierno, cuya fracción parlamentaria era mayoritaria en el Congreso, lo impidió.

En todo caso, debe decirse que para esto último, es decir, para la elección uninominal de Concejales, hasta 1983 había una objeción de orden constitucional, pues se argumentaba que la Constitución impedía la elección uninominal a nivel municipal. Aparte de que ello no era cierto, como se dijo, el problema ya está resuelto por la Enmienda Constitucional Nº 2, que autoriza a acudir a un sistema de escrutinio distinto en el nivel local al que existe para el nivel nacional, que es el de representación proporcional. Por supuesto, no hay duda en que éste sería obligante, si la elección se hiciera en bloque de todos los Concejales en una sola circunscripción electoral plurinominal, pero si ello no se realiza así, sino en circunscripciones uninominales, no es obligante aplicar el principio.

CONCLUSION

Como hemos señalado, los líderes políticos nacionales y los principales partidos políticos del país, en 1958, formularon el proyecto político contenido en el Pacto de Punto Fijo, tendiente a establecer y mantener el sistema democrático, y a través de la democracia política, propugnar una democracia económica y social. Los postulados básicos de esos objetivos están plasmados en la Constitución de 1961, texto de contenido lo suficientemente flexible, como para haber permitido a los gobiernos que hemos tenido en los últimos 27 años, desarrollar sus postulados programáticos e ideológicos.

Ese proyecto político de 1958, se agotó, pues la democracia política se estableció en el país con bases firmes y los esfuerzos gubernamentales, mal que bien, han buscado desarrollar la democracia económica y social, aún no lograda completamente.

El sistema político basado en las partidocracia y en el centralismo de Estado, es decir, el modelo de Estado de Partidos que contribuyó a desarrollar dicho Proyecto Político, está en crisis, por lo que es el momento de formular un nuevo Proyecto Político que continúe con los esfuerzos planteados en 1958 y plasmados en el texto constitucional de 1961, pero con unos nuevos condicionantes ineludibles.

Ese nuevo Proyecto Político tiene que consistir en el perfeccionamiento del sistema democrático mediante la reforma institucional o del Estado, y cuyos programas, en una forma u otra, tienen que implicar la despartidización de las instituciones y la descentralización del Estado. Como hemos señalado, la crisis de las instituciones del Estado Democrático centralizado derivan de la concentración del Poder a nivel central y en los partidos políticos. En consecuencia, reformar esas instituciones y salir de la crisis significa, en primer lugar, redistribuir el poder del centro a los niveles periféricos regionales o locales, mediante un proceso de descentralización territorial; y significa, además, en segundo lugar, la distribución del poder por parte de los partidos políticos, que lo han monopolizado concentradamente, para abrir otros canales y vías de participación política y de representatividad.

Así, es imposible por ejemplo, reformular el federalismo, hacer eficientes las Asambleas Legislativas, crear un auténtico régimen municipal sin que se descentralice el Poder del centro a los Estados y entidades locales y a la vez, es imposible, por ejemplo, hacer el régimen democrático más representativo y participativo, perfeccionar el funcionamiento del Congreso, reformar la Justicia y la Administración Pública, sin que los partidos aflojen las riendas de conducción absoluta de las instituciones políticas y convengan en despartidizarlas. Por ejemplo, sólo existirá un Poder Judicial autónomo, independiente y con cierta dosis de credibilidad, cuando los partidos políticos renuncian a controlar a los jueces y a la judicatura. Tan simple como eso; ¡y a la vez tan difícil!

Por tanto, la salida de la crisis institucional mediante una reforma del Estado significa pérdida de áreas de poder por parte de los niveles centrales del Estado en beneficio de las regiones o provincias, comunidades y vecindades, a los efectos de lograr su desarrollo político propio; y además, significa pérdida de áreas de poder por parte de los partidos políticos en beneficio de las propias instituciones, para que puedan desarrollar sus potencialidades con la participación ciudadana. De allí que superar la crisis, es decir, desmontar el centralismo, democratizar la democracia, y hacer eficiente el Estado y sus instituciones en nuestro sistema democrático, sólo puede ser obra de los responsables de la crisis, los partidos políticos, y no un proyecto político a realizarse en contra de ellos.

He allí la gran dificultad de la actual coyuntura y de nuestra generación: embarcar, efectivamente, a los partidos políticos en esta expedición, y convencerlos de que el problema es de sobrevivencia de la propia democracia. Se comprende, por tanto, el pedimento que se formuló en el *Mensaje Final* de la "Declaración de la Conferencia Episcopal Venezolana" a los 30 años del 23 de enero de 1958, "a los dirigentes políticos y gobernantes que lleven a la práctica sus afirmaciones verbales de búsqueda de nuevas formas de participación democráticas, haciéndolas realidad *antes de que sea tarde*" (1988).

III

LOS PROBLEMAS DE LA FEDERACION CENTRALIZADA

INTRODUCCION

Como en la mayoría de los Estados Federales, el régimen federal en Venezuela ha venido sufriendo un creciente y evolutivo proceso de centralización. Así, aun bajo la forma federal, el Estado se ha centralizado, lo que en sí mismo es contradictorio.

En efecto, la Federación, como forma de Estado, ha estado presente en las instituciones políticas venezolanas desde el mismo nacimiento del Estado independiente en 1811, e invariablemente se ha consagrado en todos los textos constitucionales que se dictaron en los ciento cincuenta años posteriores, desde esa fecha (1811) hasta 1961 cuando se promulga la Constitución vigente.

Sin embargo, lo que fue una necesidad institucional para agrupar las aisladas y autónomas provincias coloniales en los inicios de nuestro proceso republicano, y quizás aun fue un esquema de descentralización política a mitad del siglo pasado, al formalizarse el Estado de los caudillos regionales que tuvimos, y en cuyo nombre se libraron terribles e importantes guerras intestinas que sostuvimos, como las guerras federales (1858-1863), paulatinamente se fue deformando hasta configurarse la Federación centralizada de la actualidad.

A ello, sin duda, contribuyó, primero, la autocracia que consolidó el Estado Nacional (1899-1936), proceso que continuaron los regímenes de transición a la democracia (1936-1958); y segundo, la propia implantación de la democracia, a partir de 1958. Esta, sin duda, quizás no hubiera podido consolidarse en Venezuela a partir de la Revolución Democrática de 1958, si no se hubiera adoptado para imponerla y consolidarla el mismo esquema de Estado Centralizado con membrete federal, manejado políticamente por una partidocracia (democracia de partidos). A esos dos factores, centralismo de Estado y democracia de partidos, sin duda, se debe la implantación de la democracia.

Pero, sin embargo, transcurridos treinta años de vida democrática, ha sido la propia experiencia democrática y sus instituciones desarrolladas en estas últimas tres décadas (1958-1988), las que están exigiendo su propia profundización, clamando por la descentralización política del Estado, como base para el logro de una mayor participación y representatividad. De allí el planteamiento político que ha estado en el debate público venezolano durante los últimos años sobre la necesaria "Reforma del Estado" y que provocó, incluso, la creación en el presente período constitucional (1984-1989) de una "Comisión Presidencial para la Reforma del Estado", encargada de estudiar y proponer las reformas necesarias.

Entre las propuestas formuladas está, por supuesto, la de la necesaria descentralización político-administrativa del Estado, con lo cual la Comisión recogió así los planteamientos que se habían venido formulando en la opinión político-

94

académica en los últimos tres lustros sobre la necesidad de reformular el esquema federal y establecer un Nuevo Federalismo. La discusión política pública del tema, sin embargo, signada a veces por el inmediatismo, ha identificado en una forma simplista la propuesta de descentralización política con la de la elección directa del órgano ejecutivo de los Estados de nuestra Federación (los Gobernadores), buscando superar el esquema que hasta ahora hemos tenido, conforme al cual los Gobernadores de los Estados han sido de la libre designación y remoción por el Presidente de la República, reflejo claro, sin duda, del esquema de Federación centralizada que existe como forma real del Estado.

Es evidente, sin embargo y por supuesto, que el problema de la crisis del Federalismo del Estado Venezolano, no se resuelve con la sola elección directa de los Gobernadores por voto popular, ya decidida con la Ley de elección y remoción de los Gobernadores de Estado de 1988. Esa es, sin duda, una pieza importante que debió haberse adoptado en un progreso general que es el de la descentralización política a través de la redefinición del federalismo; pero reducir el problema a la sola elección directa de los Gobernadores es confundir la parte con el todo, y no percatarse de que con esa reforma realizada en forma aislada, no se soluciona el problema de fondo y global, que es el del centralismo. En efecto, ¿qué se gana con elegir a los Gobernadores de Estado si éstos, actualmente, no tienen materialmente atribuciones estadales que ejercer, ya que básicamente actúan sólo como agentes del Ejecutivo Nacional? Si los Estados de nuestra Federación fueran entidades con competencias autónomas de importancia, la elección de los Gobernadores sería un paso más de avance en el proceso de descentralización política. Pero elegir a los Gobernadores en el esquema actual de Federación centralizada, significará enquistar guerrilleros designados por voto popular, pero desocupados, en la estructura política del país, con grave riesgo para el funcionamiento de Estado. El problema, por tanto, no se resuelve con la sola elección de los Gobernadores: el problema es otro, el del centralismo, y la elección del órgano ejecutivo estadal sólo tiene que verse como una medida más dentro de un esquema de descentralización política estatal, producto de un Nuevo Federalismo.

Es evidente, por tanto, que la elección directa de Gobernadores debió ser el producto de una reformulación de nuestra Federación Centralizada, que entre otros aspectos cambiase el sistema de distribución de competencias entre la República o los órganos que ejercen el Poder Nacional (Federal), y los Estados, cuyos órganos ejercen el Poder Estadal. En definitiva se trataba, y sigue tratándose de replantearse el sistema de distribución vertical del Poder Público, o en otras palabras, los términos en base a los cuales la Constitución regula el Estado Federal (Art. 2).

I. EL FEDERALISMO CENTRALIZADO O LA PRECARIA DISTRIBUCION VERTICAL DEL PODER PUBLICO

1. *El desbalance en el sistema de distribución de competencias (Poder Nacional-Poder de los Estados)*

Todo sistema federal o de distribución vertical del Poder Público (descentralización política), por supuesto, está mon-

tado sobre un sistema de distribución de competencias entre
el nivel nacional (federal) y el nivel de los Estados Miembros (estadal). La Federación, como sistema de descentralización política será más completa mientras más competencia tengan los niveles estadales; en cambio, la Federación
será contradictoriamente más centralizada, mientras más competencias públicas se concentren en el nivel nacional (federal). Es el caso de Venezuela, donde el Poder Nacional concentra la casi totalidad de las competencias de actuación
públicas.

A. *Las competencias nacionales*

En efecto, el proceso de centralización del Estado Venezolano en los últimos cien años resulta claramente evidenciado de las normas de las respectivas Constituciones que han
venido asignando competencias a los órganos que ejercen el
Poder Nacional. El artículo 136 de la Constitución de 1961
es un claro ejemplo de ello, y reflejo final, sin duda, de esa
evolución centralista. En los 25 numerales de dicha norma
se reservan al Poder Nacional una serie de competencias sustantivas, casi todas las fundamentales del Estado, y que pueden agruparse en la forma siguiente:

a. *Competencias en cuanto a la legislación
general*

a′. La legislación reglamentaria de los derechos y garan-
tías que otorga la Constitución (Ord. 24).

b′. La legislación civil, mercantil, penal, penitenciaria y
de procedimientos (Ord. 24).

c′. La legislación de expropiación por causa de utilidad pública o social (Ord. 24).

d′. La legislación de propiedad intelectual, artística e industrial (Ord. 24).

b. *Competencias en relación a la Hacienda Pública Nacional*

a′. *Competencias tributarias*

a″. La legislación (Ord. 24) y la organización, recaudación y control de los impuestos a la renta, al capital y a las sucesiones y donaciones; de las contribuciones que gravan la importación, las de registro y timbre fiscal y las que recaigan sobre la producción y consumo de bienes que total o parcialmente la ley reserva al Poder Nacional, tales como las de alcohol, licores, cigarrillos, fósforos y salinas; las de minas e hidrocarburos y los demás impuestos, tasas y rentas no atribuidos a los Estados y a los Municipios, que con carácter de contribuciones nacionales creare la Ley (Ord. 8).

b″. La legislación (Ord. 24), la organización y el régimen de las aduanas (Ord. 9).

b′. *Competencias en materia de bienes del Estado*

a″. La legislación (Ord. 24) y el régimen y administración de las minas e hidrocarburos, salinas, tierras baldías y ostrales de perlas; la conservación, fomento y aprovechamiento de los montes, aguas y otras riquezas naturales del país. Además, la Constitución prevé directamente que el Ejecutivo Nacional puede, en conformidad con la ley, vender, arrendar o dar en adjudicación gratuita los terrenos baldíos, aun los que pertenecen a los Estados (Ord. 10).

b". La legislación que establezca un sistema de asignaciones económicas especiales en beneficio de los Estados en cuyo territorio se encuentran situados los bienes antes mencionados; sin perjuicio de que también puedan establecerse asignaciones especiales en beneficio de otros Estados, en cuyo caso, dichas asignaciones están sujetas a las normas de coordinación previstas en el artículo 229 de la Constitución (Ord. 10).

c. *Competencias en materia de política general del Estado*

a'. *Política general*

La defensa y suprema vigilancia de los intereses generales de la República, la conservación de la paz pública y la recta aplicación de las leyes en todo el territorio nacional (Ord. 2º) y la legislación correspondiente (Ord. 24).

b'. *Política Exterior*

La actuación internacional de la República (Ord. 12º) y la legislación correspondiente (Ord. 24).

c'. *Política Interior*

a". El régimen y legislación concerniente a la bandera, escudo de armas, himno, fiestas, condecoraciones y honores de carácter nacional (Ords. 3º y 24).

b". La naturalización, admisión, extradición y expulsión de extranjeros (Ord 4º) y la legislación correspondiente (Ord. 24).

c". Los servicios de identificación y de policía nacional (Ord. 5º) y la legislación correspondiente (Ord. 24).

d". La legislación (Ord. 24) y la organización y régimen del Distrito Federal y de los Territorios y Dependencias Federales (Ord. 6º).

e". La legislación sobre elecciones (Ord. 24).

f". La legislación sobre inmigración (Ord. 24).

d'. *Defensa*

La legislación (Ord. 24), y la organización y régimen de las Fuerzas Armadas Nacionales (Ord. 11).

e'. *Justicia*

La administración de justicia y la creación, organización y competencia de los Tribunales, el Ministerio Público (Ord. 23) y la legislación correspondiente (Ord. 24).

d. *Competencias en materias económicas*

a'. El sistema monetario y la circulación de la moneda extranjera (Ord. 7º) y la legislación correspondiente (Ord. 24).

b'. La legislación sobre bancos y demás instituciones de crédito (Ord. 24).

c'. La legislación (Ord. 24) y el régimen de pesas y medidas (Ord. 12).

100

d'.   La conservación y fomento de la producción agrícola, ganadera, pesquera y forestal (Ord. 18) y la legislación correspondiente (Ord. 24).

e'.   La legislación agraria y sobre colonización (Ord. 24).

f'.   La legislación sobre crédito público (Ord. 24).

g'.   La legislación sobre loterías, hipódromos y apuestas en general (Ord. 24).

h'.   La legislación en materia de turismo (Ord. 24).

i'.   El censo y la estadística nacional (Ord. 13) y la legislación correspondiente (Ord. 24).

e.   *Competencias en materias sociales*

a'.   Las directivas y bases de la educación nacional (Ord. 16) y la legislación correspondiente (Ord. 24).

b'.   La legislación (Ord. 24) y la dirección técnica, el establecimiento de normas administrativas y la coordinación de los servicios destinados a la defensa de la salud pública (Ord. 11).

c'.   El fomento de la vivienda popular (Ord. 19) y la legislación correspondiente (Ord. 24).

d'.   La legislación del trabajo, previsión y seguridad sociales (Ord. 24).

f.   *Competencias en materias de desarrollo físico e infraestructura*

a'.   Establecimiento, coordinación y unificación de normas y procedimientos técnicos para obras de ingeniería, de arquitectura y de urbanismo (Ord. 14) y la legislación correspondiente (Ord. 24).

b'. La ejecución de obras públicas de interés nacional (Ord. 15) y la legislación correspondiente (Ord. 24).

c'. El fomento de la vivienda popular (Ord. 19) y la legislación correspondiente (Ord. 24).

d'. Lo relativo al transporte terrestre, a la navegación aérea, marítima, fluvial y lacustre y a los muelles y demás obras portuarias (Ord. 20) y la legislación correspondiente (Ord. 24).

e'. La apertura y conservación de las vías de comunicación nacionales: los cables aéreos de tracción y las vías férreas, aunque estén dentro de los límites de un Estado, salvo que se trate de tranvías o cables de tracción urbanos cuya concesión y reglamentación compete a los respectivos Municipios (Ord. 21).

f'. El correo y las telecomunicaciones (Ord. 22).

g'. Por último, el ordinal 25 del artículo 136 de la Constitución, asigna al Poder Nacional, una Competencia residual de orden material: "Toda otra materia que la presente Constitución atribuya al Poder Nacional o que le corresponda por su índole o naturaleza".

En esta forma, en muchos artículos del Texto Fundamental se reserva a la Ley Nacional el establecimiento del régimen de muchos otros aspectos orgánicos del funcionamiento del Estado, quedando en todo caso abierta a la sola inteligencia del legislador nacional la identificación de las otras materias que deba corresponder a los órganos nacionales "por su índole o naturaleza", lo cual particularmente en el ámbito de las competencias concurrentes, abre un campo ilimitado a la centralización.

B. *Las competencias estadales*

a. *La enumeración de las competencias*

Frente a la amplia enumeración del artículo 136 del Texto Fundamental respecto de las competencias atribuidas a los órganos que ejercen el Poder Nacional, el artículo 17 precisa que corresponde a los Estados como entidades políticas autónomas e iguales, solamente las siguientes competencias:

1. La organización de sus poderes públicos, en conformidad con esta Constitución.

2. La organización de sus Municipios y demás entidades locales, y la división político-territorial, en conformidad con esta Constitución y las leyes nacionales.

3. La administración de sus bienes y la inversión del situado constitucional y demás ingresos que le correspondan, con sujeción a lo dispuesto en los artículos 229 y 235.

4. El uso del crédito público, con las limitaciones y requisitos que establezcan las leyes nacionales.

5. La organización de la policía urbana y rural y la determinación de las ramas de este servicio atribuidas a la competencia municipal.

6. Las materias que le sean atribuidas de acuerdo con el artículo 137.

7. Todo lo que no corresponda, de conformidad con esta Constitución, a la competencia nacional o municipal.

Ahora bien, si se analizan detenidamente estas normas, se observa que las mismas expresamente atribuyen a los Estados, sólo competencias formales de orden político y administrativo, y salvo por lo que respecta a la organización de la policía urbana y rural, no les asigna competencias sustantivas o materiales de ningún tipo. Al contrario, la Constitución atribuye a los Municipios competencia en una serie de materias propias de la vida local (Art. 30) y como hemos visto, al Poder Nacional otras materias de orden nacional (Art. 136), y se reduce a señalar que corresponde a los Estados "todo lo que no corresponda, de conformidad con esta Constitución, a la competencia nacional o municipal" (Ord. 7º); competencia residual, en principio, muy estrecha debido a la larga enumeración de competencias nacionales y municipales.

Por otra parte, si se analizan las Constituciones de los propios Estados, se observa, en primer lugar, que salvo contadísimas excepciones (por ejemplo, las de los Estados Yaracuy y Aragua), ellas no contienen ninguna definición ni enumeración de las competencias de los mismos. La mayoría de los textos constitucionales estadales, al contrario, se limitan a asignar atribuciones a sus órganos políticos y administrativos (Asamblea Legislativa, Gobernador, etc.), de las cuales podrían, por deducción, identificarse algunas competencias, pero no han intentado delimitar expresamente competencias propias de los Estados, de carácter sustancial o material, en la misma orientación de los artículos 30 y 136 de la Constitución, y como aplicación y desarrollo del ordinal 7º del artículo 17, del Texto Fundamental.

En segundo lugar, del análisis de las Constituciones estadales se observa que las competencias materiales que en ellas se asignan a los Estados son muy exiguas. En general, y salvo algunas excepciones (Estados Yaracuy, Aragua y Nueva Esparta), las competencias materiales que se les asignan, son sólo las que están relacionadas con la educación y la asistencia social, la apertura de vías de comunicación estadal, y las obras públicas del Estado.

Ahora bien, partiendo de la enumeración del artículo 17 de la Constitución, las competencias asignadas a los Estados pueden agruparse en la siguiente forma:

a´. *La organización de los poderes públicos estadales*

El artículo 17 atribuye en su ordinal 1º como competencia de cada Estado, "la organización de sus poderes públicos, de conformidad con esta Constitución", los cuales son básicamente dos: el Legislativo y el Ejecutivo. El Poder Judicial, es exclusivamente nacional, y conforme al artículo 204, "se ejerce por la Corte Suprema de Justicia y por los demás tribunales que determine la Ley Orgánica".

En todo caso, la organización de sus poderes públicos (Ejecutivo y Legislativo) la deben hacer los Estados, respetando los principios de las disposiciones fundamentales del propio texto constitucional, en particular en cuanto al carácter democrático, respresentativo, responsable y alternativo del gobierno (Art. 3).

Los Estados deben efectuar esta organización de sus poderes públicos mediante una legislación que debe emanar de sus propias Asambleas Legislativas. En esta materia, debe señalarse que la Constitución de 1961 abandonó una terminología que era tradicional desde las guerras federales y que era el denominar como "Constituciones" a estos actos de organización de los poderes públicos estadales. Así, en todas las Constituciones anteriores a la actual, incluso en la de 1953, se atribuía expresamente competencia a los Estados para dictar "su propia Constitución".

Sin embargo, en el texto de 1961 ello se eliminó y se establece simplemente, que los Estados tienen potestad organizativa respecto de sus poderes públicos, pero sin utilizar la expresión "Constitución del Estado". Esto plantea la duda de considerar si hay o no Constituciones estadales. Sin duda las hay de nombre (todos los Estados tienen sus "Constituciones" dictadas por sus Asambleas Legislativas), pero en el sentido de normas de organización de los órganos que ejercen los poderes públicos estadales que, dentro de la estructura de cada Estado, deben tener un rango superior a las leyes ordinarias del Estado. Por eso, podrían asimilarse a unas leyes orgánicas en el contexto de cada Estado.

En todo caso, esta primera competencia de los Estados implica la organización de sus poderes públicos "en los términos establecidos en la Constitución Nacional", y ésta establece unos principios fundamentales respecto a los órganos que ejercen los poderes Ejecutivo y Legislativo, que se detallan en los artículos 19 y 20 de la Constitución, destinados a regular a la Asamblea Legislativa y al Gobernador, por lo que fuera de estos límites y prescripciones de la Constitución, no podrían haber limitaciones o regulaciones adicionales establecidas en leyes nacionales respecto de los órganos estadales y sus atribuciones.

b'. *La organización municipal y la división político-territorial*

La segunda competencia de los Estados regulada en el ordinal 2º del artículo 17, se refiere a "La organización de sus Municipios y demás entidades locales, y su división político-territorial, en conformidad con esta Constitución y las Leyes Nacionales".

En este caso, deben distinguirse dos competencias distintas: por una parte, la competencia de organización de otro poder que funciona dentro del territorio del Estado, en este caso, de los órganos del nivel municipal; y por la otra, la competencia de los Estados para establecer su propia división político-territorial, y esto de conformidad con la Constitución y las Leyes Nacionales.

En cuanto a la remisión a las Leyes Nacionales, en el caso de la organización de los Municipios y demás entidades locales, ello está previsto, además, en el artículo 26 del Texto fundamental que establece, que la "organización de los Municipios y demás entidades locales se regirá por esta Constitución, por las normas que para desarrollar los principios constitucionales establezcan las leyes orgánicas nacionales, y por las disposiciones legales que en conformidad con aquéllas dicten los Estados". Con esta disposición se ha establecido una graduación de normas que llevan a estimar que no sólo la organización de los Municipios se rige por la Constitución y las leyes nacionales, sino también por las propias

107

leyes que cada Estado dicte en su territorio. En todo caso, hasta ahora, esas "leyes orgánicas nacionales", básicamente es una Ley Orgánica de Régimen Municipal; y aún no se han dictado leyes estadales que desarrollen esos principios en cada entidad. La misma reforma de la Ley Orgánica de 1988 no podrá ser desarrollada efectivamente, si no es implementada en cada Estado por las respectivas Asambleas Legislativas.

c'. La administración de bienes e ingresos

El tercer ámbito de competencia de los Estados, establecido en el ordinal 3º del artículo 17, se refiere a "La administración de sus bienes y la inversión del Situado Constitucional y demás ingresos que le correspondan, con sujeción a lo dispuesto en los artículos 229 y 235 de la Constitución". Aquí es la propia Constitución la que establece el límite. Sin embargo, en la remisión a otras normas constitucionales, la Constitución no fue exhaustiva, porque se omitió el artículo 136, ordinal 10, que atribuye al Poder Nacional "el régimen y administración de las de las minas e hidrocarburos, salinas, tierras baldías y ostrales de perlas" aun y cuando sean de los Estados. Esa es la primera de las limitaciones a la competencia del ordinal 3º del artículo 17, concerniente a la administración de los bienes; pues en todo lo que se refiere a las minas, hidrocarburos y tierras baldías, está la competencia nacional del ordinal 10 del artículo 136 que da origen a las Leyes de Minas e Hidrocarburos que atribuyen al Ejecutivo Nacional su administración; y a la Ley de Tierras

Baldías y de Ejidos, que regula la administración nacional de los baldíos de los Estados.

En cuanto al artículo 229 de la Constitución, éste se refiere al Situado Constitucional y a la posibilidad de una ley nacional para coordinar la inversión del situado con planes administrativos desarrollados por el Poder Nacional, agregando que "la Ley puede fijar los límites a los emolumentos que devenguen los funcionarios y empleados de las entidades federales y municipales", en cuyo caso puede ser o una ley nacional o una ley del propio Estado. En todo caso, desde 1974 se ha dictado la Ley de Coordinación de la Inversión del Situado Constitucional con planes administrativos desarrollados por el Poder Nacional, la cual no ha estado exenta de críticas que cuestionan su constitucionalidad, pues más que una normativa de coordinación de la inversión ha sido de imposición nacional de la inversión, a los Estados.

Pero en materia de administración de sus bienes y de inversión de sus ingresos, otra limitación que está en la misma norma del artículo 17, en cuanto a la sujeción de los Estados, se refiere a la posibilidad de que por Ley Nacional puedan extenderse las funciones de la Contraloría a las administraciones estadales, sin menoscabo de la autonomía. Aquí encontramos, de nuevo, que es la Constitución, directamente, la que remite a una ley para la limitación a la autonomía de los Estados en cuanto a las funciones de la Contraloría General de la República, lo cual se ha regulado en la Ley Orgánica de la Contraloría General de la República.

En cuanto a los ingresos extraordinarios, conforme a lo previsto en el ordinal 4º del artículo 17, corresponde a los

Estados el uso del crédito público con las limitaciones y requisitos que establezcan las Leyes Nacionales en materia de crédito público y, particularmente, a la Ley Orgánica de Crédito Público.

d´. La organización de la policía

El artículo 17, ordinal 5º, establece también como competencia de los Estados "la organización de la policía urbana y rural y la determinación de las ramas de este servicio atribuidas a la competencia municipal". Es importante destacar de esta norma, que la competencia básica en materia de policía general, es estadal; es decir, la organización de la policía urbana y rural, corresponde a los Estados, y son los Estados en sus respectivas jurisdicciones los que deben determinar las ramas de este servicio que se atribuyan a la competencia municipal. Este ordinal no remite a la Ley o a la Constitución para el ejercicio de esa competencia, pero las remisiones están establecidas en otras dos normas: el artículo 134 que dice: "Los Estados y los Municipios sólo podrán organizar sus fuerzas de policía de acuerdo con la Ley", por lo cual sí hay ley nacional prevista expresamente (aún no dictada), para regular las fuerzas de policía, como organización y no como actividad administrativa, pues una cosa es la policía como actividad, y otra es la fuerza o conjunto de sujetos o funcionarios que van a ejercer aquella actividad. Además, el ordinal 5º del artículo 136 establece que: "corresponde al Poder Nacional los servicios de identificación y de policía nacional", con lo cual se establece una competencia concurrente.

e'. *La competencia vacía: el producto de la descentralización nacional*

Otra de las atribuciones de los Estados, conforme al artículo 17, es la del ordinal 6º, que asigna a éstos "las materias que les sean atribuidas de acuerdo con el artículo 137", el cual establece que "el Congreso, por el voto de las dos terceras partes de los miembros de cada Cámara, podrá atribuir a los Estados o a los Municipios, determinadas materias de la competencia nacional, a fin de promover la descentralización administrativa". Esta es una de las normas claves del ordenamiento venezolano para la descentralización, aun cuando nunca ha sido utilizada como política de descentralización, sino que hemos hecho todo lo contrario, hemos centralizado progresivamente el país. Como ejemplo, allí está la Ley Orgánica del Sistema Nacional de Salud de 1987.

b. *La dependencia financiera de los Estados*

a'. *El Situado Constitucional*

Entre las competencias atribuidas a los Estados, como se ha visto, está "la inversión del Situado Constitucional y demás ingresos que les correspondan, con sujeción a lo dispuesto en los artículos 229 y 235" de la Constitución.

El "Situado Constitucional" es el nombre que tiene en la Ley de Presupuesto Nacional, una partida anual de gastos que no puede ser menor al 15% del total de ingresos ordinarios estimados en el respectivo presupuesto, y que se distribuye entre los Estados, el Distrito Federal y los Territorios Federales en la forma siguiente: un 30% de dicho porcentaje, por partes iguales, y el 70% restante, en proporción a la población de cada una de las citadas entidades (Art. 229). Esta figura del Situado Constitucional se estableció al consolidarse al Estado Autocrático Centralizado en 1925, luego de haberse eliminado progresivamente los ingresos que tenían los Estados, particularmente durante el siglo pasado, y atribuirse al Poder Nacional. Primero se había establecido una especie de delegación que los Estados hacían al Poder Federal de ciertas materias rentísticas que conservaban, y luego, perdidas éstas, el "Situado Constitucional" se configuró como una especie de contrapartida a la centralización de los ingresos, dada a los Estados, representando la casi totalidad de los ingresos que en la actualidad tienen.

Ahora bien. la inversión del Situado Constitucional por los Estados no es libre, sino que conforme a la Constitución debe hacerse con sujeción a lo dispuesto en los artículos 229 y 235 del Texto Fundamental.

En cuanto al artículo 229, en dos ocasiones la norma remite a una ley orgánica nacional, mediante la cual podrá regularse y limitarse la autonomía administrativa de los Estados, conforme a la previsión constitucional. Se trata, en primer lugar, de la remisión a una ley orgánica respectiva, para determinar "la participación que corresponda a las entidades municipales en el situado"; y en segundo lugar, de la autorización constitucional para que una ley nacional pueda "dictar normas para coordinar la inversión del situado con planes administrativos desarrollados por el Poder Nacional y fijar límites a los emolumentos que devenguen los funcionarios y empleados de las entidades federales y municipales".

Estas previsiones constitucionales, sin duda, limitan la autonomía administrativa de los Estados, lo que debería ser sólo y exclusivamente en la forma y con los alcances que establece la Constitución. Por ello, la ley nacional que prevé la Constitución no debería ir más allá del estricto marco constitucional que prevé el artículo 229 de la Constitución. Conforme a esta previsión, como se dijo, se han dictado la Ley Orgánica de Coordinación del Situado Constitucional con planes administrativos desarrollados por el Poder Nacional, cuya última reforma es de diciembre de 1980, y la Ley Orgánica de Régimen Municipal de 1978, reformada en 1984 y en 1988.

El otro artículo constitucional al cual remite al artículo 17, ordinal 3º del texto fundamental, es el artículo 235 de la Constitución, el cual, como se dijo, prevé otra limitación a la autonomía de los Estados, al autorizar a la ley nacional extender las funciones de la Contraloría de la República a las administraciones estadales, "sin menoscabo de la autonomía que a éstos garantiza la presente Constitución". Por tanto, y aquí está expresamente señalado, sin menoscamo de la autonomía de los Estados, la Ley Orgánica de la Contraloría General de la República de 1975 ha previsto la posibilidad del órgano contralor de ejercer, sobre las administraciones estadales, las funciones de inspección, fiscalización e investigación (Art. 65); y de prescribir instrucciones para unificar las normas y procedimientos de contabilidad para la Administración Pública (Art. 67).

Ahora bien, en cuanto a la posibilidad de que la ley nacional establezca normas para coordinar la inversión del Situado Constitucional con planes administrativos desarrollados por el Poder Nacional, ésta no debería consistir en restringir ni en limitar el ejercicio de sus atribuciones por los órganos de los Poderes Públicos de los Estados. La limitación admitida por la Constitución, en sus artículos 17, ordinal 3º y 229, en efecto, consiste en que la Asamblea Legislativa y el Gobernador respectivo, no son libres de disponer con entera autonomía la inversión del Situado Constitucional, sino que deben coordinar dicha inversión con los planes nacionales conforme a la ley. Pero insistimos, la obligación de coordinar no le debería quitar poderes ni a la Asamblea Legislativa ni al Gobernador, dentro de sus respectivas competencias.

Ahora bien, la Ley Orgánica de Coordinación del Situado establece, como tales elementos y mecanismos de coordinación de la inversión del Situado Constitucional con planes administrativos desarrollados por el Poder Nacional, los siguientes más importantes:

En primer lugar, precisa el monto de lo que debe coordinarse, en el 50 por ciento de lo que corresponda a cada Estado (Art. 2º).

En segundo lugar, establece los programas que preferentemente deben ser objeto de coordinación entre el Poder Nacional y los Estados: programas de desarrollo agropecuario; de desarrollo educativo; de salud y asistencia social; de reordenación de áreas urbanas marginales; de promoción y asistencia a la pequeña y mediana industria; para construcción de vías de comunicación; para el mantenimiento de reposición de edificaciones e instalaciones públicas y de protección de recursos naturales (Art. 2º).

En tercer lugar, establece que la selección y aprobación de los programas corresponde a una Comisión integrada por los Ministros, el Jefe de Cordiplán, de la Ocepre, el Gobernador o Gobernadores respectivos y un representante de los organismos regionales de desarrollo (Art. 3º).

En cuarto lugar, prevé que una vez aprobados los diferentes programas se celebren convenios entre el Ejecutivo Nacional y el Gobernador de Estado correspondiente (Art. 4º).

En quinto lugar, prescribe que los Gobernadores deben presentar a las Asambleas Legislativas correspondientes, los programas y convenios, con el fin de que las asignaciones sean incorporadas al Presupuesto correspondiente a cada ejercicio fiscal (Art. 4º); y que en las Leyes de Presupuesto deben registrarse esas asignaciones en forma de partidas con dos subdivisiones (Art. 5º).

En sexto lugar, se establece que a los efectos de la ejecución de los programas coordinados, el 50 por ciento de los ingresos que correspondan a cada Estado por concepto de Situado Constitucional, debe depositarse en el Banco Central en cuentas a nombre de cada entidad político-territorial (Art. 11); y que dichos fondos sólo pueden ser movilizados mediante cheques o cartas-órdenes firmados por los Gobernadores respectivos y los funcionarios nacionales que se designen (Art. 14), para cubrir los gastos destinados a financiar los programas de inversión coordinada (Art. 7º).

Ahora bien, el hecho de que la Ley Orgánica de Coordinación haya establecido estos mecanismos de coordinación, no debe significar que ha cercenado las respectivas competencias de los Estados y de sus órganos constitucionales.

Coordinar, no significa imponer ni eliminar la autonomía y competencias de los órganos estadales. Por ello la obligación de coordinar la inversión del Situado Constitucional, no le puede quitar la competencia a la Asamblea Legislativa para ejercer sus potestades de legislar sobre las materias de competencia estadal, en particular, para aprobar la Ley de Presupuesto del Estado; y de controlar la administración del Estado, sea con carácter previo o posterior; y asimismo, tampoco le puede restar competencia al Gobernador para administrar e invertir ese situado, conforme a lo previsto en la Ley de Presupuesto del Estado.

Sin duda, la actuación de los Gobernadores en la Comisión que tiene a su cargo la selección y aprobación de los programas coordinados (Art. 3º de la Ley Orgánica) es un acto de la Administración Pública Estadal, así como también lo son los convenios que suscriba el Gobernador con la República (Art. 4º). Por tanto, deberían ser actos esencialmente examinables y controlables por las Asambleas, y no solamente cuando éstas discuten el Proyecto de Ley de Presupuesto de los Estados que deben contener las partidas para pagar las actividades referidas en aquellos convenios (Art. 4º).

En cuanto a la participación de las entidades municipales en el Situado Constitucional, la Ley Orgánica de Coordinación de la Inversión del Situado Constitucional con los planes administrativos desarrollados por el Poder Nacional estableció dos limitaciones a la autonomía de los Estados en la inversión de su Situado Constitucional: en primer lugar, la obligación de los Estados, a partir de la vigencia de dicha Ley Orgánica cuya última reforma es de 1980, de prever el "Situado Municipal" en las leyes de Presupuesto adoptadas por las Asambleas Legislativas; y en segundo lugar, la determinación, por la Ley Nacional, del porcentaje del situado de cada Estado, que debe destinarse al Situado Municipal, no menor del 12,5% ni mayor del 20% de la porción del Situado Constitucional no sujeta a coordinación (50%).

Hasta aquí la Ley Orgánica de Coordinación se ajusta a la autorización constitucional de limitar la libre inversión del situado por los Estados. Sin embargo, fue más allá la ley al prever una regulación y limitación no autorizada por la Constitución, en el sentido de establecer, como obligación, que el 50 por ciento del Situado Municipal se coordine con los Ejecutivos Regionales en la forma general que prevé la ley para la coordinación de los situados de los Estados (Art. 19), lo cual evidentemente es lesivo de la autonomía municipal y de la autonomía estadal. En efecto, es lesivo a la autonomía municipal, pues se establece mediante una ley nacional, una limitación a la libre "inversión de sus ingresos" prevista respecto de los Municipios en el artículo 29, ordinal 3º de la

Constitución, no autorizada en la Constitución; y es lesivo a la autonomía de los Estados pues, como se ha visto, la Constitución no autoriza al Poder Nacional a imponer a los Estados la obligación de coordinar la inversión de sus ingresos con los Municipios, sino con los planes nacionales. La última parte del artículo 19 de la Ley Orgánica de Coordinación, es evidentemente inconstitucional.

c. *La limitada competencia tributaria estadal*

Pero dentro de las competencias propias de los Estados, tienen una particular importancia las competencias tributarias.

La ausencia de asignación constitucional expresa de potestad tributaria originaria a los Estados, en contraste con la asignación de potestad tributaria al Poder Nacional (Art. 136, Ord. 8º) y a los Municipios (Art. 31), ha conducido a los Estados, en la práctica, a no tener recursos tributarios propios.

En efecto, si se analiza las Constituciones estadales se evidencia que en materia tributaria, las mismas se limitan a repetir el carácter residual de la competencia estadal aplicado a la materia tributaria, pero sin identificar con precisión el ámbito de la potestad tributaria de los Estados. Por ejemplo, la Constitución del Estado Aragua, antes de 1980, establecía como competencia de la Asamblea Legislativa la de "establecer impuestos de carácter general en cuanto no colidan con la Constitución Nacional y siempre sobre la base de justicia e igualdad tributaria, con el fin de lograr una repartición de impuestos y contribuciones progresivas, proporcional a la capacidad económica del contribuyente, la elevación del nivel de vida y del poder adquisitivo de los consumidores y la protección e incremento de la economía nacional" (Art. 47, Ord. 23). Sin embargo, a pesar de la amplitud de esta fórmula, el único impuesto establecido en algún Estado era el que pechaba las loterías y rifas (Aragua), repitiéndose esa situación en casi todos los Estados de la República.

Por tanto, los Estados, materialmente no tienen ingresos tributarios, y la casi totalidad de sus ingresos (más del 90%) proviene del Situado Constitucional. Es más, en general en Venezuela, cuando se habla de la potestad tributaria originaria se la sitúa sólo a nivel municipal y a nivel nacional, conforme a normas expresas de la Constitución. En cuanto al nivel nacional, el artículo 136, ordinal 8º, determina una potestad tributaria como de la competencia del Poder Nacional, para determinados tributos; y además, el artículo 31 establece, para los Municipios, competencias tributarias originarias en diversos rubros: patente sobre industria y comercio; impuestos sobre inmuebles urbanos; impuestos sobre espectáculos públicos. En contraste, la Constitución no establece directamente tributo alguno a nivel estadal; es decir, no hay una asignación expresa de competencias tributarias a nivel de los Estados.

En realidad, lo que la Constitución establece es una limitación a esta potestad tributaria (Art. 18) en la siguiente forma: en cuanto a los impuestos al consumo, los Estados sólo podrían gravar el consumo de bienes producidos en su territorio o después que entren en circulación dentro de su territorio; en caso de gravar el consumo de bienes producidos fuera de su territorio, no podrían gravarlos en forma diferente a los producidos en él; y en cuanto a los impuestos a

119

la producción, no podrían gravar el ganado en pie ni sus productos o subproductos.

Dentro de estas limitaciones constitucionales, y sólo dentro de ellas, los Estados podrían ejercer su autonomía tributaria (lo cual no han hecho), y en todo caso, una ley nacional podría incidir sobre ella, limitarla y aun extinguirla, si el Poder Nacional decide, conforme al ordinal 8º del artículo 136 de la Constitución, reservarse esos impuestos a la producción y al consumo de bienes.

2. Los órganos del Poder Público Estadal

A. La separación orgánica de Poderes en el nivel estadal

De acuerdo con la Constitución, en los Estados miembros de la Federación Venezolana se ha previsto un principio de distribución horizontal del Poder Público que da origen a una separación orgánica de poderes entre el órgano legislativo estadal (las Asambleas Legislativas), que ejerce el Poder Legislativo, y el órgano ejecutivo estadal (los Gobernadores), que ejerce el Poder Ejecutivo. No existe, por tanto, en el nivel estadal, órgano alguno de carácter judicial, pues en nuestro sistema constitucional, el Poder Judicial es uno y único a nivel nacional, desde 1945, cuando se produjo la "nacionalización" de la justicia.

Por tanto, las competencias estadales se ejercen por las Asamblea Legislativas y los Gobernadores, en cada entidad federal, por lo que el ámbito, importancia y efectividad de estos órganos, depende de las competencias que ejercen.

B. *Las Asambleas Legislativas como órganos legislativos y deliberantes regionales*

Las Asambleas Legislativas han sido, sin duda, los organismos de mayor importancia a nivel de los Estados, pues han sido las depositarias de la voluntad popular, al ser electos sus miembros por sufragio universal, directo y secreto, de acuerdo a lo establecido en la Constitución (Art. 19).

La organización, funcionamiento y competencia de las Asambleas Legislativas en la actualidad, sin embargo, nos la muestra como instituciones que han reducido su acción a un actuar político-partidista nugatorio, y con poca participación en los asuntos políticos del Estado, dada la material inexistencia de competencias estadales, como antes se ha visto.

a. *La composición de las Asambleas Legislativas*

En efecto, en cuanto a su composición, los miembros de las Asambleas Legislativas son los Diputados electos en virtud de lo previsto en la Constitución Nacional y en la Ley Orgánica del Sufragio. La elección de éstos se verifica en un número que varía según la población del Estado, de once (11) Diputados para una población menor de 300.000 habitantes hasta veintitrés (23) Diputados, para una población mayor a un millón trescientos mil habitantes (Art. 4º Ley Orgánica del Sufragio).

La elección de estos Diputados a las Asambleas Legislativas se realiza mediante una postulación por listas cerradas y bloqueadas, por una circunscripción electoral que se corresponde con la total superficie del Estado y mediante la aplicación del principio de la representación proporcional de las minorías (sistema d'Hondt).

Ahora bien, la composición de las Asambleas resulta poco representativa de las comunidades territoriales, por una parte, porque la elección no se realiza por Distritos; y por otra parte, porque en ellas no tienen representación sino los partidos políticos, no teniendo participación en las deliberaciones del órgano regional, los grupos de intereses de la comunidad agrupados en sociedades intermedias.

b. Las competencias de las Asambleas Legislativas

Las Constituciones de los Estados tradicionalmente han regulado una larga lista de competencias de las Asambleas Legislativas, que se pueden reducir a las dos tradicionales de estos órganos deliberantes conforme al artículo 20 de la Constitución: legislar sobre las materias de la competencia estadal y controlar la administración del Estado.

En cuanto a la primera, muy pocas leyes han dictado los Estados, pues, al haberse reducido las competencias estadales, materialmente no han tenido materias sobre las cuales legislar. Si se analiza la legislación de los Estados, ésta se reduce en efecto, generalmente, a las siguientes leyes: Ley de Régimen Político, reguladora del Poder Ejecutivo del Estado; Ley del Poder Municipal del Estado, con vigencia hasta 1978 cuando se dictó la Ley Orgánica de Régimen Municipal y que debió implicar una reforma total de las legislaciones estadales; Ley de División Territorial del Estado, en la cual se establecen los límites territoriales y la división político-territorial en Distritos y Municipios; Ley o Código de Policía del Estado, con regulaciones vetustas que requieren de una reforma total; Ley de la Hacienda Pública del Estado; Ley de Contraloría; Ley de Carrera Administrativa que sustituyó en muchos casos a la Ley del Juramento y responsabilidad de empleados y a la Ley de Pensiones y Jubilaciones; Ley de Escudo, Sello e Himno del Estado; Ley de Becas; y Ley de Loterías y Rifas, ahora de dudosa constitucionalidad en virtud de lo atribuido al Poder Nacional (Art. 136, Ord. 24).

En cuanto a las funciones de control debe señalarse que en general, han tenido una amplia regulación en las Constituciones estadales, aun cuando no han incidido sobre lo fundamental. El control ha sido siempre un control político posterior, salvo en relación a algunos contratos, y las Asambleas no han participado, realmente, en la conducción de los asuntos públicos.

En este campo, sólo se prevé la posibilidad de que la Asamblea apruebe o impruebe anualmente la gestión del Gobernador, en la sesión especial que al efecto se convoque (Art. 20, Ord. 2º), y en caso de improbación, ello debe acarrear la "inmediata destitución" del Gobernador en el caso de que ello sea así acordado expresamente y por el voto de las dos terceras partes de los miembros de la Asamblea Legislativa (Art. 24). Si esto se produce antes de que transcurra la mitad del mandato del gobernador (quien deberá ser electo en el futuro) deberá procederse a una nueva elección, conforme a lo previsto en la Ley sobre Elección y Remoción de los Gobernadores de Estado de 1988 (Art. 18).

En cuanto al control administrativo, este se ha reducido a ser un control fiscal, presupuestario e investigativo. Sin embargo, se insiste, las Asambleas Legislativas no han participado en la conducción y orientación del desarrollo económico y social de los Estados, y no han tenido participación, como órganos políticos que son, en la definición de las políticas y planes de desarrollo económico y social del Estado.

Por otra parte, y en virtud de lo establecido en la Ley Orgánica de Coordinación de la Inversión del Situado Constitucional con los planes administrativos desarrollados por el Poder Nacional, según la cual, el 50 por ciento del monto de lo que corresponda a cada Estado por situado debe invertirse coordinadamente con los Planes Nacionales, las Asambleas Legislativas deben aprobar los convenios que a tal efecto el Gobernador celebre con los órganos ejecutivos nacionales.

C. *El gobierno y la administración del Estado*

Tradicionalmente el gobierno y administración de los Estados ha tenido, en su concepción y regulación por las Constituciones Estadales, una enorme carga política. Al reducirse progresivamente las competencias estadales, el Gobernador se ha venido configurando como un funcionario político, cuyas atribuciones son más de gobierno que administrativas. De allí que, en todos los Estados, las leyes reguladoras del Poder Ejecutivo y de su administración se denominen leyes "de Régimen Político".

a. *La doble figura del Gobernador del Estado: Jefe del Ejecutivo del Estado y agente del Ejecutivo Nacional*

De acuerdo con la Constitución, "el gobierno y la administración de cada Estado corresponde a un Gobernador quien además de Jefe del Ejecutivo del Estado, es agente del Ejecutivo Nacional en su respectiva circunscripción" (Art. 21).

Entre estos dos papeles, sin duda, por la minimización y reducción progresiva de las competencias estadales, la tarea del Gobernador como Jefe del Ejecutivo del Estado ha ido progresivamente perdiendo importancia y quedando reducida a aspectos puramente formales y protocolares (Art. 23, Ords. 2º, 3º y 4º de la Constitución). En cambio, dada la creciente centralización de competencia, en el nivel nacional, el papel fundamental de los Gobernadores de Estados en la actualidad está en su carácter de "agente del Ejecutivo Nacional".

b. *La designación de los Gobernadores por el Presidente de la República*

Precisamente por ese desbalance y por el papel preponderante de los Gobernadores como agentes del Ejecutivo Nacional es que la Constitución estableció que los Gobernadores eran del libre nombramiento y remoción por el Presidente de la República (Art. 22).

Ello, sin duda, tenía lógica con el sistema de Federación Centralizada: no teniendo los Estados, virtualmente, competencias propias, poco puede hacer y en efecto hace el Gobernador como "Jefe del Ejecutivo del Estado"; en cambio, centralizadas la mayoría de las competencias públicas en el nivel nacional, más relevancia tiene la figura del Gobernador como "agente del Ejecutivo Nacional", razón por la cual había sido lógica su dependencia y sujeción al Presidente de la República.

La elección directa de los Gobernadores, por vía de votación popular, que se ha regulado en 1988, por la promulgación de la Ley sobre elección y remoción de los Gobernadores de Estado, por tanto debe exigir la reversión del desbalance antes indicado. Así, sólo un Gobernador que por las competencias que se asignen a los Estados, sea más Jefe del Ejecutivo del Estado que mero agente del Ejecutivo Nacional, por tener los Estados competencias sustantivas propias, sin duda, es el que debería ser electo popularmente, como reflejo de un proceso de descentralización política y participación. Para ello, la Constitución (Art. 22), previó que "la ley puede establecer la forma de elección y remoción de los Gobernadores" de acuerdo con los principios de gobierno democrático, representativo, responsable y alternativo previstos en el mismo texto fundamental (Art. 3º). En ese caso, el Proyecto de Ley respectivo debía ser admitido a discusión por las Cámaras Legislativas en sesión conjunta, por el voto favorable de las dos terceras partes de sus miembros, como ocurrió en 1988.

Ahora bien, si el desbalance antes mencionado no se modifica, y continúa el sistema de Federación Centralizada donde los Estados no tienen materialmente competencias propias y autónomas, y el Gobernador, en sus funciones, es un dependiente del Presidente de la República, y su agente, la elección directa de los Gobernadores como medida aislada no tiene sentido, salvo para provocar una crisis, pues ello podría significar un descalabro en el funcionamiento del Estado. Por ello hemos sostenido que la elección directa de los Gobernadores no debe resolverse como un hecho aislado, sino que tiene que configurarse como una pieza más de una decisión política global que implique descentralizar el Poder Público.

3. *La crisis del Sistema Federal-Centralizado*

La situación anteriormente descrita del régimen jurídico y político de los Estados y su autonomía, en su carácter de instituciones básicas de la forma federal del Estado, evidencia, sin duda, la crisis del federalismo y del esquema teórico de descentralización que comporta.

En efecto, la Federación, por definición, es una forma del Estado descentralizado, contraria a la del Estado Unitario, que reconoce la existencia de entidades políticas territoriales con potestades políticas autónomas, reflejadas básicamente en la elección de sus autoridades y en la existencia en ellas de potestades públicas diversas: potestades legislativas, tributarias, administrativas y financieras autónomas. Así, un Estado será auténticamente Federal si está descentralizado político-territorialmente, y será unitario si carece de entidades políticas autónomas en su territorio a niveles superiores a los municipales.

Venezuela, como hemos dicho, y así lo declara el artículo 2º de la Constitución es un Estado Federal, pero sin embargo, una de las características fundamentales del mismo, desde el punto de vista institucional, es su excesiva centralización. Ello implica, como hemos visto, que el poder político, administrativo y jurídico está casi totalmente concentrado en el nivel nacional (instituciones políticas "federales"), poder que no es compartido por los entes territoriales políticos y autónomos, los Estados de nuestra Federación, y las Municipalidades.

Por lo cual, Venezuela continúa siendo un Estado Federal y, por tanto, en principio, con instituciones descentralizadas; pero contradictoriamente es un país absolutamente centralizado, donde el federalismo es un mero ribete histórico, pues los Estados de la Federación, con su división político-territorial y sus autoridades electas y designadas, sólo han quedado como legado de nuestra historia política del siglo pasado.

Como hemos señalado, no hay que olvidar que la Federación ha estado íntimamente ligada a nuestra historia como realidad política: se instauró en la primera República de 1811; acompañó el nacimiento del Venezuela separada de la Gran Colombia de 1830 a 1857; en su nombre se libraron las guerras federales y ella guió en 1864, la estructuración de la forma de Estado por los vencedores; sirvió, durante la segunda mitad del siglo pasado, para consolidar el poder de los caudillos, y durante la primera mitad de este siglo para liquidarlos; y cuando se integró el país en todos los órdenes, fue relegada progresivamente.

Por tanto, al producirse la integración política del país bajo la dictadura gomecista (1899-1935) y luego, la integración física y cultural, los Estados dejaron de servir para los fines políticos para los cuales habían sido estructurados —mantener la unión política en un sistema disgregado en unidades regionales caudallistas—, y fueron siendo relegados a entelequias políticas uniformadas por el peso del centralismo. De allí que plantear en Venezuela la necesidad de re-

128

formar el Estado y de establecer un nuevo modelo de organización del Estado, necesariamente exige atacar el problema
medular de nuestras instituciones, que es el del centralismo
político-administrativo; y plantearse este problema, a la vez
exige la formulación de esquemas de descentralización política.

Ahora bien, el proceso de centralización del Estado venezolano, y la crisis del federalismo, puede caracterizarse porque ha provocado tanto una centralización política como una
centralización administrativa.

A. *La centralización política y el debilitamiento
de la autonomía estadal*

En el Estado venezolano, en efecto, el poder político, jurídico, financiero, tributario, normativo y administrativo, se
ha centralizado en las instituciones políticas nacionales: el
Congreso y el Poder Ejecutivo. El país, fuera de la sede de
los poderes nacionales, existe con dificultad. La vida política
de nuestras provincias a veces es inocua e inútil: casi no sirve
para nada, salvo para la supervivencia de los líderes políticos locales, los cuales, en general, tienen una sola mira: Caracas. El interior, políticamente, no atrae; al contrario, espan-
ta y a veces se constata que sólo hombres con espíritu de
conquista o en el otro extremo, de conformismo, se aventu-
ran a vivir la política interiorana.

El constitucionalismo venezolano de las últimas décadas,
como hemos visto, ha centralizado al Estado, minimizando
a los Estados de nuestra Federación, a los cuales se ha va-
ciado de contenido al quitárseles sucesivamente sus competencias. ¿De qué sirve, entonces, una Asamblea Legislativa,

si no tiene materia sobre la cual legislar, y de qué sirve un Gobernador electo, salvo de ser agente del poder central, si no tiene materia propia, estadal, para administrar y gobernar? El Gobernador, por tanto, en general, gobierna materias prestadas por el poder central, que las Asambleas Legislativas no controlan; y éstas legislan sobre aspectos formales, que no tiene nada que ver con el desarrollo económico, social y físico de los Estados.

Por otra parte, a pesar de la competencia residual de los Estados, como hemos visto, éstos no tienen recursos tributarios propios. Sus recursos financieros son dados por el Poder Nacional, y como el Situado Constitucional aumentó al aumentar los ingresos ordinarios nacionales, el Estado centralista controló aún más la disposición de dichos ingresos estadales, para lo cual dictó una de las leyes más centralizadoras de los últimos años, ya comentada: la Ley de Coordinación de la Inversión del Situado Constitucional con los planes desarrollados por el Poder Nacional, con la cual se ha lesionado la autonomía que la Constitución consagra a favor de los Estados.

De resultas de este panorama, los Estados hasta comienzos de la década de los cuarenta, todavía instrumentos de una descentralización tímida del Estado, en los últimos cincuenta años han pasado a ser demarcaciones sin importancia para el aparato político-nacional, como resultado de la centralización política del Estado.

130

B. *La centralización administrativa, la ineficiencia de la Administración Nacional y el debilitamiento de la Administración Estadal*

Pero a la centralización política se agrega una agobiante centralización administrativa que está conspirando contra el propio Estado, por la ineficiencia de su actuación y por la inefectividad de sus acciones. La Administración Pública venezolana sufre hoy del peor mal de las instituciones administrativas del mundo contemporáneo: la excesiva centralización de las decisiones administrativas en los niveles nacionales, lo que ha implicado que todas las decisiones concernientes a asuntos y problemas estrictamente locales, no se resuelven en la región respectiva, sino a nivel nacional, produciéndose un embotellamiento intolerable. Así, hay una subadministración en los Estados y entidades locales, confrontada con una sobreadministración a nivel nacional.

Esta situación ha provocado diversas consecuencias: una confrontación demasiado evidente en materia de desarrollo, entre los niveles locales o regionales y el nivel nacional; y la carencia de recursos humanos suficientes y eficientes a nivel local o estadal, para asumir los programas de desarrollo. Esto provoca un círculo vicioso: no se descentraliza la toma de decisiones sobre asuntos estrictamente regionales o locales, porque no hay suficientes recursos humanos, dispuestos en ese nivel; pero no habrá nunca un desarrollo adecuado de recursos humanos a nivel local o estadal, si no se descentraliza, efectivamente, el poder de decisión.

Ahora bien, un pequeño país rural, con sus pretensiones políticas democráticas, como la Venezuela de hace cincuenta años, podía ser administrado en forma centralizada. Sin embargo, la Venezuela contemporánea, con todas sus complicaciones, sencillamente es imposible que sea administrada, toda, desde Caracas. Hemos llegado, administrativamente hablando, al absurdo de centralizar todo en nuestro país: los servicios educativos, los servicios de atención médica, la regulación del tránsito, la planificación urbana, el abastecimiento de poblaciones, para sólo citar algunos ejemplos. Todo se pretende administrar desde Caracas, y ello, a lo que ha conducido es, además de la ineficiencia e inefectividad de la acción nacional, a crear monstruosos aparatos burocráticos que se agotan en sí mismos.

En el campo administrativo, por otra parte, debe insistirse en el efecto centralizador de la mencionada Ley de Coordinación del Situado Constitucional con planes administrativos desarrollados por el Poder Nacional. En la práctica, lejos de ser una ley que haya conducido a la coordinación, lo que ha provocado es la imposición, a los Estados, de una voluntad administrativa nacional. Los Estados, en realidad, no participan en la elaboración de los programas a coordinarse, sino que les son impuestos a los Gobernadores y a las Asambleas Legislativas.

Todo este panorama centralizador, política y administrativamente hablando, el cual se ha desarrollado bajo el marco del Texto Constitucionl de 1961, como resultado, ha provocado en estos últimos veinte años la asfixia del interior del país. Insistimos, la administración regional no existe, lo que hay son tentáculos nacionales que penetran con ineficiencia en los Estados, y la política estadal, si bien existe, no tiene materia ni sustancia sobre las cuales actuar y moldear.

La Administración Nacional, así, se ha convertido en una administración paternalista en relación a las entidades estadales y locales que progresivamente han pasado a depender de aquélla, incluso financieramente, constituyendo, además, el nivel municipal, hasta ahora, un ámbito inadecuado para la descentralización, porque ni se ha configurado territorialmente como la unidad primaria para la participación, ni ha tenido el nivel racional para una correcta administración de políticas de interés más allá de lo estrictamente local.

Por ello, uno de los retos planteados a nuestra Administración Pública contemporánea, es el de la descentralización, con el objeto de hacer participar, en los procesos políticos y administrativos de nuestros países, a las regiones y comunidades.

II. EL NUEVO FEDERALISMO O LA NECESARIA MODIFICACION DEL SISTEMA DE DISTRIBUCION VERTICAL DEL PODER PUBLICO (LA DESCENTRALIZACION POLITICA)

Del esquema antes expuesto de distribución vertical del Poder Público, entre el Poder Nacional y el Poder de los Estados (Poder Estadal), resulta sin duda un desbalance a favor del Poder Nacional (Federal) que como hemos señalado, configura al Estado Venezolano como un Estado Centralizado con forma federal.

La necesaria descentralización política que está planteada en el país, por tanto, tiene que darle un nuevo contenido al federalismo, mediante una modificación del descrito sistema de distribución vertical del Poder Público, para lo cual primero, es necesario identificar, conforme a la propia Constitución, nuevas competencias de los Estados; y segundo, es necesario transferir competencias nacionales hacia los Estados. Sólo con competencias sustantivas importantes, los órganos de los Estados (Asambleas Legislativas y Gobernadores) tendrán materias propias de las cuales ocuparse.

En todo caso, hablar de descentralización política es hablar de un movimiento contemporáneo que ha tocado a casi todo los Estados del globo. El Estado Nacional, con su centralismo político y su Administración napoleónica que se consolidó en todos los Estados Unitarios o Federales durante el siglo pasado y el presente, está en crisis, y está abriendo paso a un nuevo tipo de Estado descentralizado, que comienza a adoptar los más variados nombres (Estado Regional, Estado de Autonomías o Nuevo Federalismo).

Ciertamente, la Federación no es precisamente una fórmula nueva de descentralización, pero lo cierto es que si ella existe, así sea en el papel, como en Venezuela, no tiene sentido buscar otras formas de descentralización política autonómica, que comienzan a evidenciarse como nuevas formas de federalismo o regionalismo. Por ello, estimamos que debe partirse de la fórmula federal para propugnar la descentralización político-administrativa del Estado, para lo cual la Federación debe revitalizarse. En ello consiste el Nuevo Federalismo.

Esta revitalización, por supuesto, puede comenzar dentro de los marcos de la Constitución vigente, aún cuando una efectiva descentralización político-administrativa del Estado venezolano, sin duda, requeriría de una modificación constitucional que reformulase el esquema de nuestra forma de Estado y estableciera un verdadero Estado descentralizado, tomando como base la Federación.

Esta modificación constitucional debería hacer de los Estados, sea que éstos conserven en el futuro el actual ámbito territorial que tienen o éste sea modificado, auténticas entidades políticas autónomas, para lo cual una verdadera Enmienda Constitucional tendría que reformular íntegramente el sistema de distribución de las competencias, que los artículos 17, 30 y 136 de la Constitución, actualmente atribuyen a los niveles estadales, municipales y nacionales, respectivamente.

En todo caso, la autonomía política, tributaria, financiera y administrativa de los entes territoriales, en cualquier sistema de descentralización político-territorial, está directamente relacionada con el sistema de distribución de competencias que se establezca. La autonomía será inútil e inocua, como en el caso de Venezuela, si no se tiene materia sobre la cual ejercerla: ¿de qué sirve que los Estados tengan autonomía tributaria, si todas las materias imponibles las ha reservado la Constitución al Poder Nacional o al ámbito local? ¿de qué sirve que los Estados tengan una autonomía financiera y administrativa, si el crédito público y la inversión del situado constitucional, dependen de lo que disponga, centralizadamente, el Poder Nacional?; en fin, ¿para qué sirve la autonomía política, aún cuando el órgano ejecutivo de los Estados y los Diputados a las Asambleas Legislativas sean electos, si éstos, en su actividad no tienen, realmente, nada útil que hacer, por la ausencia de competencias estatales?

135

Frente este panorama desolador, la Constitución debe ser urgentemente modificada, y por supuesto, sólo dos vías están abiertas para enmendar la estructura organizativa del Estado: terminar de centralizar el Estado, política y administrativamente, eliminando los ribetes federales del Estado centralizado, haciendo desaparecer las Asambleas Legislativas y los Estados mismos, y previendo simplemente demarcaciones administrativas al Estado unitario, para su eventual descentralización funcional y desconcentración, lo que propugnan muchos; o, en la otra vía, establecer un auténtico sistema de descentralización político-administrativa territorial del Estado, aprovechando la estructura federal que nos pertenece por tradición, para construir el Estado por dentro, revitalizando la política y la administración regional, y perfeccionando la democracia al acercar el poder político al ciudadano.

Transcurridos veintisiete años de vigencia de la Constitución ya no es posible soslayar la discusión sobre centralismo o descentralización, pues la mezcla constitucional está conduciendo al inmovilismo y a la ineficiencia total en el interior del país. Una Enmienda constitucional debe sin duda ser discutida, y esa, antes que cualquier otra, debería ser la que tienda a descentralizar el Estado, sobre la base de una auténtica representatividad política a nivel de las entidades político-territoriales.

En todo caso, sea que se enmiende la Constitución, sea que se proceda a efectuar un cambio político en el sistema de distribución de competencias entre el nivel nacional (federal) y los Estados, resulta indispensable identificar nuevas competencias estadales, transferir a los Estados algunas ubicadas en el nivel nacional, e identificar las de carácter tributario que los Estados deben tener. Sólo así, tiene sentido la reforma orgánica estadal.

1. *La inversión del desbalance en el sistema de distribución vertical del poder*

A. *El descubrimiento de las competencias estadales residuales y concurrentes*

a. *Las competencias residuales*

Como se ha señalado, el artículo 17 asigna a la competencia de los Estados "todo lo que no corresponda, de conformidad con esta Constitución, a la competencia nacional o municipal". Se trata de la competencia residual de los Estados, que no sólo está por regularse sino incluso por descubrirse.

En efecto, del análisis global del texto constitucional, entre las competencias no asignadas expresamente al Poder Nacional y al ámbito municipal, deben destacarse por ejemplo las siguientes: el régimen de comercio y de la industria manufacturera; la protección, fomento y conservación del ambiente; la ordenación del territorio y la localización industrial; la ejecución de obras de interés estadal; la apertura y conservación de las vías de comunicación estadales; el fomento de la vivienda rural; y la promoción de la participación ciudadana.

En efecto, debe señalarse que en ninguna parte de la Constitución se utiliza la palabra "comercio"; se habla de industria, de iniciativa privada, pero no hay norma alguna que se refiera a la regulación de comercio. Ahora bien, ¿por qué ésta tiene que ser sólo una competencia nacional? ¿Por qué el nivel nacional tiene que montar un aparato denominado Superintendencia de Protección al Consumidor, para que controle los precios de los bienes de consumo en todos los rincones del país? Al contrario, esa tendría que ser una actividad estadal, pues en el nivel estadal y local es más factible desarollar el control, conforme a una normativa que puede ser nacional. En el nivel nacional, por ejemplo, deben dictarse las normas que por su índole o naturaleza sean nacionales para, por ejemplo, no imponer multas distintas en todos los Estados; pero la administración del sistema de protección al consumidor tendría que funcionar al nivel de los Estados. Ello, por supuesto, exigiría reformar la Ley nacional de Protección al Consumidor que ha entendido que por su naturaleza se trata de una competencia nacional.

En el mismo sentido, la Constitución, en ninguna norma utiliza la palabra "ambiente"; habla sólo de la protección de los recursos naturales renovables (Art. 109), pero no habla de ambiente. Entonces, ¿por qué la protección del medio ambiente tiene que ser sólo una competencia nacional? Esta es una típica competencia residual, que debería provocar que la normativa y regulación sean nacionales, a los efectos de establecer los criterios generales de control de la contaminación, válidos para todo el país, pero la administración del ambiente debe estar en los Estados. Si descentralizamos estas tareas al nivel estadal, se reduciría el aparato estatal considerablemente, y así podría convertirse al Gobernador en efectivo agente del Poder Nacional para aplicar determinadas leyes. Ello exigiría la reforma de la Ley Orgánica del Ambiente que ha entendido también, que por su naturaleza, se trata de una competencia nacional.

En materia de ordenación del territorio también debemos señalar que ningún artículo de la Constitución habla de "ordenación territorial", ni de "localización industrial". ¿Por qué, entonces, tiene que ser el nivel nacional representado por el Ministerio de Fomento el que, por ejemplo, determine todo en materia de localización de industrias en un Estado determinado? Creemos que racionalmente, no puede ordenarse el territorio y su ocupación desde el solo nivel nacional. Esto lo ha captado parcialmente el legislador, y en la Ley Orgánica para la Ordenación del Territorio de 1983, se han atribuido algunas competencias a los Gobernadores en la administración de dicha materia.

En resumen, conforme al texto de la Constitución (no del legislador) las competencias residuales de los Estados serían entre otras, las siguientes:

1. El régimen del comercio y de la industria manufacturera, con sujeción a las regulaciones destinadas a planificar, racionalizar y fomentar la producción y regular la circulación y consumo de la riqueza (Art. 98) y con las limitaciones previstas en el texto constitucional al asignar competencias al Poder Nacional (Art. 136, Ords. 7º y 12).

2. La protección, fomento y conservación del ambiente con sujeción a las regulaciones dictadas en este campo, por ser nacionales por su índole o naturaleza (Art. 136, Ord. 25).

3. La ordenación del territorio del Estado y la localización industrial en el mismo, conforme a las normas establecidas por el Poder Nacional (Art. 98).

4. La ejecución de obras públicas de interés estadal (Art. 136, Ord. 15) conforme a las normas y procedimientos técnicos para obras de ingeniería y urbanismo establecidas por el Poder Nacional (Art. 136, Ord. 14).

5. La apertura y conservación de las vías de comunicación estadales, excepto las vías férreas (art. 136, Ord. 21).

6. El fomento de la vivienda rural con sujeción a los planes nacionales en materia de vivienda popular (Arts. 73 y 136, Ord. 19).

7. La promoción de la participación de los ciudadanos en el proceso de formulación, toma y ejecución de las decisiones estadales.

Una definición de competencias de los Estados como la anteriormente expresada, realizada, por ejemplo, por las Constituciones de los Estados Yaracuy, Aragua y Nueva Esparta en 1980 y 1981, puede decirse que podría ser el comienzo de la reformulación y revitalización de los Estados, tan necesaria en la coyuntura política contemporánea.

b. *Las competencias concurrentes*

Aparte de las competencias de los Estados enumeradas en el artículo 17 de la Constitución y que son todas de carácter formal excepto por lo que se refiere a la policía urbana y rural, y las competencias residuales, en el texto fundamental pueden identificarse otra serie de competencias que corresponden a los Estados, en forma concurrente con las competencias de los otros niveles territoriales (nacional y municipal).

En efecto, la Constitución consagra una serie de competencias que no se reservan a ninguna de las ramas del Poder Público en sentido vertical, sino que se atribuyen en genérico al "Estado", y que por tanto, son competencias concurrentes.

En efecto, la totalidad de los entes que conforman la organización política de la Nación, a los que la Constitución engloba bajo el término "Estado", realizan su actividad en ejercicio también de una sola potestad genérica, "el Poder Público", que se distribuye vertical y horizontalmente. Por ello todas las veces que la Constitución utiliza la palabra "Estado", tiene que entenderse como comprensivo de la totalidad de los entes que conforman la organización política nacional. En cambio, cuando la Constitución ha querido hablar específicamente de la República, de los Estados o de los Municipios, lo ha hecho expresamente (Art. 124).

Por tanto, otro grupo de competencias de los Estados, que están por descubrirse, es el que resulta de las materias que son atribuidas en forma concurrente a la República, a los Estados y a los Municipios. Se insiste; si se analiza en forma concatenada los artículos relativos a los derechos económicos y sociales (Arts. 72 a 109), y los que asignan atribuciones a los Municipios (Art. 30) y al Poder Nacional (Art. 136), resulta que hay una serie de competencias atribuidas al "Estado", como noción que abarca al conjunto de entes orgánico-territoriales de nuestro país (República, Estados y Municipios), y que corresponden en forma concurrente a los diversos niveles territoriales.

Estas competencias atribuidas por la Constitución al "Estado", por tanto, no son atribuidas a la República ni al Poder

Nacional exclusivamente, sino que corresponden a todos los entes político-territoriales de nuestra organización federal: a la República, a los Estados Federados y a los Municipios. Cada uno de ellos tiene competencia en esas materias, con las limitaciones que se derivan de las regulaciones de los artículos 30 y 136 de la Constitución, que puedan asignar exclusivamente algunas materias a los niveles municipal y nacional, lo cual excluiría la competencia estadal.

Sin embargo, hemos señalado que el Poder Nacional tiene una competencia genérica, establecida en el ordinal 25 del artículo 136, respecto de las materias que "por su índole o naturaleza" correspondan al nivel nacional. En base a esos criterios, muchas materias que la Constitución atribuye al "Estado" (que comprende la República, los Estados y los Municipios), han sido reguladas por la República (por las Cámaras Legislativas) y han adquirido esa connotación nacional. Pero si ello no ha ocurrido respecto de otras materias de competencia concurrentes, no se pueden excluir las competencias estadales y municipales que pueda haber. Además, tampoco la regulación nacional que pueda dictarse en esas materias, excluye las competencias estadales y municipales, salvo por lo que se refiere al necesario sometimiento a la jerarquía normativa nacional, por la concurrencia de competencias.

Veamos algunos ejemplos: el artículo 72 de la Constitución dice: "El Estado protegerá las asociaciones, corporaciones, sociedades y comunidades que tengan por objeto el mejor cumplimiento de los fines de la persona humana y de la convivencia social y fomentará la organización de cooperativas y demás instituciones destinadas a mejorar la economía popular". En este artículo 72, que es una de esas normas tan utilizada políticamente y tan poco llevada a la práctica en todo el período democrático, está la esencia de la participación. Es en este artículo donde podría tener su fundamento todo el proceso de organización social del pueblo, como base para un sistema participativo que no sólo se concrete en organizar cooperativas, de las que habla la norma, sino a las instituciones destinadas al mejoramiento de la economía popular, y, en general, todo lo que tiene por objeto el mejor cumplimiento de los fines de la persona humana y la convivencia social.

Ahora bien, cuando la norma dice: "El Estado protegerá las asociaciones, corporaciones, sociedades y comunidades...", no tiene por qué referirse sólo a la República (el Estado Nacional), sino que también asigna una competencia programática a los Estados de nuestro sistema federal, y a los Municipios. Si sólo los Estados asumieran la conducción de un proceso de participación a nivel local y de organización social de la población, podría provocarse una reforma del Estado, sin precedentes en nuestro país.

El artículo siguiente de la Constitución, el 73, también señala: "El Estado protegerá la familia, como célula fundamental de la sociedad y velará por el mejoramiento de su situación moral y económica...". Esta tampoco debe ser una tarea exclusiva del Estado Nacional (la República), y que se realiza a través de una entidad descentralizada funcionalmente (Instituto Nacional del Menor) sometida a la tutela del Ministerio de la Familia; al contrario, ésta es una tarea que debe corresponder a todos los entes político-territoriales: la República, los Estados, y los Municipios. Hasta ahora, sin embargo, ni los Estados, ni ningún otro ente local han asumido competencias en esa materia, y sólo la República tiene algunas competencias aisladas y precisas.

Bajo este mismo ángulo, cuando el artículo 73 dice: "La ley protegerá el matrimonio, favorecerá la organización del patrimonio familiar inembargable y proveerá lo conducente a facilitar a cada familia la adquisición de vivienda cómoda e higiénica", por "Ley" debe entenderse aquí el acto legislativo dentro de los respectivos niveles territoriales de competencia, y no sólo la ley nacional. La remisión es a una ley nacional sólo en aquellas áreas que son de la competencia nacional, por ejemplo, en cuanto a la organización del patrimonio familiar inembargable. Esto es una regulación nacional, porque incide sobre las normas de derecho civil y de procedimiento, y de acuerdo al artículo 136, ordinal 24, la legislación civil y de procedimientos es de la reserva nacional. Este es un punto que sí correspondería ser regulado por una ley nacional, pero no tiene por qué corresponder a una ley nacional, el proveer lo conducente para facilitar a cada familia la adquisición de vivienda cómoda e higiénica. El proceso de desarrollo de la vivienda no puede ser sólo una responsabilidad y competencia del nivel nacional, que se ejerce a través de un ente descentralizado (el INAVI), sino que realmente debe ser una competencia de todos los entes territoriales.

Otro principio de competencia concurrente está en el artículo 75 de la Constitución que dispone lo siguiente: "La ley proveerá lo conducente para que todo niño, sea cual fuere su filiación, pueda conocer a sus padres; para que éstos cumplan el deber de asistir, alimentar y educar a sus hijos, y para que la infancia y la juventud estén protegidas contra el abandono, la explotación o el abuso. La filiación adoptiva será amparada por la Ley. El Estado compartirá con los padres, de modo subsidiario y atendiendo a las posibilidades de aquéllos, la responsabilidad que les incumbe en la formación de los hijos. El amparo y la protección de los menores serán objeto de legislación especial y de organismos y tribunales especiales".

En esta norma ¿por qué el "Estado" va a ser sólo la "República"? Indudablemente que compete a esta, por ejemplo, dictar la Legislación especial de protección y la reguladora de los Tribunales de Menores, pues ello es de la competencia nacional. Pero en otros aspectos de la norma, el Estado allí es toda la organización política de la Nación, a todos los niveles y muchas de estas tareas además, deben cumplirse a nivel local. De nuevo se nos plantea el problema del centralismo. ¿Cómo podemos racionalmente imaginarnos que en un país con la magnitud de los problemas de Venezuela, la atención pública de modo subsidiario, en la formación de los hijos, pueda coresponder sólo al nivel nacional que hoy se presta a través de un instituto autónomo, el Instituto Nacional del Menor?

El artículo 76 de la Constitución, también establece: "Todos tienen derecho a la protección de la salud. Las autoridades velarán por el mantenimiento de la salud pública y proveerán los medios de prevención y asistencia a quienes carezcan de ellos. Todos están obligados a someterse a las medidas sanitarias que establezca la ley, dentro de los límites impuestos por el respeto a la persona humana". Las autoridades a las cuales se refiere la norma, son las "autoridades públicas" de todos los niveles territoriales. Ello se confirma en el artículo 136, ordinal 17, que atribuye al Poder Nacional "la dirección técnica y la coordinación de los servicios destinados a la defensa de la salud pública", con lo cual se reconoce que también, en el nivel estadal y municipal existen competencias en materia de salud. De paso debe señalarse que este es el único artículo de la Constitución en el cual se habla de centralización, pero denominándola "nacionalización"; o sea, se reconoce que estos servicios destinados a la salud, pueden estar a nivel estadal y municipal, al establecerse que "por ley", pueden ser "nacionalizados", en el sentido de conversión de una competencia concurrente en una reservada al nivel nacional; es decir, conversión en nacional de lo que es estadal o municipal en materia de salud.

Esta facultad de centralización de servicios públicos destinados a la salud, mediante una ley, se ha ejercido en relación a los servicios de recolección de basura en Caracas, mediante la Ley que creó el Instituto Metropolitano de Aseo Urbano. En todo caso, en forma absurda, la salud se presta en Venezuela centralizadamente, e incluso bajo el marco de la Ley Orgánica del Sistema Nacional de Salud de 1987. Ha sido sólo en 1988, con la reforma de la Ley Orgánica de Régimen Municipal, en todo caso, que se comienza a asignar competencias en esta área a los Municipios.

El artículo 77 de la Constitución también hace referencia al "Estado" para identificar competencias concurrentes.

Dice: "El Estado propenderá a mejorar las condiciones de vida de la población campesina". Por supuesto, esta es una función que no sólo le corresponde a nivel nacional a través de un instituto autónomo, el Instituto Agrario Nacional, sino tiene que corresponder en forma concurrente a los niveles estadal o municipal.

En el artículo 78, al regular el derecho a la educación, la Constitución establece: "El Estado creará y sostendrá escuelas, instituciones y servicios suficientemente dotados para asegurar el acceso a la educación y a la cultura...". El Estado, en esta norma no sólo es la República, sino también los niveles estadales y municipales. Puede decirse que en ningún país del mundo la educación es sólo un servicio nacional y en general, es un servicio municipal y del nivel político intermedio. Nacional es, por ejemplo, la competencia en la organización de los currícula, programas, requisitos de exámenes para obtener títulos, reválidas, etc.; pero la prestación del servicio tiene que ser un problema local. Sin embargo, a pesar del sistema constitucional concurrente en esta materia, el centralismo se ha acentuado y para ello se ha partido del supuesto de que hay incapacidad administrativa y humana en el nivel local, pero nos hemos olvidado de que jamás habrá capacidad administrativa y humana en los niveles locales, si no descentralizamos.

Por otra parte, también, cuando el artículo 83 señala que "el Estado fomentará la cultura en sus diversas manifestaciones y velará por la protección y conservación de las obras, objetos y monumentos de valor histórico o artístico que se encuentren en el país, y procurará que ellos sirvan al fomento de la educación", la expresión "Estado" que debe fomentar la cultura, comprende los tres niveles territoriales: la República, los Estados y Municipios. En particular, en los Estados de la Federación es donde realmente deben desarrollarse los centros culturales del país. La cultura no puede ser una competencia única del Consejo Nacional de la Cultura, instituto autónomo nacional, pues la cultura no sólo es un problema nacional.

Por otra parte, cuando la Constitución establece en el artículo 84, que "todos tienen derecho al trabajo", agrega que "el Estado procurará que toda persona apta pueda obtener colocación que le proporcione una subsistencia digna y decorosa". Esta es una responsabilidad de todos los niveles territoriales, inclusive el estadal.

El mismo enfoque se debe hacer en materia de desarrollo económico. Cuando el artículo 95 dice que "el Estado promoverá el desarrollo económico": ¿por qué ha de ser esa una obligación sólo de la República? Al contrario, eso quiere decir que la República, los Estados y los Municipios promoverán el desarrollo económico y la diversificación de la producción, con el fin de crear nuevas fuentes de riqueza, aumentar el nivel de ingresos de la población y fortalecer la soberanía económica del país. Lo mismo debe decirse respecto del artículo 98. Este dispone, que "el Estado protegerá la iniciativa privada, sin perjuicio de la facultad de dictar medidas, para planificar, racionalizar y fomentar la producción y regular la circulación, distribución y consumo de la riqueza a fin de impulsar el desarrollo económico del país". Estas tareas, dentro de sus respectivos niveles de competencia corresponden a los tres niveles territoriales. Por ejemplo, nada autoriza a considerar que el fomento sea una actividad nacional, pues también es una actividad que compete a los Estados y Municipios.

Por su parte, el artículo 106 de la Constitución establece: "el Estado atenderá a la defensa y conservación de los recursos naturales de su territorio, y la explotación de los mismos estará dirigida primordialmente al beneficio colectivo de los venezolanos". Esto coresponde, ciertamente al Poder Nacional, y para ello se ha creado el Ministerio del Ambiente y de los Recursos Naturales Renovables, pero también corresponde a los niveles estadales y municipales.

En esta forma, y en resumen del análisis de las mencionadas normas constitucionales, resulta que deberían ser de la competencia de los Estados de nuestra Federación, por no ser por su índole o naturaleza, de la exclusiva competencia del Poder Nacional, las siguientes:

1. Proteger las asociaciones, corporaciones, sociedades y comunidades que tengan por objeto el mejor cumplimiento de los fines de la persona humana y de la convivencia social, y fomentar la organización de cooperativas y demás instituciones destinadas a mejorar la economía popular (Art. 72).

2. Proteger la familia como célula fundamental de la sociedad y velar por el mejoramiento de su situación moral y económica (Art. 73).

3. Compartir con los padres, de modo subsidiario y atendiendo a la posibilidad de aquéllos, la responsabilidad que les incumbe en la formación de los hijos (Art. 75).

4. Velar por el mantenimiento de la salud pública y proveer los medios de prevención y asistencia a quienes carezcan de ellos (Arts. 76 y 77), con sujeción a la dirección técnica, las normas administrativas y la coordinación de los servicios destinados a la defensa de la salud pública que establezca el Poder Nacional (Art. 136, Ord. 17), y sin perjuicio de las competencias municipales en el campo de la salubridad y asistencia social (Art. 30).

5. Mejorar las condiciones de vida de la población campesina (Art. 77).

6. Crear y sostener escuelas, instituciones y servicios suficientemente dotados para asegurar el acceso de todos, en forma gratuita, a la educación y a la cultura (Art. 78), conforme a las directrices y bases de la educación nacional establecidas por el Poder Nacional (Art. 136, Ord. 16).

7. Estimular y proteger la educación privada que se imparta de acuerdo con los principios contenidos en la Constitución Nacional y en las leyes (Art. 79).

8. Fomentar la cultura en sus diversas manifestaciones y velar por la protección y conservación de las obras, objetos y monumentos de valor histórico o artístico que se encuentren en el Estado, y procurar que ellos sirvan al fomento de la educación (Art. 83).

9. Procurar que toda persona apta pueda obtener colocación que le proporcione una subsistencia digna y provechosa (Art. 84).

10. Promover el desarrollo económico y la diversificación de la producción en el Estado, con el fin de crear nue-

vas fuentes de riqueza y aumentar el nivel de ingresos de la población (Art. 95).

11. Proteger la iniciativa privada, sin perjuicio de la facultad de dictar en el campo de sus respectivas competencias, medidas para planificar, racionalizar y fomentar la producción en el Estado, a fin de impulsar su desarrollo económico (Art. 96).

12. Atender a la defensa y conservación de los recursos naturales de su territorio, y cuidar que la explotación de los mismos esté dirigida primordialmente al beneficio colectivo de los venezolanos (Art. 106), sin perjuicio de las competencias del Poder Nacional en la conservación, fomento y aprovechamiento de los montes, aguas y otras riquezas naturales (Art. 136, Ord. 1º).

B. *La transferencia de competencias nacionales a los Estados*

Pero además del descubrimiento de nuevas competencias estadales concurrentes y residuales, la revitalización del Federalismo, o el Nuevo Federalismo en Venezuela exige, además, un complejo pero importante proceso de transferencia de competencias nacionales o que ha asumido el Poder Nacional, a los Estados.

Ello está previsto expresamente en la Constitución, cuyo artículo 137 establece lo siguiente:

Art. 137. El Congreso, por el voto de las dos terceras partes de los miembros de cada Cámara, podrá atribuir a los Estados o a los Municipios determinadas materias de la competencia nacional, a fin de promover la descentralización administrativa.

Esta atribución del Congreso, que debe ejercerse preferiblemente mediante Ley con el quórum especial de aprobación mencionado, jamás se ha utilizado en Venezuela. Al contrario, como se ha visto, lo que se ha hecho en las últimas décadas, es continuar el proceso centralizador, interpretando que por su índole o naturaleza muchas competencias concurrentes son nacionales, regulándoselas en leyes nacionales; y por esa misma vía, restringiendo cada vez más el ámbito del residuo de competencias a favor de los Estados.

Se impone, por tanto, una tarea inversa, la de transferir a los Estados competencias nacionales o nacionalizadas.

C. *La necesaria identificación de competencias tributarias estadales*

Por último, dentro de un proceso de revitalización del Federalismo, los Estados deben ser dotados de ingresos tributarios propios, de manera que se reduzca su dependencia respecto del situado constitucional.

En tal sentido debe señalarse que aún cuando la Constitución sólo regule expresamente la potestad tributaria nacional (Art. 136, Ord. 8º) y municipal (Art. 31), y no establezca expresamente competencias tributarias estadales, ello no puede conducir a negar la existencia de una potestad tributaria estadal que, al contrario, debe ser descubierta como base del nuevo Federalismo.

En efecto, estimamos que la Constitución establece, indirectamente, una competencia tributaria estadal que no ha sido utilizada. En concreto, la Constitución dice, en el artículo 136, que competen al Poder Nacional los impuestos "que recaigan sobre la producción y consumo de bienes que total o parcialmente la ley reserva al Poder Nacional, tales como las de alcoholes, licores, cigarrillos, fósforos y salinas" (Ord. 8º). En tal sentido, la Constitución Nacional dice que corresponden al Poder Nacional esos impuestos sobre la producción y consumo de bienes *cuando total o parcialmente se reservan por Ley al Poder Nacional.* Por tanto, si no hay una ley que reserve total o parcialmente al Poder Nacional determinados impuestos a la producción y al consumo de bienes, éstos no son nacionales; o sea, sólo son nacionales los impuestos a la producción y al consumo de bienes que la ley haya reservado total o parcialmente al Poder Nacional, tales como alcoholes, licores, cigarrillos, fósforos y salinas, y precisamente estos casos son los que se han regulado en las leyes nacionales de las llamadas renta de licores, de cigarrillos, de fósforos y de salinas. Pero fuera de estos impuestos a la producción o al consumo, relativos a los alcoholes, licores, cigarrillos, fósforos y salinas, no hay otra ley nacional que haya reservado al Poder Nacional impuestos al consumo o la producción de bienes, por lo que en esta materia se aplica la competencia residual de los Estados.

Así, corresponden a los Estados, en base a la competencia residual, los otros impuestos a la producción y consumo de bienes, hasta tanto una ley nacional los reserve al Poder Nacional. Esto lo confirma el artículo 18, ordinal 2º, al señalar que "los Estados no podrán gravar bienes de consumo antes de que entren en circulación dentro de su territorio"; por lo cual sí pueden gravar bienes de consumo después que

153

entren en circulación en su territorio. También, el ordinal 3º del mismo artículo 18 establece que: "Los Estados no podrán prohibir el consumo de bienes producidos fuera de su territorio, ni gravarlo en forma diferente a los producido en él"; por lo cual sí pueden gravar bienes de consumo en forma igual a los producidos en él. La limitación del ordinal 4º también se aplica en el sentido de que no pueden los Estados "crear impuestos sobre el ganado en pie o sobre sus productos o subproductos", con lo cual si bien se admite la competencia tributaria de los Estados sobre la producción, ella no puede caer sobre la producción agropecuaria.

a. *El ámbito de los impuestos a la producción y consumo de bienes*

En consecuencia, el ámbito propio de la potestad tributaria de los Estados es el de los impuestos a la producción y consumo de bienes, lo que surge de la interpretación del ordinal 8º del artículo 136 y del artículo 18 de la Constitución.

En efecto, del análisis del ordinal 8º del artículo 136 de la Constitución, antes indicado, se deduce lo siguiente:

a) Que no existe una auténtica reserva constitucional al Poder Nacional en materia de impuestos a la producción y al consumo de bienes, sino que la Constitución remite a la ley nacional la determinación de los impuestos de tal naturaleza que se reserven a dicho Poder.

b) En esta forma, sólo los impuestos a la producción y consumo de bienes que la ley nacional haya reservado expresamente al Poder Nacional, le corresponden exclusivamente. Estos son, hasta ahora, los que gravan los cigarrillos, los alcoholes y licores, los fósforos y salinas.

c) Por otra parte, aun en los casos en que la Ley nacional reserve al Poder Nacional un impuesto a la producción y al consumo de bienes como los indicados, esa ley puede contener una reserva parcial, por lo que la misma podría atribuir a los Estados la recaudación de parte de dichos impuestos.

d) Todos los impuestos a la producción y al consumo de bienes, excluidos los que recaigan sobre los alcoholes, licores, cigarrillos, fósforos y salinas, son de la potestad tributaria de los Estados, tal como lo confirma, en cuanto a los impuestos al consumo de bienes, lo expresado en el artículo 18 de la Constitución.

El ejercicio de esa potestad tributaria originaria de los Estados para establecer impuestos a la producción y consumo de bienes, debe sujetarse a las siguientes normas establecidas en el artículo 18 de la Constitución:

1. En cuanto a los impuestos al consumo sólo pueden gravar el consumo de bienes producidos en su territorio o después que entren en circulación dentro de su territorio; y en caso de gravar el consumo de bienes producidos fuera de su territorio, no pueden gravarlos en forma diferente a los producidos en él.

2. En cuanto a los impuestos a la producción, no pueden gravar el ganado en pie ni sus productos o subproductos.

De lo anterior se deduce claramente que los Estados tienen una muy amplia potestad tributaria originaria para gravar la producción y el consumo de bienes, que no ha sido utilizado hasta el presente. Sin embargo esta potestad está sometida a la limitación de que conforme al artículo 136, ordinal 8 de la Constitución, el Poder Nacional la pueda eliminar, al reservarse total o parcialmente los otros impuestos a la producción o al consumo de bienes. En caso de reserva parcial, la ley respectiva podría establecer limitaciones al ejercicio de la potestad tributaria por los Estados.

b. *Los impuestos a las ventas*

Dentro de estos impuestos a la producción y consumo de bienes están todos aquellos impuestos a las ventas, en todas sus modalidades (a las ventas al por mayor, al detal, de los manufactureros o al valor agregado), los cuales son de la competencia de los Estados, hasta tanto una ley nacional no los reserve al Poder Nacional. No hay que olvidar que los impuestos a las ventas en los Estados Federales son, en general, de la competencia estadal y no federal.

En el caso de los impuestos a las ventas, debe considerarse que éstos, con tasas muy bajas, podrían producir ingresos fiscales relativamente cuantiosos al tener una base mucho más amplia (consumo). Sin embargo, estos impuestos a las ventas pueden afectar la capacidad contributiva de las personas de menores recursos y aumentar el costo de la vida. Por ello, en su establecimiento deben tenerse en cuenta los principios contenidos en el artículo 223 de la Constitución, en el sentido de que deben procurar "la justa distribución de las cargas según la capacidad económica del contribuyente, atendiendo al principio de la progresividad, así como la protección de la economía nacional y la elevación del nivel de vida del pueblo". En tal sentido, por ejemplo, un impuesto sobre las ventas al por mayor o sobre las ventas de los manufactureros, que recaería en la producción, podría ser más recomendable.

2. *Le reforma orgánica estadal*

Adicionalmente a la inversión del desbalance en la distribución vertical del Poder Público, la revitalización del Federalismo, como consecuencia de las nuevas competencias estadales, tendría que estar acompañada de una reforma orgánica estadal que incida en las Asambleas Legislativas y en la figura del Gobernador.

A. *La revitalización de las Asambleas Legislativas*

Con competencias estadales efectivas y sustantivas, las Asambleas Legislativas pasarían de ser los entes inactivos de la actualidad, a convertirse en el centro de la vida política estadal, como las entidades representativas que deben ser.

Como consecuencia de ello, hay que hacer de estas instituciones centros de participación y representatividad estatal. Para ello, por ejemplo, resulta indispensable la reforma del sistema electoral, conforme a lo previsto en la Enmienda Constitucional Nº 2 de 1983, y elegir a los Diputados a las Asambleas, por ejemplo, en circunscripciones pequeñas, dos en cada una, las cuales pueden coincidir con los Distritos, Municipales o Metropolitanos que se creen en el futuro, o con los tradicionales Distritos como división territorial uniforme de los Estados que legalmente perdura.

Por otra parte, y adicionalmente a la reforma de la Ley Orgánica del Sufragio, estimamos que la legislación orgánica de los Estados, dentro de una política de participación que deben orientar en el futuro todos los órganos del Estado, debería prever una representatividad de base corporativa para propiciar la incorporación al órgano deliberante estadal, de sectores que participen en el proceso de desarrollo económico y social del Estado.

En esta forma, la legislación de los Estados, como ya sucedió en las Constituciones de los Estados Yaracuy y Nueva Esparta entre 1980 y 1981, debe prever la integración de la Asamblea Legislativa, además de con los Diputados electos, con representantes de las organizaciones sindicales de trabajadores del Estado, de los sectores económicos privados que actúen en el mismo, de los Colegios Profesionales con sede en el Estado, de las Universidades e institutos de educación superior de la entidad, y de los Municipios del Estado. Estos representantes, al no ser miembros de las Asambleas en los términos del artículo 19º de la Constitución Nacional, no tendrían derecho a voto, pero tendrían derecho a participar en las deliberaciones con voz, aun cuando su presencia, por supuesto, no sería necesaria para el quórum de la Asamblea. En todo caso, estos representantes tendrían que ser remunerados por las propias sociedades intermedias que representa y no por el presupuesto de la Asamblea.

En esta forma, la composición de la Asamblea Legislativa adquiriría una base de representación corporativa y de participación, que podría provocar un cambio de enorme importancia en sus funciones.

158

En cuanto a la figura del Gobernador de los Estados, como se ha dicho, sólo si se rompe el desbalance actual en el sistema de distribución vertical del Poder Público, de preponderancia de competencias nacionales frente a escasísimas competencias estadales, es que tendrá sentido su elección directa conforme lo prevé el artículo 28 de la Constitución y lo ha regulado la Ley sobre elección y remoción de los Gobernadores de Estado de 1988. Esta es, sin duda, una reforma fundamental pero que no puede quedarse como una medida aislada, sino como una pieza del Nuevo Federalismo, reflejo de un fortalecimiento de competencias de los Estados frente al Poder Nacional.

Por otra parte, otros aspectos deben destacarse en el régimen administrativo de los Estados tal como se regulan en la actualidad, y en relación a los cuales se plantean urgentes reformas, y que se refieren a la regulación del régimen jurídico de la Administración del Estado, y a las actividades del Gobernador como agente del Ejecutivo Nacional.

En efecto, dada la ausencia o carencia de competencias propias de los Estados que puedan ser efectivamente gobernadas y administradas por sus Gobernadores, las Constituciones de los Estados no han previsto en sus normas las regulaciones básicas del régimen jurídico de las Administraciones estadales; se han limitado, en general, a regular la figura del Gobernador y de los otros órganos del Poder Ejecutivo del Estado, pero no han previsto la normativa básica para guiar la acción administrativa conforme al principio de la legalidad.

En tal sentido, si se descentralizan y refuerzan las competencias de los Estados, estimamos que es precisamente en las Constituciones de los Estados en las cuales deben establecerse las regulaciones básicas sobre los principios de organización del Estado. Así, los principios de jerarquía administrativa, de la competencia y de la descentralización funcional deben ser regulados expresamente, como garantía de la legalidad, además de la exigencia del sometimiento de la acción de los órganos administrativos al ordenamiento jurídico y a la jerarquía de las normas. Asimismo, deben preverse las normas básicas que regulen la responsabilidad administrativa del Estado y de sus funcionarios.

En particular, debe establecerse expresamente la posibilidad de la descentralización funcional de la Administración del Estado, mediante la creación de Institutos Autónomos y Empresas del Estado, con la debida participación y control de las Asambleas Legislativas que, en general, pocas Constituciones estadales han contemplado.

Por último, y también en relación a la Administración del Estado, deben adaptarse las normas estadales a algunas regulaciones nacionales que inciden en la Administración estadal, tales como la Ley Orgánica de Régimen Presupuestario y la Ley Orgánica de Crédito Público.

Por otra parte, tal como se ha señalado, la Constitución Nacional establece que los Gobernadores de los Estados tienen el doble carácter de Agente del Ejecutivo Nacional en su respectiva jurisdicción y de Jefe del Poder Ejecutivo del Estado (Art. 21).

En particular, sus atribuciones como Agente del Ejecutivo Nacional deben ser reguladas por Ley Nacional para compatibilizar esa tarea con la nueva legitimidad popular que tendrán por su elección directa, máxime cuando la Constitución establece dentro de sus deberes el "ejecutar y hacer ejecutar las órdenes y resoluciones que reciba del Ejecutivo Nacional" (Art. 23, Ord. 1).

En particular, esa legislación nacional debe precisar las funciones del Gobernador como funcionario coordinador de la actividad de las unidades administrativas nacionales que actúen desconcentradamente en el Estado respectivo, así como sus actividades como agente del proceso de regionalización administrativa de la Administración Nacional. No hay que olvidar que la motivación central de la reforma del Decreto de Regionalización Administrativa de 1972 tuvo por objeto hacer participar a los Gobernadores en el proceso de regionalización y convertirlos en agentes de dicho proceso.

Por último, y también en su carácter de Agente del Ejecutivo Nacional en el Estado, debe preverse la participación del Gobernador en los órganos del sistema nacional de planificación del desarrollo económico y social. La Ley Orgánica para la Ordenación del Territorio de 1983, en este sentido, ha sido un paso de avance.

Por supuesto, los actos administrativos del Gobernador del Estado, cuando actúe como Agente del Ejecutivo Nacional, deberán ser considerados como actos administrativos nacionales, y no estadales, a los efectos de su eventual impugnación.

CONCLUSION

Como consecuencia de todo lo anteriormente expuesto resulta que el problema de la forma del Estado Venezolano y consecuencialmente, de su funcionamiento político, es que a pesar de que la Constitución la define como Federal, el proceso de centralización que durante todo el presente siglo ha caracterizado el proceso político de nuestro país, lo ha convertido en un Estado Centralizado. Un problema actual del Estado, por tanto, es el de constituir una Federación centralizada, con todas sus contradicciones.

Hemos dicho que, sin duda, la centralización fue el elemento clave para la propia configuración del Estado Nacional a principios de siglo, y el elemento fundamental para la implantación de la propia democracia en los últimos treinta años. Sin embargo, integrado definitivamente el Estado y estabilizado el régimen democrático, la centralización antaño beneficiosa, está ahora conspirando contra la eficiencia del propio Estado y el desarrollo político democrático del interior del país. Ya los servicios y acciones públicas resultan imposible de ser atendidos sólo desde el centro, y la propia madurez democrática de la Nación comienza a reclamar más representatividad y participación, es decir, comienza a exigir su perfeccionamiento. Por ello, el planteamiento ineludible de la descentralización política como una de las reformas fundamentales del Estado, y que tienen por objeto, no sólo cambiar el desbalance actual de preponderancia de competencias nacionales frente a las que tienen los otros niveles político-territoriales, sino que al trasladar poder a dichos niveles, se propugne perfeccionar la democracia y hacerla más participativa y representativa.

El problema de la Federación Centralizada, por tanto, no puede resolverse sino mediante un profundo proceso de descentralización política y administrativa, que revitalice el Federalismo y que resulte en un Nuevo Federalismo. Ello exige, ante todo, asignar efectivas competencias de actuaciones públicas a los Estados Miembros de nuestra Federación, sea descubriendo aquellas de carácter residual y concurrente que les corresponden, sea transfiriendo competencias nacionales a los Estados, asegurándoles además ingresos propios y autonomía financiera, mediante el establecimiento de tributos a la producción y al consumo.

De ello resulta, por tanto, que el tema de la elección directa de Gobernadores, que ha signado el debate político en los últimos tiempos como una propuesta de reforma del Estado, y que ha conducido a la promulgación de la Ley sobre elección y remoción de los Gobernadores de Estado en agosto de 1988, en sí mismo no tiene mayor significación. Como reforma aislada, dicha medida no tiene sentido alguno, pues la elección popular de los Gobernadores es completamente incompatible con la forma centralizada de nuestra Federación, y podría más bien desquiciar el funcionamiento del Estado. Esa reforma, en realidad, tiene que ser concebida como una añadidura anticipada a la reforma sustancial de Estado, la descentralización, que transforme a los Estados de nuestra Federación en instituciones fundamentales del país, y que produzca un Nuevo Federalismo.

IV

LOS PROBLEMAS DE LA ADMINISTRACION PUBLICA

INTRODUCCION

En el lenguaje político contemporáneo, la denuncia contra el Estado y la Administración Pública y el dogma del antiestatismo comienzan a entrar dentro de las costumbres. El Estado, se dice, se ha convertido en una amenaza contra el individuo, las libertades e incluso contra el desarrollo de la Sociedad misma. El Estado es "omnipresente", "omnipotente", "megalómano", y es el objeto de todos los calificativos imaginables, lo cual, dicho sea de paso, no es infrecuente en la literatura política desde que Hobbes, hace varios siglos, lo asimiló al *Leviathan,* monstruo mitológico devorador e inhumano; Duverger lo ha imaginado como un *Catoblépas,* otro monstruo tan estúpido que se come sus propios miembros; e incluso, Octavio Paz, recientemente, lo ha calificado como un *Ogro* filantrópico.

Esta moda antiestatista ya comienza a ser habitual, también, en Venezuela, donde el Estado empieza a ser el culpable de todos los males de la Sociedad y del individuo. Se lo califica igualmente de omnipresente y omnipotente, y en general se plantea la necesidad de su reforma para su reducción. Incluso se lo considera incapaz de conciliar los intereses diversos de la Sociedad y asumir su conducción y decisión, y se ha querido sustituir su autoridad por una especie de corporativismo (régimen en el cual los intereses deciden en lugar de los elegidos por el pueblo) denominado por algunos como "Pacto Social", rescatando la terminología liberal de finales del siglo XVIII.

El tema de la reducción del Estado, por tanto, está de moda: se habla de descongestionarlo, de desmantelarlo y de la necesidad de desestatizar o privatizar muchas de sus actividades; en fin, no faltan quienes plantean la necesidad de liberar la Sociedad de las garras del Estado, que no dejamos de imaginar como un monstruo.

Ahora bien, tanto criticar al Estado como plantear su reforma, exige varias precisiones indispensables: el Estado es la organización política de una determinada Sociedad, y su realidad y papel varía según los condicionantes que el sistema económico, social y político concreto le imponen. Por ello el peligro de importar una literatura elaborada en otros países con condicionantes distintos, y además, lo impropio de formular generalizaciones abstractas. No hay por tanto, una solución a los problemas del Estado que pueda ser común a todos los países latinoamericanos, tan distintos desde el punto de vista social, económico y político, aun cuando haya tendencias comunes que pueden identificarse, motivadas por causas diferentes.

Una de estas, sin duda, es la de la expansión o gigantismo del sector público, lo cual no sólo es una realidad en la presente década, sino que se vaticinaba a principios de la misma. Es así como en la Quinta Reunión de Expertos sobre el Programa de las Naciones Unidas en materia de Administración y Finanzas Públicas celebrada en enero de 1980, se afirmaba que "el alcance y la importancia del sector público continuarían aumentando en la mayor parte de los países en desarrollo" de manera que pasaría a ser "un factor principal en la economía". (Véase ONU, *Esferas prioritarias de acción en materia de Administración y Finanzas Públicas en el decenio de 1980* (S. 81. II. H. 2), Nueva York 1981, p. 1.). De allí el "animado debate en cuanto a si la intervención del Estado no ha ido demasiado lejos", que se está desarrollando actualmente en toda América Latina, del cual da cuenta el Informe *Hacia una Renovación del Crecimiento Económico en América Latina* (B. Balassa, G. M. Bueno, P. P. Kuczinzki y M. H. Simonsen, Institute for International Economics, 1968, p. 141).

Las causas de este rol preponderante del Estado, por supuesto, son diferentes y en muchos casos impuestas por circunstancias históricas y fácticas. Por ejemplo, es de destacar el caso de Venezuela, país cuyo sector público es de los más importantes cuantitativamente, porcentualmente considerado, comparado con cualquier país del mundo occidental. Entre otros factores, históricamente ello fue y es así por obra y gracia de los redactores de las Ordenanzas de Nueva España que rigieron en la Capitanía General de Venezuela a partir de 1784, así como del Decreto del Libertador dictado en Quito en 1829, documentos que atribuyeron la propiedad de subsuelo a la Corona Española, y luego, a la República, excluyéndolo de la apropiabilidad por parte del propietario del suelo; coincidiendo este elemento formal, además de con su mantenimiento invariable durante toda nuestra historia jurídico-política, con una realidad geológica: en el subsuelo de la antigua Capitanía General había petróleo, y esta fuente de energía, en el último medio siglo, resultó tener el valor e importancia que la sola crisis mundial a partir de la década pasada, ha puesto en evidencia. Por tanto, para entender el papel del Estado en un país como Venezuela debe tenerse en cuenta, ante todo, que se trata de un *Estado petrolero,* dueño del subsuelo desde siempre, y desde hace algo mas de diez años, además, industrial único del petróleo y sus derivados. Esta realidad, simple, ha hecho del Estado, quiérase o no, el generador y titular de la mayor parte del ingreso nacional, y por tanto, el mayor inversionista, por lo que necesariamente, se ha considerado como el principal instrumento de la Sociedad venezolana para su distribución. Y esta realidad, por supuesto, no podrá cambiar, salvo que se desnacionalice la industria petrolera y se transfiera la propiedad del subsuelo al sector privado, lo cual es impensable, o salvo que se agoten las reservas petroleras, lo cual es improbable en el próximo siglo.

Ello no impide considerar, sin embargo, que aun en esa escala de importancia, muchas veces el papel del Estado ha sido excesivo y aun sofocante en relación al sector privado. Pero aun así, es claro que en un país como Venezuela, los objetivos de desarrollo, no exclusivamente económicos, sino políticos, sociales y físicos no pueden ser logrados por las solas manifestaciones espontáneas de las fuerzas del mercado o por los vaivenes de las "leyes naturales" de la economía y de la Sociedad, sin la decisiva participación e intervención del Estado, quizás más cualitativa que cuantitativamente considerada.

Por razones diversas, en la gran mayoría de los países latinoamericanos la situación es relativamente similar, y la Administración Pública, como instrumento de la acción política del Estado sigue constituyendo la piedra angular del proceso de desarrollo, razón por la cual es también considerada precisamente, la que paradójicamente se configura como uno de los mayores obstáculos al desarrollo. En efecto, si como hemos señalado, el Estado y su Administración constituyen uno de los factores determinantes del proceso de desarrollo, es evidente que su ineficiencia, inefectividad e ineficacia hacen que la vía del desarrollo permanezca cerrada o sea muy dificultosa o dispendiosa. Por ello, es claro que necesitamos desarrollar una Administración capaz de administrar el desarrollo; es decir, una Administración no sólo capaz de adaptarse a los cambios políticos, económicos y sociales que se han sucedido en las últimas décadas, sino también capaz de ser un agente de los cambios, los cuales en muchos casos, sólo ella puede provocar. He allí, realmente, lo que estimamos continúa siendo el gran reto de Venezuela cuando se plantea la necesidad de modernizar el sector público.

Sin embargo, la Administración Pública presenta muchos problemas que le impiden asumir ese papel, los cuales queremos analizar. Para ello examinaremos, en primer lugar y sucintamente, las características estructurales y de funcionamiento en la Administración Pública con el propósito de definir el grado de adecuación del instrumental del sector público para conducir el desarrollo económico y social del país; y en segundo lugar, algunas medidas y estrategias que se consideran indispensables, para garantizar que el Estado sea un factor efectivo para impulsar el crecimiento.

I. ALGUNAS CARACTERISTICAS ESTRUCTURALES Y DE FUNCIONAMIENTO DE LA ADMINISTRACION PUBLICA

1. *La expansión administrativa*

Hemos señalado que una de las características de la Administración Pública contemporánea en los países de América Latina, es la de la expansión del sector público. En todos nuestros países, por razones diversas, se ha producido una inflación administrativa, a veces incontrolada, y el rol importante que tienen que jugar nuestros Estados en el proceso de desarrollo, antes que una manifestación cualitativa, ha tenido un resultado cuantitativo. El Estado ha extendido considerablemente su área de actuación y hoy se encuentra sobredimensionado. Lo cierto es que ya no puede crecer ni intervenir más, por lo que se plantea la necesidad de redimensionarlo. Este es, precisamente, uno de los problemas de la Administración Pública en Venezuela.

Esta expansión administrativa se ha producido en dos frentes: por una parte, en el crecimiento desproporcionado de las actividades prestacionales, productivas y comerciales del sector público; y por la otra, en la penetración de la intervención reguladora y contralora del Estado, respecto de materialmente todas las actividades privadas. Esto ha producido, como consecuencia, una reducción y ahogamiento de las iniciativas privadas.

A. *La inflación organizacional del sector público*

En cuanto a las actividades prestacionales, productivas y comerciales del sector público, es decir, a la intervención activa del Estado en la actividad económica, no sólo los servicios públicos tradicionales han continuado ampliándose progresivamente, presionándose y demandándose al Estado a su prestación, como ha sucedido por ejemplo en materia de educación, salud y transporte, hasta el punto de que el financiamiento de esos servicios ya resulta imposible de cubrirse por la sola vía del presupuesto del sector público, sino que la intervención activa del Estado en el campo productivo y comercial ha llegado a niveles inimaginables en economías no socialistas. Las empresas públicas constituyen el signo administrativo de nuestro tiempo y tanto su aumento considerable como los problemas de su gestión y control, constituyen la preocupación fundamental de los analistas administrativos contemporáneos. En todo caso, desde el punto de vista orgánico, la estructura del sector público ha crecido en forma tal, que incluso los programas de reformas administrativas elaborados en la década de los setenta, ya resultan obsoletos e inadaptados por la nueva dimensión de la Administración.

Esta expansión orgánica del sector público se ha producido, tanto en la Administración Central como en la descentralizada. En la primera se ha traducido en la creación de nuevos Ministerios o modificación de los que existían, y en la creación de Oficinas Presidenciales de la más variada naturaleza. Así, la Administración Central ha ampliado su radio de acción e intervención, mediante la expansión de sus viejas estructuras o la creación de nuevas instituciones, respondiendo a las nuevas o crecientes responsabilidades asumidas por el Estado.

Pero si bien este proceso de expansión se ha producido en la Administración Central en forma significativa, debe decirse que ha sido en la Administración Descentralizada, mediante la creación de institutos autónomos y empresas del Estado, donde el fenómeno, además de rápido, ha alcanzado proporciones incalculables hace sólo escasos años.

B. *El intervencionismo estatal exagerado*

Pero el papel del Estado en el proceso de desarrollo no sólo ha provocado un Estado interventor en todos los órdenes, desde el punto de vista activo, como Estado empresario y prestacional, sino también desde el punto de vista pasivo, como Estado regulador.

En efecto, el intervencionismo exagerado del Estado y su participación en la economía, han traído como consecuencia administrativa fundamental el que todas las actividades de los particulares hayan sido progresivamente sometidas al Estado y al control de su Administración. De resultas, una de las características de nuestros países, derivada de la expansión de las actividades e intervenciones estatales, son los excesivos y desordenados sistemas de restricciones y control administrativos sobre las actividades y acciones de los individuos, a través de técnicas autorizatorias, de licencias y permisos. Así, a medida que han surgido regulaciones administrativas de aspectos de la vida económica y social que afectan a los administrados, se han ido estableciendo requisitos de autorizaciones administrativas previas, que no sólo estorban el libre desenvolvimiento de iniciativas privadas, sino que hacen lenta la marcha del aparato administrativo, y complican innecesariamente los trámites y procedimientos administrativos, contribuyendo a que se generen focos de corrupción en la función pública o a que surjan grupos de intermediarios o gestores dedicados a agilizar las tareas administrativas.

Ahora bien, esta expansión administrativa tanto orgánica como reguladora del sector público, ha tenido una serie de consecuencias en las estructuras y en el funcionamiento de la Administración, que pasamos a analizar.

2. *La consecuencia estructural: la centralización nacional y la descentralización funcional*

En efecto, la expansión administrativa, tanto la derivada de la participación del Estado en los servicios públicos y en los procesos productivos y comerciales, como la originada por el establecimiento de tantas regulaciones y controles sobre las actividades particulares, ha traído como consecuencia un proceso de centralización político-administrativa en los niveles nacionales del Estado, y en esos mismos niveles nacionales, un proceso de descentralización funcional por la inadecuación o insuficiencia de la Administración Central para la asunción progresiva de nuevas y crecientes tareas. Ello ha originado los dos problemas estructurales fundamentales de nuestra Administración Pública: la excesiva centralización nacional y la excesiva descentralización funcional.

A. *La centralización política y administrativa*

En efecto, puede decirse que el primer problema de nuestra Administración Pública contemporánea, es el de la centralización, no sólo política, sino administrativa, y a pesar, incluso, de la configuración del Estado como Estado federal. En efecto, en el Estado venezolano se evidencia no sólo una excesiva centralización política a nivel nacional, sino que esta centralización también se refleja en materia administrativa, pues se ha concentrado en la Administración Nacional todo el poder político, administrativo y jurídico de la Nación.

La centralización administrativa tiene su origen en la distribución peculiar de competencias que la Constitución establece y que concentra en manos del Poder Nacional casi todas las competencias públicas (Art. 136), salvo algunas de carácter municipal (Art. 30) y que, en todo caso, no son exclusivas del Municipio, pues con frecuencia son concurrentes con el nivel nacional.

Por supuesto, el fenómeno no es reciente, y tiene sus raíces en el siglo pasado. No hay que olvidar que nuestros países latinoamericanos, al lograr su independencia, políticamente eran países disgregados, por la propia influencia del sistema español. El federalismo que acompañó la formación del Estado Nacional durante el siglo pasado, respondió a una realidad política: la necesidad de integrar países disgregados en Cabildos-Estados o en Provincias aisladas, y por tanto, altamente descentralizadas. El caudillismo del siglo pasado tuvo su ropaje institucional en el federalismo, y éste perduró hasta que se produjo la definitiva integración nacional de los países, cuando se consolida el proceso de centralización política, con la eliminación de los caudillos regionales y locales, y luego, de la centralización militar con la creación del Ejército Nacional, así como de la centralización tributaria, fiscal, administrativa y legislativa. La integración nacional y el desarrollo de los medios de comunicación dieron origen, así, a nuevas políticas altamente centralizadas.

En relación a la Administración Pública, este proceso ha producido no sólo un proceso de centralización y concentración administrativas en los niveles nacionales, sino de debilitamiento de la Administración en sus niveles regionales y locales.

a. *La centralización y concentración de la
Administración Pública Nacional*

Como hemos señalado, el signo actual de nuestra Administración Pública es la excesiva centralización de la autoridad política y de las decisiones administrativas en los niveles nacionales, a pesar, incluso, como se dijo, de la forma federal de nuestro Estado, el cual realmente se configura como una "República Federal Centralizada", en la cual el poder político, administrativo y jurídico no es efectivamente compartido por los entes estadales o locales (Municipalidades).

En esta forma, todas las decisiones concernientes al sector público se han venido atribuyendo a los niveles nacionales del Estado, donde además se ha concentrado el ingreso público, con el progresivo debilitamiento de los niveles intermedios de gobierno (Estados), que cada vez más han pasado a depender del Gobierno Central.

177

Pero agregado a la centralización, otra de las características del sistema administrativo de nuestro país es el de la excesiva concentración administrativa en los niveles superiores del Poder Ejecutivo, particularmente en el Presidente de la República y el Consejo de Ministros.

Desde el punto de vista político, nuestro sistema de gobierno ha sido tradicionalmente el presidencialista; y éste, administrativamente hablando, ha provocado una excesiva concentración de las decisiones político-administrativas en la Presidencia de la República. El Presidente de la República en nuestro país, sea en los regímenes *de facto* dictatoriales, al asumir todos los poderes públicos, sea en los regímenes democráticos de derecho, al maximizarse el presidencialismo, ha concentrado la conducción de materialmente todos los asuntos del Estado. El Presidente, así, no sólo es el Jefe del Estado y del Gobierno, sino que en muchos casos actúa como si fuera, además y a la vez, Gobernador de Estado, primera autoridad del Distrito, o Jefe Civil de las poblaciones. El Presidente casi todo lo decide, o cuando menos, al Presidente se lo involucra en todas las decisiones, lo cual es caldo de cultivo para el intolerable culto a la personalidad que ha rodeado, incluso, a algunos de nuestros presidentes democráticos, particularmente en los últimos años y en el actual período constitucional (1985-1989).

b. *La debilidad de la Administración regional y local*

Pero a la vez, la consecuencia administrativa fundamental del centralismo político ha sido el debilitamiento progresivo de las instituciones regionales y municipales. En particular, ha sido el centralismo administrativo y la concentración del poder en el Ejecutivo Nacional el que ha impedido al Municipio en nuestro país, efectivamente, asumir su rol de unidad política primaria y autónoma en la vida institucional.

Nuestros países fueron, ciertamente, independizados por la acción de sus Municipios, y durante buena parte del siglo pasado tuvieron una intensa vida municipal. Ello, sin embargo, quedó en la historia. No sólo el Municipio perdió, en muchos casos por la ausencia de democracia, autonomía política, sino que progresivamente se le fueron arrebatando competencias en materias antaño propias de la vida local, que se nacionalizaron en virtud del proceso de centralización. Por ello resulta que en nuestro país, las Administraciones Municipales sean en la actualidad los ejemplos más característicos de administraciones inservibles, vaciadas de competencia, de carácter ineficiente, y dominadas por los partidos o grupos con solas apetencias burocráticas.

Por ello, la reforma del sector público debe abarcar, también, al Municipio, para hacerlo, no sólo una institución administrativamente eficiente, sino el centro de la vida política democrática y de la participación, y el receptáculo de una política de descentralización.

B. *La descentralización funcional*

Pero paralelamente a la centralización nacional, y hasta cierto punto, como resultado de la misma por la excesiva asunción de actividades productivas y comerciales por el Estado, dada la imposibilidad e inadecuación de los órganos de la Administración Central o ministerial clásicos para desarrollarlas, nuestro país ha sufrido un proceso de descentralización funcional de la organización nacional de proporciones inusitadas, mediante la creación de entidades autónomas de la más variada naturaleza, particularmente institutos autónomos y empresas del Estado.

Basta recordar, por ejemplo, que desde el punto de vista del gasto público consolidado, la distribución porcentual del gasto entre la Administración Central y la Administración Descentralizada en Venezuela se invirtió completamente en un período de diez años, entre 1970 y 1980: en 1970, el gasto público del Gobierno Central representaba el 70 por ciento (70%) del gasto público consolidado, por lo que la Administración Descentralizada representaba el 30 por ciento (30%) de dicho gasto; a partir de 1975, dicho porcentaje se invirtió y en 1980, el 20 por ciento (20%) del gasto público consolidado se erogaba por la Administración Central y el 80 por ciento (80%) a través de la Administración Descentralizada. Este solo dato basta para apreciar la magnitud del crecimiento y expansión de la Administración Descentralizada, en un proceso que parece, sin duda, irreversible, y que en términos generales se ha repetido en la mayoría de los países de América Latina.

Este descomunal proceso de descentralización funcional ha significado una especie de eclosión en cuanto a la ejecución de políticas estatales, por la falta de integración sectorial de muchos de dichos entes y la insuficiencia de los tradicionales medios de coordinación para hacerlos marchar en concierto, contribuyendo en muchos casos, al despilfarro de recursos y a la inefectividad de la acción administrativa.

3 . *La consecuencia funcional: la ineficiencia e inefectividad de la acción administrativa*

Pero la expansión administrativa, tanto la derivada de la inflación organizacional del sector público como del intervencionismo estatal exagerado, particularmente regulador en relación a las actividades privadas, en efecto, también ha provocado, consecuencialmente, una serie de fallas en el funcionamiento de la Administración Pública, a las cuales se suman las deficiencias en la función pública. La Administración Pública, por su gigantismo, y dejando a salvo por supuesto, en ciertos países, algunas lagunas de excelencia, se ha tornado cada vez más inefectiva e ineficaz, y ello no sólo porque los fines y logros perseguidos no se llegan a alcanzar, sino incluso, por la distorsión que se ha provocado en los mismos, aun en su identificación. Además, dicha ineficiencia resulta del excesivo costo en que incurre en la realización de sus actividades, no siempre realizadas a través de funcionarios públicos idóneos.

Los principales problemas del funcionamiento de nuestra Administración Pública, por tanto, podemos identificarlos analizando los derivados de la inflación administrativa, del centralismo administrativo, de la descentralización funcional y de la inexistencia de una burocracia profesionalizada.

A. *Las fallas funcionales derivadas de la expansión del sector público*

El crecimiento exagerado del sector público, como hemos señalado, se ha producido en dos vertientes: por una parte, en la proliferación de órganos e instituciones derivadas de la intervención activa del Estado en los procesos productivos y comerciales, además de la prestación de servicios públicos; y por la otra, en la creciente intervención reguladora del Estado respecto de las actividades particulares. Esto ha provocado unas fallas de funcionamiento de la Administración, que se han tornado en una distorsión de los fines del sector público y en una complicación inusitada de los procedimientos.

a. *La distorsión de los fines del sector público*

La participación activa del Estado en los procesos productivos y comerciales en forma incontrolada, en efecto, ha provocado una distorsión de los fines del Estado, manifestada en muchos casos, en la pérdida de rumbo, que las técnicas planificadoras no han podido remediar. Es frecuente, incluso, que las mejores plataformas políticas y los planes elaborados en consecuencia, no puedan ejecutarse. Falta la fijación de objetivos a largo plazo y de adecuadas estrategias.

Basta constatar, por ejemplo, que en muchos casos se le ha dado más importancia a la creación de empresas en el campo industrial, que a la de asegurar una prestación eficiente de los servicios públicos tradicionales y elementales, o a la protección del ambiente y de la calidad de la vida. Hemos querido ser, por ejemplo, grandes productores de acero y aluminio, pero sin todavía saber transportar la correspondencia, efectivamente, de un extremo a otro de nuestras grandes ciudades; hemos querido establecer industrias de construcciones navales o aeronáuticas, pero sin asegurar a la población el derecho efectivo a la recuperación de la salud, mediante un adecuado servicio de atención médica; hemos querido realizar grandes obras de infraestructura y de desarrollo físico, pero ocupando incontroladamente el territorio con consecuencias degradantes para el ambiente y la calidad de la vida. En fin, hemos querido desarrollar al Estado Empresario y su Administración Empresarial, pero algunas veces olvidándonos de la administración de los servicios públicos la cual, por lo demás, es la que sirve directamente al ciudadano. Así, hemos alejado al Estado del ciudadano y se nos ha olvidado que debía estar a su servicio.

b. *La complicación de la Administración y la "permisería"*

La intervención reguladora del Estado en relación a las actividades de los particulares, y particularmente, el progresivo establecimiento de requisitos de permisos, licencias o autorizaciones que, en general, han sido formalmente establecidos en leyes y reglamentos a medida que surgían las intervenciones y necesidades administrativas, ha originado una maraña tal, que su estudio y comprensión ha venido dando origen a la llamada "permisología", especie de ciencia de los permisos y de la complicación burocrática para poder descifrar el sentido del actuar de la Administración Pública.

La "permisería", en todo caso, al configurarse como instrumento de control por el control mismo, se ha convertido en uno de los principales problemas de la Administración Pública contemporánea, y además, en uno de los más grandes obstáculos al ejercicio de los derechos de los ciudadanos. Adicionalmente, ha sobrepasado la capacidad administrativa del Estado, no sólo para manejarlas todas, sino incluso para la toma de conocimiento de todo el complejo de actos administrativos que debe adoptar. Por otra parte, es una de las fuentes más aguda de molestias al ciudadano que en lugar de encontrar funcionarios a su servicio, se tiene que encarar con auténticos verdugos. Ya lo describía Hermann Hesse en 1926, en esta visión patética:

> "No hace falta ser condenado para conocer este extraño e infernal mundo de las oficinas, de las documentaciones y de las actas. De todos los infiernos que el hombre ha tenido el capricho de crearse, éste ha sido siempre el más refinado. Pretendes simplemente trasladarte de domicilio, contraer matrimonio o gestionar un pasaporte o un certificado de ciudadanía y ya estás metido en ese infierno, ya tienes que pasar horas y horas amargas en las salas de aire irrespirable de ese mundo papelero, que sufrir interrogatorios de gente molesta o insoportable que aúlla, en la que sólo encuentras incredulidad para tus más sencillas y verídicas declaraciones y que te trata también como a un niño o a un criminal" (*Ensueños,* México 1980, p. 80).

Como consecuencia, hemos desarrollado un Estado y su Administración que no logra hacer todo lo que se propone, pero que tampoco deja hacer a los individuos lo que tienen derecho y se proponen. Por ello, en la práctica, la actividad estatal de fomento a las iniciativas particulares no siempre logra realizarse, pues en lugar de estimular o promover, la complejidad creada en la Administración lo que hace es entrabar, frenar y limitar las iniciativas y actividades de los particulares; y lamentablemente, es la búsqueda de desentrabamiento la que constituye, en muchos casos, la principal fuente de corrupción administrativa.

En todo caso, por mejores y buenas que han sido y sean las intenciones de los que conducen la actividad de Gobierno, es claro que no se puede fomentar y promover con un sistema administrativo desordenado e ineficiente que obstaculiza, precisamente, esa promoción, y que incluso provoca que la Administración pierda su objetivo.

Todo ello plantea la necesidad de descongestionar el aparato administrativo del Estado, y confiar un poco más en las capacidades de los grupos y sectores de la Sociedad, racionalizando el múltiple intervencionismo estatal.

B. *Las fallas de funcionamiento derivadas del centralismo administrativo*

Además de las fallas funcionales originadas por la excesiva expansión del sector público, el funcionamiento de la Administración Pública se ha encontrado entrabado por el excesivo centralismo, lo cual ha producido un intolerable embotellamiento administrativo nacional, la ausencia de participación de los administrados en las tareas públicas, y la debilidad de las instituciones representativas, particularmente en cuanto al control sobre la propia Administración.

a. *El embotellamiento administrativo nacional*

La centralización administrativa nacional, que implica que todos los asuntos concernientes al sector público se decidan a nivel de los órganos nacionales del Estado, como ya lo hemos destacado en el capítulo precedente, al cual nos remitimos, ha implicado que todas las decisiones concernientes a asuntos y problemas estrictamente regionales o locales, no se resuelvan en la región respectiva, sino a nivel nacional, produciéndose un embotellamiento intolerable.

Pero, como se ha señalado, paralelamente al centralismo a nivel nacional, también se ha producido una concentración administrativa en los niveles superiores del Poder Ejecutivo, que paraliza y entraba el funcionamiento de la propia Administración Nacional y el proceso de toma de decisiones, relegándose, incluso, a los Ministros en algunos casos, a posiciones subalternas o secretariales.

b. *La ausencia de participación de los administrados*

Otra de las consecuencias del centralismo político en relación a la Administración Pública, ha sido la ausencia de participación efectiva de los administrados en la formulación y ejecución de las tareas administrativas.

Nuestro país, en este sentido, tradicionalmente se ha caracterizado por una ausencia casi absoluta de participación política, lo cual no sólo ha sido cierto en las épocas de regímenes autocráticos o dictatoriales que hemos tenido, sino en la etapa democrática. En ésta no ha existido una auténtica democracia participativa, sino en general, una democracia de partidos, en la cual los partidos políticos han monopolizado la participación. La Sociedad no ha sido organizada para la participación, y el abismo entre el ciudadano y el Estado se ha abierto en forma desmesurada. Una prueba de la ausencia de participación política está, precisamente, en la debilidad del régimen local o municipal.

Pero la ausencia de participación política está acompañada, también, de una ausencia de participación de los administrados en la formulación o ejecución de actividades administrativas. El ciudadano, como usuario, consumidor o simplemente vecino de una comunidad, muy pocas veces es llamado o consultado acerca de la marcha de los servicios públicos, la comercialización de los bienes o la ordenación de los asuntos vecinales. El ciudadano no ha sido organizado para la participación administrativa, está ausente de la marcha del aparato administrativo, y no participa efectivamente en su gestión, a pesar de la progresiva injerencia del Estado, incluso en ámbitos de su vida privada. Puede decirse que sólo han participado, realmente, los grupos de presión organizados, económicos o sindicales, sin que ello haya sido estimulado por la propia Administración.

c. *La debilidad de las instituciones representativas*

El centralismo político, con sus consecuencias, la centralización y concentración administrativas, el debilitamiento del régimen municipal y la ausencia de participación ha provocado además, un debilitamiento progresivo de las instituciones políticas del Estado, particularmente del Poder Legislativo, lo cual ha tenido una repercusión evidente en la propia Administración Pública. Esta ha asumido progresivamente un mayor rol político; se ha convertido en una institución no sometida a efectivos controles, y a la vez, ha sido penetrada por los grupos de presión. Además, en su funcionamiento han adquirido una particular preeminencia los partidos políticos, consecuencia del esquema adoptado del *Estado de Partidos.*

En esta forma, el Congreso como institución política de origen popular, y que tiene a su cargo la orientación política del Estado, muchas veces ni siquiera ejerce adecuadamente su papel de Legislador, siendo progresivo, al contrario, el proceso de transferencia y de asunción por parte del Poder Ejecutivo, de poderes legislativos. Los Decretos-Leyes y las diversas formas de ejercicio de potestades legislativas por el Presidente de la República constituyen, ha constituido en nuestro país, en la actualidad, la vía normal de regulación de áreas fundamentales del actuar social, como por ejemplo, de la economía.

Por otra parte, el presidencialismo y el debilitamiento del Poder Legislativo, han acentuado el papel de la Administración Pública, no sólo en la ejecución de los objetivos políticos del Estado, sino en su formulación. La planificación, así, hasta ahora se ha configurado como una técnica asumida sólo por la Administración, en la cual, en general, no ha participado realmente el Congreso. Este, en general, se ha limitado a intervenir en los solos procesos presupuestarios, los cuales aun cuando conllevan decisiones políticas, son elaborados por la propia Administración, y son exclusivamente de corto plazo.

188

Por otra parte, el centralismo Ejecutivo y el debilitamiento de las instituciones representativas ha provocado, además, otra consecuencia de orden administrativo: la inexistencia o la debilidad de efectivos mecanismos de control sobre la Administración Pública, lo que contrasta, sin duda, con la proliferación formal de mecanismos de control, particularmente en una Administración Democrática.

En efecto, dentro de la funciones tradicionales del Congreso en nuestro régimen presidencial, además de las de legislar, están las de control de la Administración Pública. Las Cámaras Legislativas así, deben ser, por definición, los órganos de control político de la actividad de la Administración. Sin embargo, este control en la mayoría de los casos es muy débil, y a la larga inocuo, por el control absoluto de los partidos políticos en las Cámaras Legislativas. La experiencia de las últimas décadas en el proceso político venezolano por ejemplo, nos pone en evidencia que el Congreso, a pesar del sistema de gobierno presidencialista con sujeción parlamentaria, no ha controlado efectivamente a la Administración Pública. El partido de gobierno en efecto, a través de su fracción parlamentaria, controla al Congreso y éste, por ello, no logra controlar realmente al Ejecutivo y su administración.

Esta situación ha acentuado la irresponsabilidad de hecho de los Ministros y funcionarios públicos, pues se tiene la seguridad de que las "Memoria y Cuenta" anuales de la gestión político-administrativa que deben presentar a las Cámaras Legislativas, no son realmente estudiadas. La experiencia muestra además, que los mismos Informes de la Contraloría General, de la República, tampoco son respaldados plenamente por el Congreso, además de que por la inflación de la Administración Descentralizada, el ámbito de control de aquélla se ha venido reduciendo paulatinamente.

C.   *Las fallas de funcionamiento derivadas de la descentralización funcional*

Hemos señalado que una de las características estructurales de la Administración Pública en Venezuela, además del excesivo centralismo nacional, ha sido el desarrollo inusitado e incontrolado de la Administración Descentralizada, es decir de los institutos autónomos y empresas del Estado para la prestación de servicios públicos y la asunción de procesos productivos industriales y comerciales. Este fenómeno ha tenido entre otras, al menos tres repercusiones en el funcionamiento de nuestra Administración Pública.

En primer lugar, ha provocado un debilitamiento de los órganos de la Administración Central, particularmente la ministerial, frente a la magnitud y poder de algunos institutos autónomos y empresas del Estado, hasta el punto de que para manejar algunos de ellos, ha sido necesario darle rango de Ministro al Presidente del ente autónomo (caso del Fondo de Inversiones de Venezuela o de la Corporación Venezolana de Guayana). Ello ha provocado un debilitamiento de los Ministerios de la economía: hace algunos años del Ministerio de Hacienda, más recientemente del Ministerio de Fomento.

En todo caso, para calibrar la magnitud del problema, basta con pensar en nuestras empresas petroleras nacionalizadas (PDVSA y sus filiales) cuyo excesivo poder y autonomía, junto con la de otros entes descentralizados, algunas veces han dificultado la acción del Ministerio de Energía y Minas como órgano políticamente responsable de un sector de actividad pública.

En segundo lugar, ha provocado la ausencia de integración sectorial de la Administración Nacional. Así, no siempre los entes descentralizados han quedado adscritos o bajo la conducción política del Ministro responsable del sector de actividad pública correspondiente, dificultándose la labor de gobierno. Además, incluso en caso de adecuada adscripción de los entes descentralizados al Ministro sectorial respectivo, no siempre han sido organizados o integrados de manera tal que puedan ser efectivamente gobernados. Por supuesto, algunas lagunas de excelencia deben destacarse en este mar de desorganización, y un ejemplo es la organización de la industria petrolera nacionalizada en Venezuela, a partir de 1975, como holding público.

En tercer lugar, y como consecuencia de los problemas organizativos, la inflación de la Administración Descentralizada ha dado lugar también a un entorpecimiento de la función planificadora de los órganos centrales de planificación y de los Ministros responsables de cada sector, en virtud de la dispersión, variabilidad, debilidad o ausencia de efectivos mecanismos de control en relación a los entes descentralizados que actúan en cada sector.

En todo caso, no hay que olvidar que la creación de institutos autónomos y empresas del Estado no obedeció, en nuestra Administración Pública, por supuesto, a una programación o a políticas preconcebidas, sino que fueron estableciéndose, sin orden ni concierto, a medida que las exigencias sociales y económicas se planteaban al Estado. Este proceso ha provocado en muchos casos, una falta de coherencia en nuestra Administración Pública, que a pesar de los esfuerzos teóricos realizados, no hemos logrado corregir.

D. *Las fallas de funcionamiento derivadas de la ausencia de burocracia profesionalizada*

La Administración Pública venezolana, a pesar de todos los esfuerzos realizados en las décadas anteriores por establecer sistemas de administración de personal público y una carrera administrativa (servicio civil), puede decirse que no ha logrado desarrollar una auténtica burocracia, compuesta por un cuerpo de funcionarios públicos profesionalizados y con los mejores niveles de excelencia, seleccionados por sus méritos, con estabilidad y consustanciados con los objetivos y políticas del Estado.

En general, al contrario, la función pública en nuestro país se ha caracterizado por ser la antítesis de una burocracia profesionalizada. En la práctica, puede decirse que la función pública no tiene un valor muy alto en la comunidad nacional y el pertenecer al servicio público cada vez más ha dejado de ser una distinción social; los sistemas de reclutamiento y selección no se cumplen efectivamente, y el ingreso se produce por razones circunstanciales de presión del desempleo o por influencias partidistas; no existe una verdadera profesión del servicio público, pues no existe real sentido de permanencia, ni estabilidad ni auténticas perspectivas de ascenso; y todo ello, con su gran dosis de ineficiencia, ha impedido que los niveles de remuneración en el sector público sean ni aproximadamente competitivos con los del sector privado.

En muchos casos, esto produce un sistema administrativo caracterizado por un círculo permanente de ineficiencia: a los funcionarios públicos, normalmente, nadie los forma, nadie los informa, y a pesar de los esfuerzos de adiestramiento que se hacen, en general, se forman sólo con la experiencia, y con la ineficiencia. Su propia ineficiencia hace ineficiente a la Administración. Pero una vez formados en la experiencia, en general, los funcionarios abandonan la Administración, recomenzando el ciclo con nuevos funcionarios, que vuelven a ser ineficientes; y vuelven a hacer ineficiente a la propia Administración Pública.

Nos quejamos de que no tenemos funcionarios suficientemente calificados y capacitados; nos quejamos de que hay un éxodo permanente de los funcionarios calificados de la Administración Pública hacia el sector privado; pero no hemos sido capaces de pensar, realmente, en estructurar una burocracia, en el sentido contemporáneo como la necesitamos, como cuerpo de funcionarios profesionalizados, de los mejores niveles de excelencia, con fines claros, vinculados a los del Estado. Debe destacarse, sin embargo, que ello sólo se ha podido corregir en ciertos sectores de la organización del sector público, provocado por circunstancias particularizadas, como han sido los procesos de nacionalización de ciertas actividades industriales. El ejemplo de la industria petrolera nacionalizada en Venezuela, de nuevo debe destacarse como un esfuerzo por consolidar una burocracia profesionalizada en el sentido mencionado. Un ejemplo de ello ha sido también la administración de la empresa del sistema rápido de transporte (Metro) de Caracas.

En todo caso, y salvo casos destacados, esta ausencia de una burocracia profesionalizada es, quizás, una de las causas más importantes de las fallas de funcionamiento de la Administración Pública.

4. *El problema de la corrupción administrativa*

Hemos planteado anteriormente algunos de los problemas estructurales y funcionales de la Administración Pública en Venezuela que la configuran como una Administración sobredimensionada, centralizada, no participativa, incontrolada, dominada por los partidos políticos, disgregada y cuyos objetivos políticos aparecen, con frecuencia, distorsionados. Esa situación, configurada por todos esos aspectos, contribuye a que además, sea una Administración con alto grado de corrupción.

En efecto, el papel que juega el sector público en nuestras economías, sea como empleador, inversionista o contralor, ha provocado, por una parte, una dependencia progresiva de los particulares en relación al Estado; y por la otra, una actitud paternalista de éste. El empleo público, así, muchas veces es una forma de mitigar el desempleo; los empresarios dependen para sus inversiones, en alto grado, de los créditos suministrados por el Estado; y en general, todas las activi-

194

dades privadas están sometidas a autorizaciones, permisos y licencias, cuyo otorgamiento, en muchos casos, es discrecional para los funcionarios.

Esta enorme importancia del Estado y la consecuente dependencia de los administrados respecto de decisiones administrativas, ha traído como consecuencia que nuestra Administración Pública sea el blanco común de la Sociedad para la satisfacción de intereses particulades: si todo depende de la Administración, y si ésta lo da casi todo, en general, se busca presionarla para que sus decisiones se realicen en determinados sentidos. Esto ha sido caldo de cultivo para la corrupción, la cual incluso, ha servido de vehículo para el proceso de distribución del ingreso público, y en muchos casos, para mantener la propia estabilidad de la democracia, con sus consecuentes efectos degradantes en la Sociedad, manifestados en el facilismo y la riqueza súbita. No por ello, sin embargo, debe tenérsela como inevitable.

La corrupción administrativa, en todo caso, se ha expandido inconvenientemente por diversos factores vinculados a las consecuencias estructurales y funcionales de la expansión del sector público antes mencionadas, y particularmente, por las deficiencias de controles, por el exceso de reglamentaciones, por el centralismo, por la inestabilidad en la función pública y por el papel de los partidos políticos.

A. *La deficiencia de los controles y la corrupción administrativa*

El primer factor de corrupción administrativa es la ya señalada ausencia o deficiencia de controles efectivos sobre la actuación de la Administración Pública y de sus funcionarios, lo cual crea las condiciones necesarias para su desarrollo. Esto se manifiesta en varios sentidos: ante todo, en la ausencia o deficiencia hasta hace poco, de regulaciones legales sancionatorias, no sólo de conductas inmorales punibles, sino de conductas irresponsables (despilfarro). No hay que olvidar que la corrupción administrativa no se manifiesta en general, en la sola apropiación indebida de fondos públicos, sino en el manejo irresponsable de éstos, que conducen al enriquecimiento sin causa de funcionarios, de intermediarios o comisionistas.

Por otra parte, la ausencia de un efectivo control político por parte de la representación popular, de un control interno efectivo dentro de la propia Administración, y de un control judicial a cargo de jueces efectivamente autónomos e independientes, ha contribuido a la irresponsabilidad de los funcionarios, quienes no han sufrido realmente sanciones frente al manejo negligente o doloso de los dineros públicos. La corrupción administrativa se ha desarrollado, así, por la incapacidad del sistema jurídico-político de limitarla y sancionarla. El Estado de partidos, manejado por los partidos, así, con frecuencia proteje a sus funcionarios soslayando las sanciones que merecerían, conducta que, además, ha tenido un efecto multiplicador: si no se sancionan las conductas irresponsables o inmorales de ciertos funcionarios, no existe el elemento de freno para su repetición por otros.

    B.   *La discrecionalidad, las reglamentaciones excesivas y la corrupción administrativa*

En segundo lugar, otro factor que fomenta la corrupción es el excesivo poder discrecional dejado en manos de los funcionarios públicos de todos los niveles, paralelamente al establecimiento de más y más reglamentaciones, permisos, autorizaciones y licencias para la actuación de los particulares. Frente a lo complicado del procedimiento administrativo, a la lentitud de la acción de la Administración y al poder discreacional del funcionario, lamentablemente han hecho su aparición mecanismos tendientes a acelerar las decisiones, a gestionarlas por terceros o a mitigar la discrecionalidad establecida, generalmente, en complicidad entre el administrado y el funcionario. La Sociedad, así, por lo engorroso del procedimiento administrativo ha corrompido al funcionario, y éste, a su vez a aquélla, pasando a formar parte de las costumbres, lamentablemente, el pago de cantidades de dinero para desentrabar la acción administrativa o para evitarla.

C. *El centralismo, la ausencia de participación y la corrupción administrativa*

En tercer lugar, también constituyen factores que facilitan la corrupción, el excesivo centralismo y la ausencia de mecanismos de participación. La concentración del poder para la toma de decisiones en determiandos niveles ejecutivos, aunada a la mencionada discrecionalidad, ha dejado en manos de un solo funcionario o de un grupo reducido de ellos, el poder de decidir. La presión de los grupos de intereses, sobre todo de los económicos y sindicales, ha tenido mayor efectividad en estos casos, pues no ha habido la limitación que puede implicar la conjunción de voluntades de un órgano colegiado o deliberante, aun cuando, por supuesto, la sola colegialidad no garantiza probidad.

Por otra parte, agregado al centralismo, la ausencia de participación de los administrados y grupos de la Sociedad en el proceso de toma de decisiones, ha impedido el surgimiento de mecanismos de control sobre la conducta y acción de los funcionarios, por aquellos que podrían mitigar la corrupción.

D. *La inestabilidad de los funcionarios públicos y la corrupción administrativa*

En cuarto lugar, la inestabilidad del funcionario público también origina condiciones propicias para el desarrollo de la corrupción administrativa. La función pública, en esa forma, por la ausencia, a pesar de los esfuerzos realizados, de adecuados sistemas de administración de personal, y de un efectivo estatuto jurídico que garantice realmente la carrera administrativa y regule competitivamente los derechos y deberes de los funcionarios, se ha ejercido muchas veces, con absoluta conciencia de transitoriedad, y como medio de subsistencia, sin la mística que el servicio público debe generar. El funcionario, consciente de su inestabilidad, en muchos casos ha utilizado el cargo público como un medio para enriquecerse y protegerse económicamente frente a su salida de la Administración que puede producirse, sea por los cambios políticos, o por la misma deficiencia del sistema de administración del personal público.

E. *Los partidos políticos y la corrupción administrativa*

En nuestro régimen de democracia de partidos, por supuesto, especial referencia debemos hacer respecto del papel de los partidos políticos en relación a la corrupción administrativa. Estos han sido, muchas veces, agentes directos e indirectos de la corrupción.

En efecto, en muchas ocasiones se ha generalizado la práctica de las "comisiones para el partido" como consecuencia de la gestión de los asuntos públicos, lo cual ha traído como consecuencia el establecimiento de una especie de contribución al partido que controla el gobierno, con ocasión de contratos de obras públicas o de suministros. Aun cuando esta modalidad es tan delictiva como las comisiones pagadas a particulares gestores con perjuicio para la Administración, en algunos casos, la práctica política ha tendido a no condenarla por ser un medio de supervivencia económica de los partidos o de financiamiento, por ejemplo, de campañas electorales. Los partidos políticos han actuado así, en algunos casos, como agentes directos de la corrupción administrativa.

Pero en otras ocasiones, los partidos han actuado como agentes indirectos de la corrupción, al no sancionar o no hacer que se sancione a los funcionarios deshonestos o que estén incursos en delitos contra la cosa pública. Los partidos, al proteger a los funcionarios irresponsables o deshonestos, han hecho perder credibilidad en el sistema sancionatorio o de control, hasta el punto de que muy pocos creen realmente en los anuncios que se hacen cíclicamente de medidas para combatir la corrupción. Por otra parte, la práctica incontrolada del financiamiento de las campañas políticas de los partidos, mediante la recepción de aportes económicos de empresas y particulares, ha desarrollado un sistema de contraprestación a quienes han contribuido, mediante el otorgamiento de privilegios, favores o contratos públicos particularmente beneficiosos, todo con la anuencia de los partidos. En esta forma, indirectamente, y como contribución al financiamiento de campañas políticas, los funcionarios gubernamentales, a costa de los dineros públicos, han permitido el enriquecimiento de ciertos grupos de particulares. Esta ha sido otra fuente de corrupción.

II. ALGUNAS MEDIDAS Y ESTRATEGIAS PARA GARANTIZAR LA MODERNIZACION DEL SECTOR PUBLICO

La importancia del sector público en la economía de nuestro país y en general de los países de América Latina, y el papel que ha tenido en las últimas décadas en el proceso de desarrollo de nuestros países, así como las características estructurales y funcionales que ha desarrollado, exigen la definición de medidas y estrategias para garantizar su modernización, de manera de asegurar que el papel del Estado continuará siendo un factor efectivo para impulsar el crecimiento.

Estas medidas y estrategias para la modernización, en efecto, se corresponden con cada uno de los problemas que confronta el Estado y que hemos analizado anteriormente al estudiar algunas de sus características estructurales y funcionales. Su ejecución resulta prioritaria, en cada uno de los aspectos que involucran. Ellas deben tender al redimensionamiento del sector público, a la desregulación de la actividad de los particulares, a la descentralización política y administrativa, a la desconcentración de los niveles superiores nacionales, a la redefinición de la Administración descentralizada funcionalmente, a la revalorización de la planificación, a la creación de un burocracia profesionalizada y al aumento de la productividad social del sector público.

1. *El redimensionamiento del sector público*

Una de las reformas más apremiantes en el momento actual, y quizás sobre la cual se ha venido configurando un gran consenso en el continente, tiene que ver con el redimensionamiento del Estado, particularmente en la relación sector público-sector privado.

Hemos señalado que la característica más general del Estado en Venezuela y América Latina, resulta de la expansión del sector público por haber crecido su papel, cuantitativamente, en forma desmesurada, tanto orgánicamente como en el ámbito regulador de la intervención. Ello ha provocado, paralelamente, un debilitamiento progresivo del sector privado o al menos, ha impedido su crecimiento. Ya es tiempo de que esta tendencia sea invertida.

En primer lugar, resulta indispensable redefinir o precisar los fines del Estado y de su Administración Pública, para volverlo a poner al servicio del ciudadano. Ello exige definir, como política, una reducción de la intervención activa del Estado, particularmente en el campo productivo y comercial y, en especial dada la escasez de recursos, reforzar el papel del Estado como prestador de servicios públicos a la población. Ello conlleva la necesidad, también como política, de revitalizar el sector privado.

Sin duda, muchas de las actividades productivas del Estado en el campo de las industrias básicas, deben permanecer en el sector público, donde éste ha dado, incluso en muchos países, muestra de eficiencia; pero a la vez, ya es tiempo de pensar en la necesaria privatización de actividades en otros sectores competitivos, en los cuales el Estado, al contrario, ha dado muestras de ineficiencia.

Por supuesto, una política de modernización que tenga por objeto redimensionar el papel activo del Estado en el campo económico, que implique la reducción cuantitativa de dicha intervención, una reconducción de recursos hacia actividades prestacionales de servicios y una privatización de actividades productivas competitivas, tiene que ser realizada en un mediano y largo plazo. Debe ser resultado de una política que no debe estar sometida a cambios circunstanciales y tiene que ser objeto, además, de una cuidadosa planificación. Además, debe ser ejecutada en áreas seleccionadas cuidadosamente.

Como consecuencia, un redimensionamiento del sector público exige redefinir fines y metas del Estado, y trazar estrategias, para lo cual debe revalorizarse la planificación como tarea propia del Estado. No hay que olvidar que el gran fracaso del sistema de planificación que se ha evidenciado en los últimos años, puede decirse que ha estado más en la falta de implementación adecuada de los planes, por el divorcio que siempre hubo entre planificación y administración. Los planes, en realidad, nunca previeron el aparato organizacional necesario para su implementación.

2. *La desregulación de la actividad de los particulares*

Pero hemos señalado que la expansión administrativa del Estado no sólo se evidenció en la multiplicación cuantitativa de la intervención activa del Estado en los sectores productivos y comerciales, sino en una multiplicación ilimitada de regulaciones y controles sobre las actividades de los particulares, incluso no sólo las de carácter económico.

El resultado de ello ha sido una restricción intolerable de las iniciativas privadas, provocada entre otros aspectos, por una confusión de fines públicos que ha originado que la actividad del sector público, en algunos casos, se haya orientado más a entorpecer actividades lícitas de los individuos, que a asegurar el bienestar general. Esta tendencia que sigue una inercia multiplicadora, debe detenerse y revertirse, como parte de una política de modernización del sector público.

El Estado debe, realmente, volver a ponerse al servicio del ciudadano y liberar las iniciativas privadas, regulando de manera general y con claras reglas de juego, el marco jurídico que asegure que aquéllas no atentarán contra los fines que el sistema social y económico defina; y eliminando el constante sometimiento a trámites, autorizaciones, permisos y licencias para la realización de cualquier actividad por los particulares.

Una medida de esta naturaleza, de simplificación administrativa, es además esencial para redefinir el papel del sector público. Gran parte de los recursos del Estado se han canalizado a la "administración" de las regulaciones, restricciones y controles, en perjuicio de otras actividades de servicios públicos, lo cual, a la vez, ha provocado la necesidad de crear nuevas instituciones y órganos dedicados a ella. La desregulación de las actividades privadas provocaría la reconducción de los recursos, cada vez más escasos, hacia otras actividades más esenciales. Por supuesto, una simplificación de los procedimientos de la maraña administrativa y de las largas tramitaciones a que se somete a los particulares para realizar las actividades lícitas a que tienen derecho, liberaría también ingentes recursos del sector privado que se "gastan" en descifrar la complicación, y costear el tiempo que se debe dedicar a ello, en perjuicio de las actividades productivas.

La desregulación de la actividad de los particulares exige del Estado abandonar el papel que se le ha atribuido, de ser el solventador y contralor de todos los problemas y actividades sociales y económicas, y en cambio, hacer que la Sociedad asuma un papel más protagónico y de corresponsabilidad en la solución y realización de aquéllos. En definitiva, desregular la actividad de los individuos exige confiar más en las iniciativas privadas y abandonar, tanto el tradicional estilo parternalista del Estado, como el secular espíritu de desconfianza de los servidores públicos, en relación a las iniciativas privadas.

3. *La descentralización política y administrativa*

El gigantismo del Estado venezolano y la tendencia centralizadora de las últimas décadas, exige como otra de las medidas prioritarias para la modernización del sector público, la definición de una política de distribución vertical del poder hacia unidades político-territoriales regionales y locales que es necesario crear o reforzar.

En efecto, a pesar de la forma federal de nuestro Estado, éste se ha caracterizado como hemos indicado, contradictoriamente, por una excesiva centralización del poder político, económico, administrativo y jurídico en los niveles nacionales. La provincia, en muchos casos, no existe políticamente hablando, sino como objeto de dádivas de parte de los niveles nacionales. En este sentido, los entes regionales (Estados miembros de la Federación) y municipales reciben mendrugos, pero no participan efectivamente en los asuntos y tareas del desarrollo del país, al no tener poder político ni administrativo, salvo en asuntos domésticos y localistas. Son, en muchos casos, a lo sumo, centros de control y reparto burocrático en beneficio de las maquinarias partidistas, pero muy poco, efectivamente, hacen en beneficio de las colectividades. En esas estructuras el pueblo no participa; al contrario las soporta, e inclusive, ha sido frente a ellas, particularmente en el ámbito local, que se han venido formando cuerpos intermedios, realmente participativos, como las asociaciones de vecinos y residentes, cuyo origen próximo está, paradójicamente, en la búsqueda de una protección efectiva contra las arbitrariedades de la autoridad municipal.

Por ello, se hace imprescindible descentralizar el Estado para acercarlo al ciudadano y ello implica, por supuesto, transferir competencias nacionales hacia los niveles territoriales regionales y locales.

Una medida de modernización del sector público de esta naturaleza exige crear conciencia regional, administrativa y políticamente hablando. En un Estado con forma federal como el nuestro, ello implica, revitalizar los niveles descentralizados de los Estados miembros.

Pero el problema del centralismo del Estado no sólo plantea la necesaria reestructuración de los niveles territoriales intermedios, sino la necesaria y urgente reforma del régimen local. El Municipio, hoy, lejos de ser la unidad política primaria y autónoma dentro de la organización nacional, en el sentido de que debería ser el centro de la participación política y de realización de la democracia por el ciudadano, es el centro del abuso del poder local, donde los caudillos regionales detentan la autoridad, sin control efectivo.

Se impone, por tanto, la reforma del régimen local para, hasta cierto punto, crear la vida local. Esta, hasta ahora, sólo ha existido con ese nombre en la Constitución, pero en la realidad no ha funcionado ni han existido mecanismos de participación ciudadana, al no tener virtualidad el ciudadano vecino, vinculado a su comunidad y solidario de su destino.

El Municipio, entonces, políticamente debe concebirse como el centro primario de participación política y de ejercicio de la democracia; y administrativamente, como la unidad territorial menor para la prestación de servicios y la atención a la comunidad. Por ello, la reforma del régimen local es política y administrativa, y sólo así, podrá dar origen a un gobierno local, participativo, con, por y para la comunidad o vecindad. La reforma de la Ley Orgánica de Régimen Municipal de 1988, en esta forma, puede comenzar a contribuir a implementar dicha reforma.

Por todo ello, puede decirse que, sin duda, uno de los mayores retos planteados a nuestra Administración Pública es el de la descentralización, con el objeto de hacer participar en los procesos políticos y en las actividades administrativas, a los Estados y a las Municipalidades. En Venezuela tenemos que correr el riesgo de la descentralización, creando o revitalizando los niveles político-territoriales intermedios y fortaleciendo al Municipio, única forma además, no sólo de rehacer, en el interior, nuestro país, sino de prestar eficientemente los servicios públicos.

El tiempo ha llegado en que los servicios públicos esenciales, como los de la educación y los sanitarios, ya no pueden seguirse prestando y administrando centralizadamente, por los niveles nacionales. La dirección de los mismos debe seguir siendo nacional, pero las unidades operativas tienen que ser transferidas a niveles territoriales inferiores, donde sin duda, podrían ser mejor atendidas y quizás con mayor eficacia.

Por otra parte, sólo descentralizando las tareas públicas en una sociedad democrática, es que se podrán implementar mecanismos de participación ciudadana, pues ésta sólo es posible efectivamente, en ámbitos político-territoriales reducidos.

Por supuesto, una política de descentralización del sector público no sólo implica un compromiso de carácter político fundamental, pues su implementación excede los solos ámbitos administrativos, sino que no puede ser implementada de la noche a la mañana, requiriendo, en cambio, de una continuidad y estabilidad política, de manera tal que se pueda desarrollar en el largo plazo. La planificación, de nuevo, es fundamental en un proceso de esta naturaleza, que requiere no sólo la identificación de las actividades estatales que pueden prestarse más adecuadamente por niveles territoriales inferiores, sino la identificación precisa de éstos. Además, requiere por supuesto, y como condición, el fortalecimiento paralelo de la capacidad político-administrativa de esos niveles descentralizados políticamente, para atender las nuevas tareas. Requiere, además, también y por supuesto, del establecimiento de mecanismos de coordinación entre los diversos órganos del Poder Público, quienes deben colaborar entre sí en la realización de los fines del Estado.

4. *La desconcentración de los niveles superiores nacionales*

En nuestro sistema político-estatal, hemos señalado que el presidencialismo como sistema de gobierno, ha venido consolidando una excesiva concentración de actividades en la Presidencia de la República, que obstaculiza el funcionamiento de la Administración por la dilación o ausencia de toma de decisiones; ha provocado además el incumplimiento por los niveles inferiores de la Administración de las decisiones superiores, por la falta de medios de controlar el seguimiento en la ejecución, y ha producido también, en muchos gobiernos, la degradación de la jerarquía ministerial. Los Ministros, en muchos casos, han perdido responsabilidad sobre los sectores que deberían gobernar, pues el Presidente no sólo es quien nombra los directivos de los entes descentralizados, sino quien recibe la mayoría de sus cuentas.

Se impone, por tanto, la indispensable y urgente tarea de desconcentrar la Presidencia de la República o si se quiere, los niveles superiores de la Administración Pública, para lo cual debe revalorizarse la función ministerial. Sólo un gran poder ministerial podrá poner orden sectorial ante el gran desmembramiento que se ha operado en la Administración Nacional, con la creación de tantos institutos autónomos y empresas del Estado.

En una Administración Pública que cada vez más se ha tornado compleja y omnipresente, por tanto, es indudable que otros de los retos planteados es el de la desconcentración administrativa, de manera que los diversos órganos del Gobierno Central asuman plenamente la conducción de los diversos sectores administrativos, y se traslade, además, el poder de decisión de los asuntos nacionales que conciernen a regiones o ámbitos locales, a las unidades de la Administración Nacional en dichos espacios regionales o locales.

Se impone, por tanto, la realización de un amplio proceso de delegación de atribuciones y de desconcentración administrativa, con el objeto de hacer presente, efectivamente, a la Administración Pública en todos los sectores y en todos los niveles territoriales, descongestionándose los niveles centrales nacionales.

En particular, la desconcentración de la Administración Nacional como política de modernización del sector público, exige un esfuerzo de definición sectorial de las tareas administrativas que, en muchos casos, carecen de una integración orgánica. Pero ello, por supuesto, exige de planificación tanto para precisar los sectores de actividad pública que requieren de integración orgánica, como para adaptar las propias estructuras administrativas al esquema sectorial.

5. *La redefinición de la Administración descentralizada funcionalmente*

La multiplicación de entes descentralizados en el nivel nacional de nuestras Administraciones Públicas con las más variadas formas y denominaciones jurídicas (institutos autónomos, establecimientos públicos, servicios autónomos, fondos, empresas del Estado, etc.), y que tienen a su cargo la prestación de servicios públicos o la realización de actividades productivas y comerciales de la más variada naturaleza, aparte de las exigencias de redimensionamiento y reducción del sector público que en la actualidad plantea, ha originado un grave problema de ejecución en las políticas públicas, que requiere solución a través de programas de modernización que persigan redefinir la Administración descentralizada.

En efecto, en la actualidad puede decirse que el principal problema organizativo y funcional de nuestras Administraciones Públicas, está en esta inflación administrativa de institutos autónomos y empresas del Estado, la cual ha dado origen a un crecimiento desmesurado de la Administración Descentralizada, en perjuicio, política y administrativamente hablando, de la Administración Central o Ministerial. Por ello, un proceso de modernizacsión del sector público en este campo es imprescindible, y debe perseguir, entre otros aspectos, los siguientes objetivos:

En primer lugar, definir los niveles de gobierno y ejecución de dichas políticas públicas, de manera que exista una adecuada integración entre el Gobierno Central y los entes descentralizados de ejecución. Estos tienen que estar sometidos a la conducción política del Gobierno Central, particularmente a través del Ministro Sectorial, pudiendo considerarse que han fracasado en nuestro medio los intentos de su adscripción a entidades puramente financieras o a organizaciones multisectoriales de empresas estatales. La sectorialización de la Administración Pública y la desconcentración de los niveles superiores del Poder Ejecutivo en los Ministros, como órganos de gobierno sectorial, tiene que implicar el que éstos asuman realmente la totalidad del gobierno de los sectores, por lo cual deben adscribirse a cada Ministerio Sectorial, los entes descentralizados correspondientes. Sólo en esta forma, y con la participación efectiva de todos esos entes, puede asegurarse el desarrollo de una planificación sectorial.

En segundo lugar, en cada sector resulta indispensable organizar la globalidad de los entes descentralizados, en complejos institucionales, de manera que respondan en conjunto a los estímulos gubernamentales y contribuyan a la racionalización de los recursos. La figura del *holding público* que ha probado su efectividad en la organización de sectores productivos estatales del área de las industrias básicas, como por ejemplo, en Venezuela, la industria petrolera nacionalizada, debería servir de ejemplo en este proceso de modernización. Ello, además de requerir de un proceso planificado, a la vez es la garantía para una adecuada planificación sectorial. Por supuesto, también en este caso, las medidas de modernización de la Administración Descentralizada, requieren de un proceso de planificación, que permita su ejecución en un mediano y largo plazo, para lo cual, de nuevo, es necesario asegurar continuidad administrativa y contar con estabilidad política, definiendo áreas prioritarias para las reformas.

6. *La revalorización de la planificación*

Aparte de la necesidad de reforzar el papel del sistema de planificación para la ejecución de las políticas públicas, tanto en el corto plazo relacionado con el sistema presupuestario, y en el mediano plazo como reflejo de la política de desarrollo económico y social, a pesar de los fracasos de la planificación en los últimos lustros y de su relegamiento en muchos países, una de las medidas indispensables de modernización del sector público tiene que ser las revalorización de la planificación, particularmente para lograr la propia modernización propuesta.

Las características estructurales y funcionales del sector público que pueden identificarse en nuestro país y a las cuales nos hemos referido anteriormente, sin duda, en buena parte, son el resultado de la ausencia de planificación. En esta forma, la expansión administrativa que caracteriza nuestro Estado, en sus dos vertientes de inflación organizacional del sector público e intervencionismo estatal exagerado, no han sido, evidentemente, el resultado de una política planificada. Todo lo contrario, han sido el ejemplo más característico de la ausencia total de planificación.

En el mismo sentido, el proceso de centralización que ha sufrido nuestro Estado, en perjuicio de las autonomías re-

212

gionales y locales, no ha sido resultado de un proceso planificado; así como tampoco lo ha sido, el fenómeno de descentralización funcional. Al contrario, la proliferación de institutos autónomos, establecimientos públicos y empresas del Estado de toda índole y en todos los sectores, ha sido el ejemplo más característico, por desordenado y por su motivación circunstancial y espasmódica, de la ausencia total de planificación.

Ello ha producido esa percepción de pérdida de rumbo y distorsión de fines en que muchas veces ha caído nuestro Estado, y que entorpece la ejecución de políticas públicas e incluso su propia definición.

Por ello, las fallas de funcionamiento del sector público que hemos identificado, sin duda, exigen revalorizar el sistema de planificación, tan desprestigiado, y convertirlo en el principal instrumento de conducción y ordenación del sector público. Por supuesto, como tiene que estar basado en políticas y estrategias de largo plazo, la planificación no sólo debe o puede ser una técnica desarollada por el Poder Ejecutivo, sino que en ella tiene que intervenir el Congreso, como órgano de representación popular. Sólo así podría asegurarse la debida continuidad en el mediano y largo plazo.

Por otra parte, para plantearse la sola tarea de modernización del sector público, en los aspectos mencionados de su redimensionamiento, de desregulación de las actividades de los particulares, de descentralización política y administrativa y de redefinición de la Administración descentralizada funcionalmente, es necesario tener clara conciencia de que ello no puede ser un proceso que pueda ser ejecutado en el corto o mediano plazo, sino en el largo plazo, para lo cual la planificación de dicho proceso de modernización es indispensable. De allí también la necesaria revalorización del sistema de planificación.

7. *La creación de una burocracia profesionalizada*

El gran problema de la Administración Pública en nuestro país ha sido el que no hayamos podido crear en ella, una burocracia profesionalizada que asuma la gerencia pública. Muchos factores han contribuido a este mal, y entre ellos, la inestabilidad política y la consecuente falta de continuidad administrativa, y el control del funcionario por los partidos políticos, al punto de que los funcionarios son nombrados más por lealtad al partido que por sus méritos y capacidades. El tiempo ha llegado, sin embargo, para que en nuestro país, se plantee como condición indispensable para asegurar el desarrollo de nuestra sociedad y la eficiencia del sector público, la necesidad de establecer una burocracia profesionalizada, basada en el mérito. En esta materia, un límite tiene que establecerse al *Estado de Partidos*.

En todo caso, debe tenerse en cuenta que las reformas tendientes a establecer un sistema de administración de personal y carrera administrativa, tan expandidas en toda América Latina a partir de los años sesenta, incluyendo Venezuela, definitivamente no han servido para crear un adecuado y moderno cuerpo gerencial público, y básicamente han servido para dar estabilidad y derechos sociales a servidores de bajo nivel en la escala administrativa, no pocas veces ineficientes. Siendo el empleo público, en nuestro país, un medio gene-

214

ralizado de mitigar el desempleo, o de primera experiencia para los jóvenes profesionales, lo cierto es que al éstos adquirir experiencia salen hacia el sector privado, siendo difundido el criterio de que la permanencia prolongada en el sector público es signo de incompetencia profesional.

Un gran esfuerzo institucional debe realizarse para trastocar este bajo valor que la función pública tiene en la comunidad nacional, para lo cual deben diseñarse medidas y estrategias tendientes a modernizar la función pública, mediante su profesionalización, particularmente en los niveles gerenciales, en los cuales debe asegurarse estabilidad, continuidad y promoción en base a méritos. Este, por supuesto, más que un programa de modernización de carácter meramente administrativo, también es de carácter político, pues en sociedades democráticas, dada la importancia y papel de los partidos políticos y la alternabilidad de los gobernantes, la ausencia de profesionalización, la inestabilidad y la promoción basada en favoritismos partidistas ha sido la principal causa de la ausencia de una verdadera burocracia profesionalizada.

Algunas excepciones fundamentales, por supuesto, se pueden identificar y como ejemplo de ellas, está el sector de la industria petrolera venezolana nacionalizada desde 1975, el cual siguió con las mismas bases de política de personal que existían en las empresas concesionarias. Sin duda, siguiendo ese ejemplo, en Venezuela, la Comisión Presidencial para la Reforma del Estado presentó al Gobierno y a la opinión en 1986, unas "Bases Preliminares para establecer un Acuerdo Nacional para la profesionalización de la Gerencia Pública en Areas fundamentales para el Estado", entre las cuales están las industrias básicas y servicios públicos fundamentales y las áreas estratégicas comunes a toda la Administración. Entre las medidas de profesionalización que se plantearon en dicho documento se destacan, la implantación de "una política de promoción que asegure el desarrollo de los cuadros gerenciales y que premie el esfuerzo, la dedicación y la competencia de trabajo"; la "adopción de escalas de remuneración cónsonas con las condiciones prevalecientes en el país entre los estratos gerenciales del sector privado" para "mejorar la capacidad de competencia del Estado en el mercado de los recursos humanos, asegurándole a sus funcionarios de nivel gerencial, escalas de remuneración acordes con sus calificaciones"; y el "acordar normas que hagan la estabilidad en la carrera gerencial una situación bien definida, con reglas de juego claras y precisas y no como un hecho azaroso, sujeto a los vaivenes político-partidistas" (COPRE, *Proyecto del Acuerdo de Profesionalización de los niveles directivos y supervisorios en el sector público*, Caracas 1986). El *Estado de Partidos* (gobierno y partido de gobierno) sin embargo, poco caso hizo a la propuesta.

En todo caso, en el momento actual el desarrollo del sector público en Venezuela, donde incluso es necesario adoptar decisiones en áreas prioritarias para su modernización de cumplimiento en el mediano y largo plazo, es indispensable crear esta gerencia pública profesionalizada, como condición *sine qua non* de efectivo progreso.

8. *El aumento de la productividad social en el sector público*

La década de los ochenta, además de haber sido testigo de una expansión inusitada del sector público, ha presenciado la crisis económica generalizada de nuestro país provocada, entre otros aspectos, por el endeudamiento externo. Los recursos e ingresos del sector público no podrán seguir creciendo en el futuro al ritmo precedente, y consecuencialmente, el gasto público tendrá también que detenerse en su crecimiento. De allí la imperiosa necesidad de plantearse como política de modernización, el aumento de la efectividad social del sector público, en el sentido de que sus actuaciones deben ser productivas en términos sociales. La relación entre el costo de las organizaciones y los resultados obtenidos, generalmente inefectivos, debe ser trastocada con el objeto de obtener mejores resultados de los servicios existentes. Por tanto, este aumento de la productividad o efectividad social, impone como tarea el que sin contar con nuevas inversiones, se mejoren los resultados, para lo cual, dentro del actual contexto social, político y económico, debemos idear y diseñar las fórmulas adecuadas.

CONCLUSIONES

De lo anterior resulta, por tanto, no sólo lo esencial que continuará siendo para nuestro futuro desarrollo, la Administración Pública, sino que si el país no asume definitivamente y con seriedad su reforma y transformación, perderemos cada vez mas posibilidades futuras de avance y modernización.

La Administración Pública en un país donde el ingreso fundamental sigue siendo el ingreso petrolero como Venezuela, sin duda, continuará siendo un factor esencial para la distribución y redistribución del ingreso. Sin embargo, ya el tiempo ha llegado en que sepamos deslindar lo que necesariamente debe ser asumido por el Estado y su Administración y lo que debe ser dejado a la iniciativa particular. De allí el gran esfuerzo que debemos realizar en el futuro por deslastrar la maquinaria administrativa y dejar hacer más a los particulares. Ello implica también, sin duda, poner límite al *Estado de Partidos* en su control sobre su propia Administración Pública, cuyas políticas, sin duda, en más de una oportunidad, han tendido a beneficiar a amigos o grupos vinculados al partido de gobierno.

Pero solucionar cualesquiera de los problemas de nuestra Administración Pública, sin duda, exige enfrentar el de la creación de una burocracia profesionalizada, lejos de la garra de las cúpulas partidistas, capaz de conducir coherentemente la marcha administrativa del Estado. De nuevo aquí, los partidos políticos tienen que comprender en que un límite a su actuación, tiene que estar impuesto por el manejo de la Administración Pública del Estado, particularmente en el área de la burocracia o gerencia pública, que debe ser profesionalizada.

V

EL PROBLEMA
DEL PODER JUDICIAL

INTRODUCCION

"La justicia, sola, es la que conserva la República"[1].

Esta frase del Libertador resume lo que significa el Poder Judicial en cualquier Estado democrático: es el instrumento de control de los Poderes Ejecutivo y Legislativo, principio base del Estado de Derecho; es el garante de los derechos fundamentales de los ciudadanos; y es el instrumento de la sociedad para la resolución de conflictos entre los individuos, de manera que éstos no se hagan justicia por sí mismos.

Por tanto, si el Poder Judicial no es un adecuado instrumento de control del Ejecutivo y del Legislador; si no garantiza adecuadamente los derechos fundamentales, y si no sirve de instrumento de resolución de conflictos, la base del siste-

---

1. Simón Bolívar, Carta al General Salom, 25-9-1825 en Ignacio de Guzmán Noguera, *El Pensamiento del Libertador*, Tomo II, 1977, p. 73. Sobre las ideas de Bolívar en torno a la Administración de Justicia y el Poder Judicial, véase Tomás Polanco, "La Justicia, primera necesidad del Estado. Ensayo de sistematización de las ideas del Libertador Simón Bolívar sobre la importancia de la Administración de Justicia en un Estado Republicano", en su libro, *Yo, Abogado de este domicilio*, Caracas, 1987, pp. 31-71; y Bayardo Ramírez Monagas, "Simón Bolívar y el valor de la Justicia como virtud republicana", en el libro *Primeras Jornadas de los Jueces de Instrucción de Venezuela*, UCAB, 1984, pp. 5-22.

ma social no existe, ni se puede hablar de Estado de Derecho ni de democracia.

Hace diez años, en este mismo sentido, señalábamos:

"Sin la menor duda puede decirse que la esencia de la democracia tiene su mayor expresión en la existencia de un Poder Judicial autónomo e independiente. La democracia está consustancialmente unida al ejercicio del control político, administrativo y judicial, y si no hay control judicial ejercido por jueces autónomos e independientes, no hay democracia. Por eso, en las autocracias, lo primero que se silencia, se amedrenta y se condiciona es al Poder Judicial"[2].

En términos coincidentes el ex-Presidente Rafael Caldera señalaba en 1969, al devolver al Congreso la Ley de Reforma Parcial de la Ley Orgánica del Poder Judicial, en ejercicio del derecho del veto presidencial, que:

"Siempre he sostenido que la administración de justicia constituye uno de los elementos esenciales del Estado de Derecho, porque una recta administración de justicia garantiza tanto la legalidad del sistema como los derechos fundamentales de los ciudadanos"[3].

Por su parte, Pedro Pablo Aguilar, en la Cámara de Diputados afirmaba en 1969:

"...no es concebible el Estado de Derecho si el Poder Judicial no es realmente independiente, si el Poder Judicial no tiene

---

2. Allan R. Brewer-Carías, declaraciones a Alfredo Peña, *El Nacional*, 1977 en A. Peña (entrevistas), *Democracia y Reforma del Estado*, 1978, pp. 508-509.
3. Comunicación de 11-8-69 dirigida al Presidente del Congreso en *Gaceta del Congreso*, 1969, p. 314.

otra sujeción que el orden jurídico, si el Poder Judicial no es libre y autónomo para interpretar y aplicar la ley, sin la intervención de poderes extraños a la ley misma" [4].

Más recientemente, en 1985, Eduardo Fernández puntualizaba lo siguiente:

> "La historia nos enseña que la verdadera fortaleza de una democracia radica en la existencia de un Poder Judicial que funcione en la práctica y en cuya independencia y eficacia tengan fe los ciudadanos" [5].

Sin embargo, aun partiendo de estas premisas, si las contrastamos con la realidad actual de la democracia venezolana y de su Poder Judicial, tendríamos que concluir, como lo ha afirmado el Grupo Roraima, que

> "Venezuela no es un Estado de Derecho",

pues

> "La Ley no es el único criterio de decisión y los ciudadanos no esperan que se cumpla estrictamente ni consideran a los tribunales una garantía para que esto ocurra" [6].

La credibilidad en el Poder Judicial se ha hecho añicos y esta pérdida de la confianza en los jueces, que con razón se ha calificado como el suceso "más desgraciado y lamentable que ha podido ocurrirnos" [7] es, sin duda, la manifestación más directa de las fallas del sistema político que con las ca-

---

4. *Gaceta del Congreso*, cit., p. 377.
5. *El Diario de Caracas*, 26-4-85, p. 20.
6. Grupo Roraima, *Más y Mejor Democracia*, 1987, p. 60.
7. Eduardo Fernández, *El Diario de Caracas*, 26-4-85, p. 20. R. Caldera, en 1979, consideraba que "este es quizás uno de los hechos que

racterísticas de una "partidocracia" o democracia de partidos, y de un Estado de Partidos, hemos consolidado en Venezuela en los últimos treinta años.

Por ello, José Santiago Núñez Aristimuño, Presidente de la Corte Suprema de Justicia en 1985, afirmaba que "la democracia no se ha ocupado de la justicia" y que "la justicia lamentablemente ha sido abandonada por la democracia", lo que se manifiesta en que "se ha perdido credibilidad en el Poder Judicial" [8]. Asimismo, decíamos en 1978 que

> "El Poder Judicial ha sido una de las instituciones del Estado más olvidadas, relegadas y manipuladas. La situación de deterioro que vive esta rama del Poder Público es derivada de la politización o partidización que han soportado todas las instituciones del país y que han dado origen a la expresión "partidocracia" para calificar nuestro régimen político" [9].

Toda esta situación de deterioro del Poder Judicial se resumió en un documento titulado "Reformas inaplazables re-

---

más debe preocupar acerca de nuestra institucionalidad democrática" en el libro colectivo, *Sobre la Democracia*, Ateneo de Caracas, 1979, p. 31. En similares términos al inicio del presente período constitucional, el Partido Copei en comunicación dirigida al Presidente Lusinchi, expresó: "La pérdida de fe en las instituciones alcanza niveles dramáticos en algunos casos como por ejemplo el Poder Judicial y la Administración de Justicia", por lo que proponía un acuerdo nacional para "elevar y dignificar el Poder Judicial" y despartidizarlo y despolitizarlo, *El Nacional*, 23-1-85, p. 1-12. Cfr. Gastón Navarro Dona, *El Universal*, 7-10-87, p. 1-4.

8. *El Universal*, 20-5-85, p. 1-40. Véase las críticas a estos criterios de H. Ramos Allup, *El Diario de Caracas*, 12-5-85.

9. Allan R. Brewer-Carías, declaraciones al diario *El Nacional*, 1977, en A. Peña (entrevistas), *Democracia y reforma del Estado*, cit., p. 510.

quiere la democracia Venezolana" que al inicio del actual período constitucional (21-1-84) un grupo de personalidades presentaron al Presidente Jaime Lusinchi, con las siguientes expresiones:

"Jueces politizados, ignaros, al servicio de parcialidades políticas y económicas de todo género, sin saber y sin autoridad moral, convierten, frecuentemente, el recurso a la justicia en una irrisión, desfiguran el derecho y sostienen la más escandalosa impunidad de toda laya de delincuentes. No ha sido posible hasta hoy a la democracia organizar un Poder Judicial que en su conjunto sea eficiente, respetable y justo, que diga el derecho con prontitud y tino y que no esté supeditado a intereses políticos o económicos de ningún género. Si la democracia no es capaz de luchar victoriosamente contra la corrupción y la injusticia, minará profundamente las bases mismas de su sustentación en la conciencia popular" [10].

Dejando aparte la generalización que pueda derivar de este cuadro, lo cierto es que ya casi nadie cree en la justicia, ni en que los jueces puedan ser garantes efectivos frente a las arbitrariedades de los poderes del Estado, ni de los derechos fundamentales. La democracia ha minado la credibilidad en el Poder Judicial, y esto está conspirando contra la propia democracia, pues como lo ha dicho Alberto Quirós Corradi,

"Una sociedad que no confía en su Poder Judicial, es una sociedad peligrosa" [11].

La situación institucional del país, por ello, es una situación peligrosa. Si como dijo el Libertador, "la justicia, sola, es

---

10. Publicado en *El Nacional,* 5-2-84, p. B-11; *El Diario de Caracas,* 5-2-84, p. 14. Véase la reacción crítica de la Asociación de Jueces del Distrito Federal, en *El Nacional* 11-3-84, p. D-11.
11. *El Nacional,* 6-4-85, p. A-4.

la que conserva la República", la justicia deteriorada, sola, es la que está acabando con la República, pues el Poder Judicial en Venezuela no goza totalmente de ninguno de los atributos que sirven para que pueda cimentar un régimen democrático y un Estado de Derecho, pues ni es totalmente independiente ni es totalmente autónomo. Al contrario, en muchos aspectos es un Poder dependiente y mediatizado.

I. LA DEPENDENCIA DEL PODER JUDICIAL

Para que un Poder Judicial pueda ser el cimiento del Estado de Derecho y del régimen democrático, resulta indispensable que el mismo no tenga sometimiento alguno respecto de los otros Poderes del Estado, particularmente respecto del Poder Ejecutivo o del Poder Legislativo, ni respecto de los órganos en los cuales éstos, formal o informalmente, tengan control. La independencia del Poder Judicial que exige la Constitución [12], por tanto, resulta en un no sometimiento, en forma alguna, a los otros Poderes del Estado, de manera que el control de las decisiones de los jueces sólo se realice por las vías de recursos ante los propios jueces superiores, y que el ejercicio de sus atribuciones por los Poderes Ejecutivo y Legislativo no puede afectar ni interrumpir, en forma alguna, las atribuciones del Poder Judicial [13].

Esta independencia se manifiesta tradicioanlmente en dos aspectos: en el nombramiento y remoción de los jueces, que no debe corresponder ni al Ejecutivo Nacional ni a las Cámaras Legislativas; y en el manejo de los recursos presu-

---

12.   Art. 205 de la Constitución.
13.   Arts. 160 y 241 de la Constitución.

226

puestarios asignados a los Tribunales, que no debe quedar en manos del Ejecutivo Nacional. De allí, incluso, que en algunos países sea la Constitución la que garantiza un porcentaje mínimo del presupuesto con destino al Poder Judicial, de manera que ni siquiera el Congreso pueda reducirlo al aprobar la Ley de Presupuesto [14].

Ahora bien, conforme a la Constitución, "para asegurar la independencia, eficacia, disciplina y decoro de los Tribunales y garantizar a los jueces los beneficios de la carrera judicial" [15], se previó que la ley debía crear el Consejo de la Judicatura, como órgano de rango constitucional independiente de los órganos que ejercen los tres clásicos Poderes del Estado (Congreso, Ejecutivo Nacional y Corte Suprema de Justicia) pero en el cual debían tener "adecuada representación" dichas ramas del Poder Público. Así, en 1969 se creó el Consejo de la Judicatura compuesto por 9 miembros: 5 designados por la Sala Político-Administrativa de la Corte Suprema de Justicia (cuyos cinco magistrados a la vez son designados por el Congreso); dos designados por el Congreso de la República; y dos designados por el Ejecutivo Nacional [16], al cual se asignaron las siguientes atribuciones:

a. Designar en cada período constitucional a los Jueces

---

14. Es el caso, por ejemplo, de la Constitución de Costa Rica, que establece en el artículo 177, que en el Proyecto de Presupuesto "se le asignará al Poder Judicial una suma no menor al 6% de los ingresos ordinarios calculados para el año económico". En contraste, el Presupuesto asignado al Poder Judicial en Venezuela, en 1988, era equivalente al 0.50% del total de gastos.
15. Art. 217 de la Constitución.
16. Art. 34 de la Ley Orgánica.

b. Inspeccionar y vigilar el funcionamiento de los Tribunales

c. Ejercer la potestad disciplinaria sobre los jueces y por tanto, conocer de las denuncias de faltas cometidas por los miembros del Poder Judicial.

d. Preparar el anteproyecto de Presupuesto del Poder Judicial [17].

Antes de la creación del Consejo de la Judicatura, estas funciones materialmente las ejercían el Ejecutivo Nacional y la Corte Suprema de Justicia [18], lo que se consideró como una dependencia no admisible. Con la creación del Consejo de la Judicatura, en cambio, se pensó en asegurar la independencia necesaria de los jueces, particularmente al atribuírsele a dicho órgano el nombramiento y remoción de aquéllos.

Sin embargo, como lo destacó *El Nacional* en una "mancheta" premonitoria con motivo de la sanción de la Ley en 1969:

"No es independencia el cambio de formas de dependencia" [19].

Puede que haya habido atenuación de la dependencia respecto del Poder Ejecutivo, pero de ello se pasó a la dependencia de las fuerzas políticas [20] o de la partidocracia [21], llevándose al extremo el esquema del Estado de Partidos.

---

17. Art. 120 de la Ley Orgánica.
18. Arts. 34 y 35 de la Ley anterior.
19. Véase la referencia en *Gaceta del Congreso,* 1969, p. 419.
20. Ramón Escovar Salom destacaba hace años la importancia del Poder Judicial "y su independencia frente al acecho ya sea por el Poder Ejecutivo o por las fuerzas políticas", *El Nacional,* 7-8-78, p. A-4.
21. Rodolfo Plaza Márquez señalaba recientemente que "lo que llama la atención del Ejecutivo en esta manera de tratar el problema, es

Y en efecto, casi 20 años después de la creación del Consejo de la Judicatura, puede afirmarse que la reforma cambió la forma de dependencia, al punto de que la hizo multiforme, con lo cual la independencia de los jueces se hizo más lejana, produciéndose una degradación peor en la Judicatura. Esto se evidencia, con dramatismo, en el nombramiento y remoción de los jueces, al punto que el entonces Decano de la Facultad de Derecho de la UCAB, Luis M. Olaso S. J., hace poco afirmó:

> "Nuestro Poder Judicial en Venezuela, no tiene la independencia necesaria ni la estabilidad requerida para una recta administración de justicia. Otros Poderes del Estado y los partidos políticos intervienen demasiado en el nombramiento, en la permanencia de los miembros del Poder Judicial en sus cargos" [22].

1. *El nombramiento de los jueces y las nuevas formas de dependencia*

A. *La oposición a la reforma de 1969*

Al inicio del período constitucional 1969-1974, correspondía al Gobierno del Presidente Caldera iniciar el proceso

---

que se pretenda señalar a los jueces como la causa de estos males, cuando sabemos que es el Ejecutivo y la *partidocracia* quien designa a los jueces, quien estudia su conducta y preparación para estos cargos", para concluir afirmando que "El Ejecutivo no tiene credenciales para hablar de malos o buenos jueces, éstos son elegidos desde la más alta superioridad por la *partidocracia"*, *El Universal*, 28-9-87, p. 1-4.

22. En el libro *Primeras Jornadas de los Jueces de Instrucción en Venezuela,* UCAB, 1984, p. IX.

de nombramiento de los jueces para todo el período constitucional, para lo cual el Ministerio de Justicia debía enviar sendas ternas para cada Juzgado para la designación de los jueces de entre las mismas, por la Sala Político-Administrativa de la Corte Suprema de Justicia.

El Presidente Caldera, en su rueda de prensa del 3 de julio de 1969, expresó:

> "En el mes de agosto debe elegirse un nuevo Poder Judicial. Los Jueces de todas las instancias van a ser designados para el próximo período constitucional. El Gobierno no tiene interés, no desea —mejor dicho— darle al Poder Judicial ningún signo unilateral ni partidista. El Ministro de Justicia ha insitado a los presidentes de las distintas Salas de la Corte Suprema de Justicia con el deseo de que la propia Corte señale cuáles son los funcionarios de instancia que han cumplido mejor, y quiénes son aquellos que a su juicio no deberían continuar... Ahora, sí quiero manifestar lo siguiente, porque es cierto: el país no desearía que el Poder Judicial sea objeto de reparticiones a base de parcialidades políticas..."[23].

La oposición, que dominaba el Congreso, no creyó al Presidente y ante una posible designación masiva de jueces con injerencia del Ejecutivo Nacional, planteó la reforma de la Ley Orgánica del Poder Judicial, para atribuir el nombramiento de los mismos a un órgano (el Consejo de la Judicatura) que quedara fuera del control del Ejecutivo, pero no así de las fuerzas políticas. El Ejecutivo Nacional se opuso a la reforma, con un planteamiento básico de fondo: el Consejo de la Judicatura debía crearse pero dentro de un sistema

---

23. R. Caldera, *Habla el Presidente*. Diálogo Semanal con el Pueblo Venezolano, Tomo I, 1970, p. 210.

de carrera judicial [24]. Por ello el Presidente de la República al devolver la Ley al Congreso se preguntaba:

> "Si no existe una Ley de Carrera Judicial ¿cómo crear entonces el Consejo de la Judicatura? [25];

y el Ministro de Justicia, al intervenir en las sesiones de las Cámaras Legislativas que debatían tal devolución, señalaba que

> "Mientras no exista Ley de Carrera Judicial que sirva de base y soporte al Consejo de la Judicatura, no podrá ser realmente garante de la independencia del Poder Judicial" [26].

Esta posición era la correcta: no tenía sentido trascendente crear un órgano para sólo nombrar los jueces, quitándole injerencia al Ejecutivo en tal tarea, sin que se asegurase la carrera judicial, de manera que el ingreso a ella se iniciase por concurso y se garantizase la estabilidad de los jueces.

El problema, por tanto, era el de la reforma del Poder Judicial, y no sólo el de una reforma circunstancial a una Ley, como lo dijo el Diputado Ramón Escovar Salom,

> "La reforma de la administración de Justicia no puede hacerse sino mediante la creación de la carrera judicial", para lo cual daba dos características de aquélla: el concurso de méritos, de manera "que los jueces asciendan por sus méritos, que la promoción de los jueces se haga por méritos acumulados durante la carrera"; y la inamovilidad, de manera "que el juez no esté

---

24. *Idem*, p. 291.
25. *Gaceta del Congreso*, cit. p. 320.
26. *Idem*, p. 370.

amenazado por ninguna circunstancia ni por ningún accidente de carácter político o de cualquier carácter"[27].

Por ello, la explicación del Ministro de Justicia en las Cámaras Legislativas, sobre la posición del Gobierno:

"Nosotros concebimos el Consejo de la Judicatura no como el resultado de un acto legislativo de carácter parcial, sino como algo estrictamente vinculado a la carrera judicial ya que, como lo señala el artículo 217 de la Constitución Nacional, una de las finalidades del Consejo de la Judicatura es garantizar a los magistrados judiciales los beneficios de la carrera judicial, y consideramos que si la Constitución Nacional convierte al Consejo de la Judicatura en garante de la independencia, de la eficacia, de la dignidad y del decoro del Poder Judicial, esa finalidad no se logra sólo con la creación de un organismo al cual se traslada la facultad de nombrar los jueces, si previamente no existe una regulación jurídica que establezca los requisitos, las condiciones, las modalidades, del ingreso a la carrera judicial"[28].

El argumento, desde el punto de vista lógico e institucional era incuestionable; sin embargo, fue dejado de lado por la razón circunstancial de la necesidad de nombrar los jueces, y de los mutuos temores de que el gobierno o la oposición controlaran tal nombramiento.

El diputado Ramón Escovar Salom lo puntualizó así:

"La oposición tiene temor a que el Poder Ejecutivo pueda escoger unilateralmente los jueces, y el gobierno tiene también

---

27. *Idem,* p. 380.
28. *Idem,* p. 370.

232

el temor de que la oposición pueda hacer también uso unilateral de sus posibles funciones y alcances legislativos" [29].

Los personeros del partido de gobierno insistieron en el punto. Hilarión Cardozo se preguntaba:

¿Lo que se quiere es impedir el reparto del Poder Judicial, o lo que se quiere es garantizar el reparto del Poder Judicial en diversas manos o lo que se aspira es conservar el Poder Judicial existente?" [30].

En definitiva, la polémica fue crudamente puntualizada por el diputado Ojeda Olaechea, del Partido Comunista, así:

"Detrás del velo de la independencia del Poder Judicial lo que está en discusión es quién nombra los jueces. Es el reparto de una cuota de jueces para las fracciones políticas que han intervenido en la aprobación de la ley, o al revés, si el Ministerio de Justicia, nombra los jueces por medio de las listas que presenta el gobierno. Este es el problema. No vengamos aquí a hablar y hablar de la independencia de Poder Judicial. Aquí se ha maltratado al Poder Judicial muchas veces" [31].

Después de los debates, la Ley resultó aprobada, creándose el Consejo de la Judicatura con la potestad de nombrar los jueces, lo cual se calificó por Pedro Pablo Aguilar, como

---

29. *Idem*, p. 386.

30. *Idem*, p. 401.

31. *Idem*, p. 377. Por eso J. V. Rangel señalaba que "la reforma en nada varía la situación del Poder Judicial en Venezuela" pues "no garantiza la independencia y decoro del Poder Judicial"; "lejos de fortalecer esta institución para la buena marcha de la justicia en Venezuela, lo que consigue es deteriorarla y afectar su crédito", *Idem*. p. 453-454.

"La ratificación de que por este camino el objetivo que se persigue no es garantizar la independencia del Poder Judicial frente al Ejecutivo, sino que el objetivo que se persigue es crear mecanismos que permitan un reparto burocrático del Poder Judicial sin atención a las características que el Poder Judicial debe llenar y a los fines que le corresponden dentro del Estado democrático";

denunciando que la consecuencia del compromiso de aprobación de la Ley por la oposición, naturalmente será la designación de un Poder Judicial

"que refleje la estructura del Consejo de la Judicatura o sea, un Poder Judicial designado en razón de los intereses de los partidos políticos que han conformado esta mayoría" [32].

En definitiva señaló que

"La Ley Orgánica del Poder Judicial no persigue otra finalidad que buscar un mecanismo a través del cual los partidos políticos puedan repartirse, como un botín burocrático, el Poder Judicial" [33].

---

32. *Idem*, p. 414. En 1988, Pedro Pablo Aguilar ratificaba la apreciación que había formulado casi 20 años antes: "El Consejo de la Judicatura es el resultado de un reparto partidista", y la extendió a la propia conformación de la Corte Suprema de Justicia", cuyos miembros —dijo— "se eligen con criterio partidista", así: "Nadie puede negar, y mucho menos los líderes políticos, que buena parte de las designaciones que en los últimos años se han hecho de magistrados del Supremo Tribunal tienen motivaciones predominantemente partidistas". La consecuencia, agregó, es "que la Corte Suprema de Justicia cambia su jurisprudencia de acuerdo con los intereses políticos del gobierno". *El Nacional*, 13-3-88, p. D-23.

33. *Idem*. El Presidente Caldera, a su vez, al criticar la Ley señaló: "No creo que le convenga al futuro de Venezuela el que se diga tantos

Se había producido, así, en todo caso, el cambio de dependencia o una nueva forma de dependencia, pues los jueces pasaron a estar sometidos (dependencia psicológica como la calificó el Presidente Caldera)[34] a un órgano que quedaba concebido en forma distinta a la previsión constitucional, por la ausencia de una carrera judicial.

Por supuesto, esto no lo admitió la oposición, y así, Carlos Canache Mata le ripostaba a Pedro Pablo Aguilar:

"Ya verá el diputado Aguilar que el Consejo de la Judicatura estará integrado, sin consideraciones políticas de ninguna especie, por destacados y prestantes figuras del mundo jurídico venezolano... y que cuando el Consejo de la Judicatura nombre los jueces no se va a hacer ningún reparto entre los partidos políticos"[35].

Y el diputado Faraco señalaba para la historia:

"Nosotros demostraremos con los hechos que no somos unos vulgares aprovechadores de la mayoría... que estamos realizando unas reformas que el país reclama para que el Poder Judicial salga de la tutela del Ejecutivo y pueda ser elegido en forma independiente para que cumpla con su misión de administrar justicia"[36].

Pero la verdad es que, como lo señalábamos en 1977,

---

jueces para ti, tantos para tí y tantos para tí", *Habla el Presidente,* cit. p. 291. El Fiscal General de la República, César Naranjo Ostty, en definitiva, afirmó "El Consejo de la Judicatura será utilizado en el futuro para improvisar políticos en jueces"; véase la referencia en Julio César Acosta, *El Nacional,* 23-7-79, p. C-10.

34. *Idem.,* p. 317.
35. *Idem.,* p. 451.
36. *Idem.,* p. 441.

"De esa insensata aprobación surgió el Consejo de la Judicatura con una composición que resultó excesivamente partidizada, la cual ha contribuido a la politización y consiguiente desprestigio del Poder Judicial" [37].

Y ello se ha agudizado en los últimos años.

Esto ya lo vaticinaba Ramón Escovar Salom al aprobarse la Ley, al señalar:

"Ahora se va a politizar el Poder Judicial porque el Congreso va a tener una participación mayor de la que ha tenido en el pasado" [38].

Frente a ello, sin embargo, todavía clamaba a la sensatez del Congreso:

"es necesario evitar la politización del Poder Judicial. Es muy malo para la justicia, en cualquier país, que la interfieran los gobiernos o los partidos políticos. Todo lo que se haga para evitar la politización del Poder Judicial será beneficioso para las instituciones del país y todo lo que nosotros hagamos para evitar aquí la politización de la justicia redundará, no sólo en beneficio de la democracia, sino en beneficio mismo de los partidos" [39].

La politización del Poder Judicial y el deterioro progresivo de esta institución, por tanto, fue un acaecimiento anunciado y advertido.

---

37. Allan R. Brewer-Carías, declaraciones al diario *El Nacional*, 1977, en A. Peña (entrevistas), *Democracia y Reforma del Estado*, cit., p. 510.
38. *Gaceta del Congreso*, cit., p. 390.
39. *Idem.*, p. 392. Insistía además en que no era "prudente que se lleven las contradicciones y los colorantes políticos del Parlamento al seno de la Judicatura, porque eso debilita la juridicidad del Estado democrático", *Idem.*, p. 386.

236

B. *Las consecuencias de la reforma: la politización y deterioro del Poder Judicial*

Y así, contrariamente a lo pregonado por la oposición de entonces, la designación de los jueces por parte del Consejo de la Judicatura, desde su inicio, hace 18 años, fue producto de un reparto o distribución entre las fuerzas políticas, primero con gran influencia de los partidos políticos, luego, producto de intereses grupales y del amiguismo, con la consecuente partidización, politización y grupalismo del Poder Judicial.

Apenas realizada la primera designación de jueces por el Consejo de la Judicatura, en 1969, Luis Piñerúa Ordaz señalaba que:

"los nombramientos de jueces, realizados por el Consejo de la Judicatura obedecen, en su mayoría, a un interés partidista" [40].

Años después, con un Consejo de la Judicatura como el que había salido de la reforma de 1969, la poltización del Poder Judicial era completa. En una frase, referida a la judicatura penal, lo resumía Luisa Amelia Carrizales

"El Poder Judicial Penal se halla totalmente politizado con todas sus consecuencias" [41].

Precisamente por ello, en la campaña electoral de 1978, el Presidente Carlos Andrés Pérez prometió:

"reformar la Ley para modificar la integración del Consejo de la Judicatura para así evitar la injerencia de intereses políticos en la designación de los jueces";

---

40. 8-3-70. Véase la referencia en Julio César Acosta, *El Nacional*, 23-7-79, p. C-10.
41. *El Universal*, 21-2-87, p. 2-18.

y el candidato presidencial Luis Herrera Campíns ofreció
"la carrera judicial para despolitizar la Judicatura"[42].

En todo caso, en los inicios del gobierno de Luis Herrera Campíns, la situación del Poder Judicial era dramática, y ya ni siquiera todos los miembros del Consejo de la Judicatura, eran aquellas "prestantes figuras del mundo jurídico venezolano" que Carlos Canache Mata ofrecía en 1969. Los partidos políticos, por tanto, habían asumido el control de los nombramientos de jueces, frente a lo cual Julio César Acosta, en 1979, señalaba:

> "Después de la muerte de Juan Vicente Gómez, gran dictador de este país, el único avance que hemos logrado en esta materia y en estos últimos veinte (20) años de democracia, es haber cambiado al Poder Ejecutivo, como gran elector de jueces, por los Comités Ejecutivos Nacionales (CEN) de los dos grandes partidos democráticos que se turnan el poder en nuestro país"[43].

Por supuesto, el control por los partidos políticos de la Judicatura no puede considerarse como un hecho aislado. El sistema político-democrático instaurado en Venezuela a partir de 1958, se montó sobre dos pilares fundamentales: un esquema de Estado Centralizado, en el cual los poderes y la democracia regional y local quedaba minimizada; y un monopolio de poder atribuido a los partidos políticos, a su vez conformados con la estructura organizativa del centralismo democrático, que progresivamente asumieron, penetrando y

---

42. Véase las referencias en Julio César Acosta, *El Nacional*, 23-7-79, p. C-10.
43. *El Nacional,* 23-7-79, p. C-10.

controlando todos los aspectos e instituciones de la vida política nacional. De allí el esquema resultante del Estado de Partidos que tenemos.

Lo cierto, en todo caso, era que en1983, el propio Presidente de la Asociación de Jueces del Distrito Federal, Cesáreo Espinal, señaló:

> "si se vetara a un juez por pertenecer a un partido político, el 99% de los jueces tendría que ser removido de sus cargos, tendríamos que acabar con todo el Poder Judicial, porque todos, de una manera u otra, están identificados políticamente"[44].

En esta forma, los partidos políticos en la democracia asumieron el rol de los antiguos caudillos de la autocracia. Ramón J. Velásquez describió el fenómeno con exactitud:

> "En la Venezuela democrática, poderosa y moderna, el caudillismo se ha trasladado a los partidos políticos que dominan por entero la vida nacional, en unión de poderosos grupos de presión... dominan el Poder Público. Esta dominación afecta profundamente la naturaleza y la estructura de Poder Judicial y lo sigue colocando en la misma situación de minusvalía del pasado"[45].

En todo caso, el daño ya estaba consumado. Los partidos políticos habían hecho lo que ni les convenía a ellos ni le convenía a la democracia, pues con la injerencia en el Poder Judicial, éste había comenzado a caer en el desprestigio. ¡Habían traspasado otro de los límites que debía tener el *Estado de Partidos!*

---

44. *El Universal,* 2-11-83.
45. Declaraciones al diario *El Nacional,* 1977, en A. Peña (entrevistas), *Democracia y Reforma del Estado,* cit., p. 518.

Rafael Caldera constataba la situación, recordando sus planteamientos de 1969:

"cuando, durante mi gobierno, la mayoría parlamentaria aprobó la Ley que organizó el Consejo de la Judicatura, hubo el temor de que se convirtiera en un instrumento de repartición de los cargos judiciales por los partidos políticos. Esa premonición se acentuó, y los mismos promotores de la Ley han expresado severos juicos acerca de su aplicación" [46].

Lamentos, en efecto, no se dejaron de expresar. Quizás el más significativo de todos fue el de David Morales Bello quien en 1984, señaló:

"reconozco que cuando los jueces eran designados por la Corte Suprema de Justicia los problemas fueron siempre menores en relación con el comportamiento de alguno de ellos, y no descarto la posibilidad de que entre los factores concurrentes en la creación de las actuales anomalías, figura la forma como vino funcionando el Consejo de la Judicatura en su encargo de nombrar los jueces, pues es público y notorio que unas cuantas circunstancias pesaron en el ánimo de los magistrados para hacer las designaciones, pero no fue determinante la rigurosa exigencia de condiciones de aptitud, de honestidad y de sentido de responsabilidad, sin cuyo concurso los jueces siempre dejan mucho que desear" [47].

Y de allí —concluía— lo que todos los que hemos ejercido la profesión de abogado en los Tribunales, sabemos; que anteriormente, los jueces de Primera Instancia:

"eran profesionales que inspiraban respeto por su entidad como tales, pero ahora escasean aquellos de quienes se puede

---

46. *El Nacional*, 30-3-84, p. D-1.
47. *El Nacional*, 4-12-84, p. D-8.

decir lo mismo y este es un factor que no se puede desestimar" [48].

Pero hay que reconocerlo, el mal introducido por los partidos políticos en la politización del Poder Judicial, degeneró contra ellos mismos, pues pronto comenzaron a manifestarse otros condicionantes en el nombramiento de los jueces: el amiguismo, el grupalismo y hasta las relaciones de familia que comenzaron a girar en torno a algunos miembros del Consejo de la Judicatura, independizándose el proceso, hasta cierto punto, de las propias direcciones partidistas.

David Morales Bello, así, señalaba en 1984:

> "Los compadrazgos que sirven de explicación para el nombramiento y mantenimiento de jueces in idóneos (por ignorancia o por deshonestidad) no han tenido raíz político-partidista, sino conjunción de intereses grupales, y han sido patrocinados subrepticiamente buscando aparentar que se trata de parcializaciones de carácter político" [49].

Sea que persista la repartición burocrática político-partidista, o de los intereses grupales y del amiguismo, lo cierto es que los jueces siguen siendo nombrados, estando de por medio factores subjetivos y sin que prevalezcan totalmente los factores objetivos decantados a través de un concurso de oposición. Este ha sido el resultado directo de la reforma de 1969, que todos los líderes políticos denuncian, sin que suceda nada para remediarlo. Basta recordar lo que señaló en 1985, el entonces Presidente de la Comisión Presidencial para la Reforma del Estado, Ramón J. Velásquez:

---

48. *Idem.*
49. *Idem.*

"Debe salir de la órbita del reparto entre los partidos el Poder Judicial; mientras la elección de jueces constituya una descarada negociación de porcentajes, la Ley de Carrera Judicial será inoperante y todas las promesas de pulcritud en este campo esencial de la vida nacional, serán simples engaños" [50].

Incluso, una Magistrada del Consejo de la Judicatura, al anunciar la aprobación, al fin, de un Reglamento de Concursos de Oposición en 1983, aún no totalmente en aplicación, expresaba que con dicho Reglamento se erradicaría totalmente "la componenda política, la amistad y los intereses" [51], que jugaban en la designación de los jueces, es decir, se terminaría "con la corruptela en la escogencia de los jueces" [52]. A confesión de parte, por supuesto, relevo de pruebas!

C. *La Ley Orgánica del Consejo de la Judicatura de 1988*

En 1988, y con motivo de los trabajos realizados por la Corte Suprema de Justicia, se proyectó y sancionó una Ley Orgánica del Consejo de la Judicatura destinada exclusivamente a regular dicho cuerpo, argumentándose que "al carecer de un estatuto jurídico propio, orgánico y sistemático, no había cumplido a satisfacción las altas atribuciones que le están conferidas" en la Constitución [53]. Sin embargo, en realidad, no era la falta de una Ley la que impidió el adecuado

---

50. *El Nacional,* 29-3-85, p. D-18.
51. Noemí Irausquín de Vargas, *El Universal,* 10-5-83.
52. Noemí Irausquín de Vargas, *El Nacional,* 21-5-83.
53. Exposición de Motivos, p. 1.

242

funcionamiento del cuerpo, sino su propia composición y la ausencia efectiva de la carrera judicial.

Entre las reformas efectuadas se destaca la reducción del número de Magistrados del Consejo, a 5 miembros, que se aprobó serán designados así: 3 por la Corte Suprema de Justicia, uno por el Congreso y uno por el Ejecutivo Nacional (Art. 7) con lo cual se podrá minimizar, en el futuro, la influencia directa de los partidos a través del Congreso y del Ejecutivo, en las decisiones del Consejo (Art. 7).

Otra reforma importante al régimen anterior, en todo caso, fue la previsión de un medio de control de legalidad contra las decisiones del Consejo en materia disciplinaria respecto de los jueces, por parte de la Sala Político Administrativa de la Corte, con lo que se superó el desaguizado impuesto por la jurisprudencia de la propia Corte, al declarar como no recurribles dichas decisiones. Afortunadamente, sin embargo, el Congreso, no acogió la figura sin precedentes que se había propuesto de una "casación administrativa" en lugar del recurso contencioso-administrativo de anulación, que en definitiva se adoptó [54].

En todo caso, en 1988, las reacciones contra el Consejo de la Judicatura se habían multiplicado y en un Documento del Comité Nacional del principal partido de oposición, Copei, de fecha 19 de julio de 1988, se afirmó lo siguiente:

> "El Consejo de la Judicatura, que tiene entre sus finalidades la de garantizar la independencia y el decoro de los Tribunales, a causa de la actitud de la mayoría que controla sus decisiones,

---

54. Informe de fecha 19-7-88.

se ha caracterizado durante este período por los siguientes vicios:

a)   Ha dejado indefensos a los jueces contra los cuales ha arremetido el Gobierno por haber decidido en contra suya, con motivo de actos ilegales y arbitrarios (casos RAP, Isa Dobles y Orquesta Sinfónica Venezuela) o por haber decidido en forma distinta a lo preestablecido por la policía (casos Vecchionacce, Achicar, Guevara, Quintana).

b)   Ha actuado como instrumento represivo del Gobierno contra los jueces que han tomado decisiones que no le satisfacen (casos Ruiz Becerra, Rossell, Quintero Moreno).

c)   Se ha abstenido de sancionar a los jueces que han sido sumisos a las instrucciones del Gobierno (casos Armado, González Blanco, Lamus), a pesar de que sus decisiones contra personas reconocidamente honestas fueron revocadas por tribunales superiores por inexistencia del delito y falta de pruebas.

d)   Ha cohonestado las irregularidades y vicios que se han producido en el juicio de divorcio seguido por el Presidente Lusinchi contra su esposa, desestimando en dos ocasiones denuncias formuladas por ésta, sustentadas en pruebas que evidencian la complacencia y parcialidad de los jueces que han conocido el proceso" [55].

Mayor visión negativa del Consejo de la Judicatura y de su papel en la administración de justicia, no podría haber. Sin embargo, era evidente que la nueva Ley sancionada en agosto de 1988, por sí sola, ningún cambio provocaría.

---

55.   *El Nacional,* 20-7-88, p. 1-13.

D. *La ausencia de la carrera judicial*

La Ley de Carrera Judicial, que había prometido el Presidente Luis Herrera Campíns, se promulgó en 1980 [56] con la finalidad de "asegurar la idoneidad, estabilidad e independencia de los jueces, y regular las condiciones para su ingreso, permanencia y terminación en el ejercicio de la Judicatura, así como determinar la responsabilidad disciplinaria en que incurran los jueces en el ejercicio de sus funciones" [57].

El elemento central de la Ley era el establecimiento del sistema de concurso de oposición para el ingreso a la carrera judicial y para el ascenso de los jueces, como presupuesto para su estabilidad. Se pretendía, así, completar aun cuando muy tardíamente y frente a un daño irreparable en el corto plazo ya hecho, el error inicial de 1969, de haber creado el Consejo de la Judicatura, pero sin haber establecido la carrera judicial.

Siempre hemos pensado, en efecto, que

> "El quid de toda verdadera reforma del Poder Judicial radica en cómo se nombra a los magistrados y no en quién lo hace. La forma de elección mediante concurso de oposición de méritos, antecedentes y conocimientos, sin la menor duda, es la que menos se presta para las componendas y es en la que los jueces honestos y competentes pueden confiar. Naturalmente que concebida así la reforma, encontrará fuerte oposición en algunos partidos" [58].

---

56. *Gaceta Oficial* Nº 2.711 Extra de 30-12-80.
57. Art. 1º.
58. Declaraciones al diario *El Nacional,* 1977, en A. Peña (entrevistas), *Democracia y Reforma del Estado,* cit., p. 511.

Y lamentablemente, donde encontró el primer obstáculo en su aplicación fue en el propio Consejo de la Judicatura. En 1983, en efecto, el Magistrado del Consejo, Pedro Elías Rodríguez, tres años después de la entrada en vigencia de la Ley, señalaba:

> "A mí me angustia que no estemos cumpliendo con la Ley de Carrera Judicial, que nos exige abrir el concurso de inmediato para cumplir con los concursos, pero el Consejo de la Judicatura no lo ha hecho" [59].

A pesar de ello, sin embargo, el Consejo de la Judicatura nombró jueces principales y jueces suplentes sin abrir concurso, lo que provocó el hecho insólito de que la Corte Suprema de Justicia objetara el nombramiento de 40 jueces, enfrentándose al Consejo de la Judicatura en una comunicación hecha pública en 1983, en la cual se señalaba entre otros aspectos que

> "la *ratio juris* de la Ley de la Carrera Judicial, es que toda la judicatura venezolana esté integrada en el futuro por personas (jueces y suplentes) escogidos mediante un proceso de selección (concurso) que garantice lo mejor posible la idoneidad de los jueces y asegure la efectiva independencia del Poder Judicial... Con arreglo a la Ley de Carrera Judicial (1980) todos los cargos de Jueces y Suplentes de los Tribunales deben ser cubiertos mediante sistemas de concursos... Los cargos de suplentes de los Tribunales también deberán ser suplidos mediante concurso de oposición".

Y concluía exigiendo al Consejo de la Judicatura que debía:

---

59. *El Nacional,* 1-3-83, p. D-14.

"proceder a abrir y realizar los concursos" [60].

Esta situación irregular de la ausencia de un efectivo y objetivo mecanismo de ingreso a la carrera judicial mediante concurso, todavía persiste en 1988.

Así, el Presidente del propio Consejo de la Judicatura, Nehemías Benazar, en octubre de 1987, planteaba la necesidad de los concursos [61] y una Magistrada del Consejo de la Judicatura, un día después, cuestionaba

"la práctica de selección de jueces a dedo",

indicando que

"el único mecanismo de selección utilizado fue el de escoger a los jueces en base al conocimiento personal que cada uno de los magistrados proponentes tiene de sus postulados" [62].

Por supuesto, nada más contrario al espíritu de la Ley de Carrera Judicial que esta denuncia, que en el mismo mes de octubre de 1987 repetía el Presidente de la Asociación de Jueces del Distrito Federal, al referirse al mismo planteamiento crítico respecto del Consejo de la Judicatura por la

"designación de los jueces suplentes sin concurso y violándose la Ley de Carrera Judicial" [63].

Esta situación, respecto de los jueces suplentes la identificó claramente Ramón Escovar Salom en 1987 al denunciar que

---

60. *El Universal*, 29-10-83, p. 1-2.
61. *El Universal*, 10-10-87, p. 1-33.
62. Carmen Elena Crespo, *El Universal*, 11-10-87, p. 1-37.
63. *El Universal*, 28-10-87, p. 1-39.

"la práctica nefasta hasta ahora ha sido hacer del nombramiento de los jueces suplentes un reparto político... Los jueces suplentes son un reflejo de la correlación de fuerzas existentes en el Consejo de la Judicatura".

Frente a ello exigía

"que todos los jueces (titulares y suplentes) sean nombrados con base a sus credenciales intelectuales y morales, desechando el clientelismo que ha permitido la formación de algunos grupos dentro del Poder Judicial [64].

En 1987, 18 años después de creado el Consejo de la Judicatura, por tanto, aún no se aplicaban enteramente las normas de la carrera judicial, y la credibilidad del Poder Judicial estaba por el subsuelo. Ello motivó, en octubre de 1987, que se reunieran los altos personeros de la Corte Suprema de Justicia, del Ministerio de Justicia, del Consejo de la Judicatura, del Ministerio Público y de la Procuraduría General de la República, para hablar, dijo Gastón Navarro Dona, de

"la necesidad de extremar el criterio selectivo para la escogencia de los jueces, para limpiar el Poder Judicial de jueces corruptos e incapaces" [65].

¿A estas alturas?

2. *La remoción de los jueces y la otra forma de dependencia*

Pero no sólo la independencia de los jueces aún no está asegurada, debido a las deficiencias en el sistema de nombramiento de los jueces y las nuevas formas de dependencia

____

64. *El Nacional,* 27-9-87, p. A-4.
65. *El Universal,* 7-10-87, p. 1-4.

248

que ha originado; sino tampoco está garantizada, debido a los poderes que ha venido asumiendo el Consejo de la Judicatura, en cuanto a la remoción o destitución de los jueces, que origina otra forma de dependencia de los mismos, precisamente respecto de dicho organismo.

En efecto, en dos casos que se han producido en los últimos años, en 1984 y 1987, el Consejo de la Judicatura ha destituido a dos jueces, por decisiones adoptadas, y que han originado un gran despliegue informativo en los medios de comunicación social. Con ello, el principio de la carrera judicial ha sido roto, pues la destitución de los jueces no se ha producido realmente por razones disciplinarias, sino por razones políticas y de opinión.

A. *Primer caso:* 1984, Destitución del Juez Francisco Ruiz Becerra, Juez de Primera Instancia en lo Penal, con 21 años en la Judicatura.

Con motivo de la detención de Vinicio Carrera, ex-Ministro de Transporte y Comunicaciones, por denuncias vinculadas a supuestos delitos contra el patrimonio público, se solicitó del Juez XVI de Primera Instancia en lo Penal, Francisco Ruiz Becerra, un amparo a la libertad personal, *habeas corpus* de dicho ex-funcionario, alegadamente detenido en forma ilegal.

El Juez declaró con lugar el *habeas corpus* y ordenó la libertad de Vinicio Carrera. No hubo discusión ni discrepancia alguna en torno a lo procedente del *habeas corpus*. Sólo se discutió el hecho de que el Juez, además, no prohibiera la salida del país al ex-Ministro, lo cual jurídicamente no era obligatorio.

El Consejo de la Judicatura, el 27-9-84, destituyó al Juez pues consideró que el caso había conmovido la opinión pública, al no tomar la providencia de prohibición de salida del país; aclarando sin embargo, que

> "si el juez hubiera dictado expresamente que no tomaba en el caso ninguna de las precauciones que la ley le permite, por no considerarlo necesario, su decisión hubiera resultado inobjetable" [66].

El Consejo de la Judicatura razonó su decisión comentando la decisión del juez destituido, así:

> "Se trata de la decisión de un juez relacionado con un asunto que indudablemente, conmovió a la opinión pública porque las circunstancias políticas imperantes para el momento, la notoriedad de las personas que se comprendían en la relación de los hechos, las esperanzas puestas por muchos en resultados generalmente deseados, lo convirtieron en transcendente al campo de las interpretaciones, exaltadas unas, serenas otras, pero válidas todas para configurar una situación que indudablemente condujo al quebrantamiento de la respetabilidad del Poder Judicial...".

> "...a juicio del Consejo de la Judicatura ha quedado cuestionada la respetabilidad del Poder Judicial, porque la decisión del juez ha dado ocasión a que dentro y fuera del ámbito meramente judicial, proliferaran opiniones de diversos signos, la mayor parte de las cuales califican la decisión como injusta, divorciada de todo sentido de la realidad conformada por las circunstancias del asunto que la motivó, o en cualquier caso,

---

66. *El Nacional,* 27-9-84, p. D-1.

incompleta, porque dejó de tomar en cuenta un aspecto que no debió ser ignorado" [67].

Todo ello lo resumió el Magistrado Saume, del Consejo de la Judicatura, señalando

"es un hombre honesto que cometió un error; no explicar por qué no le prohibió la salida del país" [68].

El atentado contra la independencia de los jueces derivada de la decisión del Consejo de la Judicatura, lo resumió, en una frase, el Voto Salvado del Magistrado Jesús Petit D'Acosta:

"El Consejo de la Judicatura no tiene facultad para pronunciarse sobre la forma y contenido de las sentencias de los jueces" [69].

Con motivo de esta decisión, el poder de destitución de jueces por el Consejo de la Judicatura, sin que ello sea resultado de un proceso disciplinario, provocó otra forma de dependencia del Poder Judicial contraria a la Constitución: la dependencia respecto del propio Consejo de la Judicatura.

La situación fue advertida y denunciada de inmediato por diversos abogados en ejercicio.

---

67. *Idem.*
68. *El Diario de Caracas,* 2-10-84, p. 7.
69. *El Nacional,* 27-10-84, p. D-1. En la justificación de su voto salvado Jesús Petit D'Acosta señaló: "La inmotivación de una sentencia no constituye falta disciplinaria. Es un vicio procesal que se corrige mediaste su declaración de nulidad y reposición... El Juez no estaba obligado a motivar por qué no tomó la medida de prohibición de salida del país", *El Diario de Caracas,* 2-10-84.

Ramón Haddad, señaló:

"Particularmente pienso que ha habido exceso por parte del
Consejo de la Judicatura en este fallo, al entrar en consideraciones de la sentencia de Ruiz Becerra, de los errores jurídicos que pudiera o no tener su decisión, para concluir en una
sanción disciplinaria. Pienso que el Consejo de la Judicatura, lo
que debe revisar es el comportamiento disciplinario del juez;
si es corrupto o no; si ha recibido dinero, si cumple con sus
funciones, pero no meterse con sus decisiones. Eso corresponde a los jueces de alzada" [70].

Luisa Amelia Carrizales señaló:

"Es una decisión que lesiona gravemente la independencia del
Poder Judicial y la seguridad jurídica de la ciudadanía. Es una
espada de Damocles que han colocado a cada uno de los jueces.
Cada decisión que no sea del agrado de la mayoría de los miembros del Consejo de la Judicatura puede ser objeto de decisiones similares a ésta" [71].

Neptalí Martínez Natera señaló:

"Los jueces pueden sentirse opacados en sus decisiones toda vez
que desde ahora no sólo tienen a un superior jerárquico sino
también tienen al Consejo de la Judicatura, que se convierte en
organismo de apelación superior" [72].

---

70. *El Nacional*, 28-9-84, p. D-19.
71. *Idem*.
72. *Idem*. Por ello Omar Arenas Candelo calificó el asunto como "una
    imperdonable injerencia del Consejo de la Judicatura en la sobera-
    nía de los jueces", *Idem*.

De allí, Morris Sierralta concluía con la apreciación de que

"Ningún juez se atreverá a decidir un *habeas corpus,* ante el temor de ser destituido por el Consejo de la Judicatura"[73].

Y Carlos A. Escala precisaba:

"Ahora los jueces no podrán tomar decisiones que no sean consultadas previamente con el Consejo de la Judicatura"[74].

B.   *Segundo Caso:*   1987, Destitución del Juez Carlos Silva Garrido, Juez Superior II Penal Accidental.

El Juez Silva Garrido decidió reponer una causa que se seguía a 7 personas, por delito de tráfico de drogas, al estado de que se iniciara el procedimiento, con la consecuente libertad de los procesados, pero esta vez sí, prohibiéndoles la salida del país. La decisión se adoptó el 11-9-87 y de ello dio cuenta la prensa, en primera página y a grandes titulares el 15-9-87[75].

La explicación de su decisión la dio el Juez en la primera noticia que salió del caso, señalando que dejó en libertad a los procesados porque consideró que el procedimiento del allanamiento que dio origen al proceso fue vicioso. Dice la información periodística:

"El juez explicó a los periodistas que el procedimiento se inicia para la policía cuando recibe una llamada telefónica e hizo un allanamiento sin la respectiva orden, y una vez que ya estaba en la casa, teniendo a las personas encerradas, los policías

---

73.   *Idem.*
74.   *Idem.*
75.   *El Nacional,* 15-9-87, p. A-1 y D-24.

salieron a buscar testigos. Señaló que del expediente se desprende que los policías llegaron armados, encerraron a los presentes en un cuarto, donde un obrero ponía unas cortinas" [76].

El mismo día 15-9-87 apareció en primera página de otro diario la información de la denuncia que en nombre del Gobierno, el Ministro de Relaciones Interiores formuló ante el Consejo de la Judicatura contra el Juez Silva Garrido, pues "la decisión del Juez podría obedecer a otros intereses" [77] calificando luego la decisión, como producto de "subterfugios leguleyescos" [78].

El Ministro del Interior, en comunicación al Fiscal General de la República publicada el 16-9-87, completaba su apreciación sobre la decisión del Juez, así:

"Este hecho, de por sí, pudiera no revestir gravedad alguna si dicha decisión se fundara en el convencimiento del Magistrado respecto a la inocencia de los indiciados, pero ese no es el caso, sino por el contrario, la misma se sustenta en argumentos deleznables y adjetivos que rayan en el insulto a la inteligencia humana" [79].

El Juez por su parte, el mismo día 16-9-87, explicaba su decisión:

"cuando observé el vicio demasiado grande que comenzó en el expediente, estudié la reposición. A mí no me consta que sean narcotraficantes. Como Juez tengo que hacer cumplir la ley".

-----

76. *El Nacional,* 15-9-87, p. D-24.
77. *El Universal,* 15-9-87, p. 1-1.
78. *El Universal,* 16-9-87, p. 1-31.
79. *Idem.*

Y al preguntarle el periodista si sabía del escándalo que acarrearía su decisión, el Juez señaló:

> "Sabía que esto se iba a presentar. Pero ojalá sirva de ejemplo para que los cuerpos policiales, cuando abran este tipo de averiguaciones, se ajusten a la legalidad, porque de lo contrario, están expuestos a que un Juez que sea apegado al ordenamiento jurídico, al ver estos vicios, eche para atrás todo. En este caso, el expediente se inició sin orden de allanamiento y aunque los procesados sean unos vagabundos, el expediente está viciado. Si un funcionario pisotea la ley, como juez tengo que pronunciarme e impedirlo; si no lo hago, me convierto en arbitrario".

Concluyó señalando que

> "No puedo convertirme en juez narcocomplaciente ni en juez gobiernocomplaciente. Actúo conforme a la Ley y punto. No tengo culpa que se hagan expedientes a la carrera en busca de ascensos"[80].

El Ministro de Justicia, al día siguiente, el 17-9-87, informaba al país que este no era el único caso, y que

> "en apenas seis meses hay por lo menos unas 400 o 500 decisiones, parecidas a la que tomó este Juez"[81].

En todo caso, dos días después de haber sido denunciado el asunto ante el Consejo de la Judicatura por el Ministro de Relaciones Interiores, el Consejo de la Judicatura resolvió destituir de su cargo al Juez Silva Garrido, pues se estimó que "este abogado no está capacitado para ser Juez Superior"[82], aun cuando, por supuesto, había sido nombrado por

---

80. *El Nacional,* 16-9-87, p. D-1.
81. *El Nacional,* 17-9-87, p. D-5.
82. Nehemías Benazar, *El Nacional,* 17-9-87, p. D-1.

dicho Consejo. Entre la motivación de la decisión, el Presidente del Consejo de la Judicatura informó que el Juez Silva Garrido

"no analiza las pruebas que existen en el expediente sino que se basa en una supuesta falla en la instrucción del sumario y repone al estado en que se inicie nuevamente el juicio, con lo que quedaron en libertad los 7 sentenciados en el caso"[83].

La noticia de prensa completa la información señalando que

"El Magistrado Benazar reconoció que la connotación de la decisión, la conmoción, el escándalo público y las quejas reiteradas llevaron al Consejo a tomar esta decisión, cuya celeridad fue posible por tratarse de un juez suplente"[84].

El Presidente de la República, el mismo día "admitió que estuvo molesto con la decisión" del juez, pero señaló

"que afortunadamente el Consejo de la Judicatura procedió a hacer lo que todo el país esperaba"[85].

¡Ya había sido condenado por la prensa!

El 18-9-87 el ex-juez Carlos Silva Garrido fue hecho preso, en un bochornoso procedimiento en el cual la policía vejó al Poder Judicial, y sólo un *habeas corpus* pudo permitir que el juez quedara en libertad[86].

---

83. *El Universal,* 17-9-87, p. 1-35.
84. *Idem.*
85. *El Universal,* 18-9-87, p. 1-12.
86. *El Nacional,* 3-10-87, p. D-23. Posteriormente, al Juez Silva Garrido se le dictó auto de detención, en un proceso penal de salvaguarda del patrimonio público.

De todo este lamentable espectáculo de sujeción de los jueces a los designios del Consejo de la Judicatura, José Vicente Rangel concluyó puntualizando el asunto con precisión:

> "La lucha contra el narcotráfico tiene que ser adelantada sin desnaturalizar el Estado de Derecho...
>
> La Constitución y las leyes de la República que rigen las decisiones de un juez, no pueden ser rabulerías, ni recursos abogadiles, ni leguleyerismos como fueron calificados por el Ministro de Relaciones Interiores.
>
> Precisamente constituyen la protección al ciudadano frente a la arbitrariedad, porque en un momento dado, a través de acciones contra el narcotráfico, se puede estar persiguiendo en verdad al narcotraficante o se puede estar cometiendo una injusticia. Y los únicos que pueden decidirlo son los jueces en base a la aplicación de la ley.
>
> Un Juez tiene que decidir con base en esos expedientes. Si está mal instruido, si tiene vicios, si se han violado derechos fundamentales, su responsabilidad es con la ley, independientemente de las implicaciones del caso [87].

El problema, en todo caso, se había planteado hacía más de dos años, con motivo de otra decisión que dejó en libertad a procesados por asuntos de drogas. Al referirse a aquella decisión judicial, el Magistrado del Consejo de la Judicatura, Jesús Petit D'Acosta, señaló:

> "el truco de la Policía Técnica Judicial consiste en pasar a los jueces un expediente deliberadamente mal instruido para ha-

---

87. *El Nacional,* 18-9-87, p. D-19. Aquiles Monagas insistía en esta idea: "El juez tiene que aplicar la ley y el que no lo hace se convierte en el peor de los delincuentes, el más execrable de los delincuentes en un Estado de Derecho", *El Nacional,* 29-9-87, p. D-16.

cer recaer sobre ellos la responsabilidad de darle libertad a los narcotraficantes" [88].

El mismo problema lo volvió a plantear en 1987, respecto al caso del Juez Silva Garrido:

> "En materia de drogas los jueces penales están entre dos fuegos. Por una parte los acosa el Gobierno, estimulando una especie de paranoia colectiva, para que convaliden sin revisión las actuaciones de la policía. De lo contrario se exponen a ser escarnecidos con el mote infamante de "narco complacientes" que ya le ha sido puesto a casi todos ellos, puesto que si son 500 según la cuenta oficial, este número duplica a los Tribunales penales existentes, por lo cual habría que concluir que no se salva nadie" [89].

Lo que resulta de estos dos casos de jueces destituidos por el Consejo de la Judicatura, el Juez Francisco Ruiz Becerra (1984) y el Juez Carlos Silva Garrido (1987), que sólo se configuran como una muestra de otros tantos, es que por la presión de la opinión pública, indudablemente dirigida, el Consejo de la Judicatura destituye a jueces que han actuado conforme a la ley, pero cuyo resultado no es del agrado del Gobierno o de la propia opinión pública, generada, sin duda, también, por legítima preocupación sobre problemas que aquejan a la sociedad venezolana.

José Guillermo Andueza, ex-Decano de la Facultad de Derecho de la Universidad Central de Venezuela y ex-Procurador General de la República resumía la situación del Consejo de la Judicatura en agosto de 1988 así:

---

88. *El Diario de Caraacs*, 16-2-85, p. 5.
89. *El Universal*, 2-10-87, p. 1-31.

258

"Se ha utilizado además, en este Gobierno, al Consejo de la Judicatura para amedrentar y atemorizar a los jueces que no se plieguen a los propósitos gubernamentales. Cada vez que un juez decide en contra de los deseos del Gobierno, el Consejo de la Judicatura actúa y suspende o destituye a quien no se plegó a los deseos.

El Consejo de la Judicatura es un organismo creado para garantizar la independencia en la actuación y decisiones de los jueces y se ha convertido, en la práctica, en un organismo que niega esa autonomía garantizada en los principios constitucionales [90].

Lo grave de estas decisiones es que hasta 1988, hacían dependientes a los jueces con un agravante insólito: a éstos se les abría un procedimiento disciplinario, donde precariamente se les garantizaba el derecho a la defensa y un juicio justo, y se los destruía; pero luego, esas decisiones del Consejo de la Judicatura, no eran revisables por ilegalidad o inconstitucionalidad, pues habían sido consideradas por la Sala Político-Administrativa de la Corte Suprema de Justicia como no impugnables ante ella. Con ello se lesionaba el Estado de Derecho y el control judicial que implica, por la doctrina impuesta por el propio Tribunal Supremo, que es la institución judicial llamada a controlar la constitucionalidad y legalidad de todos los actos de los órganos que ejercen el Poder Público [91].

---

90. *El Nacional,* 15-8-88, p. D-2.
91. Sentencia de 28-3-85 dictada precisamente con motivo de la impugnación del acto de destitución del Juez Francisco Ruiz Becerra, en *Revista de Derecho Público,* Nº 22, p. 118 a 143. Véase los comentarios en Allan R. Brewer-Carías, *Estado de Derecho y Control Judicial,* Madrid, 1987, pp. 468-471.

Esta situación, afortunadamente fue superada con la sanción de la Ley Orgánica del Consejo de la Judicatura de agosto de 1988, en la cual se previó un medio de control de legalidad de dichas decisiones.

II. LA MEDIATIZACION DEL PODER JUDICIAL

Además de la independencia del Poder Judicial, la Constitución establece que en el ejercicio de sus funciones, los jueces son autónomos, en el sentido de que para adoptar sus decisiones, sólo están sujetos a lo establecido en la Constitución y las leyes, lo que implica que no deben tener otros condicionamientos que la legalidad.

Contrasta con este principio fundamental, sin embargo, la mediatización a que se ha sometido al Poder Judicial, pues los jueces se encuentran cada vez más condicionados para la toma de decisiones, por las presiones de toda índole que reciben.

Como lo señaló Aquiles Monagas:

> "En un país donde hasta la policía se da el lujo de criticar a los jueces, la libertad no está protegida judicialmente, sino desprotegida" [92].

Aquí todo el mundo se da el lujo de cuestionar al Poder Judicial; todo el mundo asume la posición de juez; y normalmente se juzga en la opinión pública, antes que los jueces

___

92. *El Nacional,* 29-9-87, p. D-16. El Colegio de Abogados del Estado Guárico, en remitido publicado en *El Nacional,* 21-10-88, p. D-17, por ejemplo, protestaba públicamente por los ataques del Comisario de la DISIP, Henry López Sisco, contra un Juez de Primera Instancia en lo Penal del Estado.

decidan; y lo grave, como lo señalaba José Vicente Rangel, es que

> "Ya no son sólo ciudadanos comunes y corrientes los que discuten las decisiones judiciales, lo cual es normal, sino otros Poderes Públicos, especialmente el Poder Ejecutivo" [93].

Ello llevó incluso, a la Federación de Asociaciones de Jueces de Venezuela y a la Asociación de Jueces del Distrito Federal y Estado Miranda, con motivo de conmemorarse el "Día del Juez" en 1987, a afirmar en un aviso de prensa:

> "Criticar a los jueces parece hoy en día un deporte favorito" [94].

La mediatización de la justicia deriva, por tanto, de las diversas presiones que se ejercen sobre los jueces, y que lesionan su autonomía; ya no es sólo a la ley a la que deben someterse los jueces en el ejercicio de sus funciones, sino que progresivamente aparecen otros condicionantes derivados de presiones de los otros Poderes Públicos o de intereses diversos, entre ellos, de los medios de comunicación.

Como lo ha destacado José Vicente Rangel:

> "La situación de un Magistrado en este momento, aquí en Venezuela, es delicada porque a la hora de sentenciar, más que pensar en hacer cumplir la Constitución Nacional e interpretar las leyes, debe pensar en la reacción que su decisión provocará en el Gobierno de turno, en los Poderes Ejecutivo y Legislativo, en los grupos económicos y de poder, en los partidos políticos" [95].

---

93. *El Nacional*, 18-9-87, p. D-19.
94. *El Nacional*, 11-12-87, p. D-27.
95. *El Nacional*, 20-9-87, p. D-23.

Como consecuencia, progresivamente se ha creado un clima de temor que rodea a los jueces, que lesiona su autonomía.

Lo expresaba en una frase Aquiles Monagas, en una Asamblea de Abogados en respaldo del Juez Silva Garrido, luego del espectáculo político-publicitario que se armó en torno a su polémica decisión, por la cual se lo vejó y sacó a empujones, esposado, del propio Despacho Judicial:

"los jueces tienen temor" [96].

Y con jueces temerosos, no hay autonomía judicial y sin autonomía de los jueces, no hay justicia, y sin justicia no hay República posible.

1 . *El Poder Ejecutivo arremete contra los jueces*

La primera mediatización de la justicia deriva de las arremetidas que sufre de parte del Poder Ejecutivo, y de los entes administrativos. En unos casos, aquél critica o alaba sentencias (sistema de premio y castigo); en otros casos, simplemente desacata las decisiones judiciales.

Hace diez años lo decíamos:

"El desprestigio se refleja en la ciudadanía en una falta de confianza en la independencia y autonomía de dicho Poder. Y, más todavía: la falta de confianza ha sido alimentada por el propio Poder Ejecutivo al felicitar, por ejemplo, a jueces que han dictado decisiones en las que tenía interés el gobierno, o

----

96. *El Universal,* 26-9-87, p. 1-37.

al censurar la actitud de jueces que adoptaron decisiones que no satisfacen a los gobernantes" [97].

Así, el Presidente Carlos Andrés Pérez, por lo menos en dos ocasiones, se refirió públicamente a actuaciones de los Tribunales: en un caso, aprobando la sentencia (reconocimiento), en otro caso, criticando la decisión (señalamiento). Lo reconoció el Primer Vice-Presidente de la Cámara de Diputados en 1977, Carlos Canache Mata y lo justificó por el carácter "excepcional" de la intervención en relación a materias que habían causado alarma y confusión nacional [98].

Por ejemplo, en 1977, la Presidencia de la República, en "comunicado" relativo al caso de la compra de un avión presidencial, puso en tela de juicio la honestidad y buen nombre del juez que conocía del asunto, al señalar que una decisión suya comprometía la moral pública. En consecuencia, el Juez Omar Riobueno Tremaria, decidió no continuar conociendo en el caso del avión presidencial [99].

Anteriormente, Octavio Lepage, Ministro de Relaciones Interiores, en el caso de unos extranjeros (hindú y norteamericano) puestos en libertad por decisión judicial después de ser denunciados por intento de soborno contra funcionarios, señaló que

"existen obstáculos en el Poder Judicial que a veces entraban algunas averiguaciones" [100].

---

97. Allan R. Brewer-Carías. Declaraciones al diario *El Nacional,* 1977, en A. Peña (entrevistas), *Democracia y Reforma del Estado,* cit., p. 510.
98. *El Nacional,* 7-5-77, p. C-11.
99. *El Nacional,* 8-2-77, p. D-12.
100. *El Nacional,* 17-2-75, p. D-12.

Ha sido frecuente, por tanto, la intromisión del Poder Ejecutivo en las actividades judiciales. El ex-Presidente Luis Herrera Campíns, sobre los casos de los jueces F. Ruiz Becerra y Delia Estaba Moreno (caso Banco Industrial de Venezuela), denunciaba al gobierno por la

> "conducta de insinuaciones sobre las decisiones del Poder Judicial que significan una peligrosa intromisión en desmedro de la autonomía [101].

El ex-Presidente Rafael Caldera, más recientemente, en torno al caso del Juez Silva Garrido señalaba

> "A veces se toman actitudes en el Poder Ejecutivo que le quitan reconocimiento a la majestad y dignidad que debe tener el juez" [102].

El propio Juez Silva Garrido, al salir en libertad reclamaba el "derecho de réplica y a la objetividad periodística",

> "Ya que por los intereses creados, el Ejecutivo me expuso al escarnio y desprecio públicos, pisoteando mi honor y mi dignidad" [103],

señalando que en su sentencia,

> "Tenía que decidir de acuerdo a la línea del Gobierno o ajustado a derecho y al mandato de mi conciencia" [104].

El problema, en todo caso, se ha agravado y generalizado progresivamente. Algunos casos recientes son la muestra más evidente de ello.

---

101. *El Nacional,* 8-10-84, p. D-1.
102. *El Nacional,* 5-10-87, p. D-8.
103. *El Universal,* 4-10-87, p. 4-32.
104. *Idem.*

A. *Primer Caso:* El amparo respecto al RAP

La Juez Gisela Parra de Castro, Juez Superior VI de lo Contencioso-Tribuntario, declaró con lugar un recurso de amparo en relación a los derechos que causa el Registro Automotor Permanente (4-5-87)[105]. En definitiva, apelada la sentencia, el asunto fue decidido por la Corte Suprema de Justicia (6-8-87) declarando sin lugar el amparo, por no ser la vía adecuada en derecho[106]. En el ínterin, la Juez había sido atacada públicamente por funcionarios del Ministerio de Transporte y Comunicaciones, e incluso se divulgaron coincidencialmente algunas cuestiones relativas a la vida privada de la Juez.

Como lo destacó Jesús Petit D'Acosta, Magistrado del Consejo de la Judicatura:

"Al fracasar en su intento de intimidar a la juez, quien se mantuvo firme en su posición, el Gobierno usó el condenable método de valerse de una publicación oficiosa para difundir toda clase de infamias contra aquella honorable magistrada, sacando a relucir intimidades de un conflicto familiar suscitado por el reparto de una herencia. El objeto de esta acción innoble era el de advertir a los jueces con criterio propio e independiente, de que sus sentencias en contra del Gobierno tendrían por réplica el uso de los medios de comunicación para desprestigiarlos y difamarlos. De este modo esperaban sembrar el terror entre los jueces, ante la circunstancia de que no había

---

105. *El Universal,* 16-5-87, p. 1-30.
106. *El Universal,* 8-8-87, p. 1-16. Véase el comentario a la sentencia, del Consultor Jurídico del MTC, *El Nacional,* 22-8-87, p. A-4.

respeto para su vida familiar e íntima, ni para la dignidad de su persona" [107].

Ello llevó a la Juez, posteriormente, a quejarse de que

"hay una campaña orquestada, sistemática, supuestamente orientada por un sector, para desacreditar al Poder Judicial Venezolano, lo cual resulta sumamente peligroso para la democracia porque, salvo casos aislados, el Poder Judicial es honesto, capaz y está cumpliendo sus funciones a cabalidad" [108].

B. *Segundo Caso:* El amparo respecto de la Orquesta Sinfónica de Venezuela

La Sociedad Civil Orquesta Sinfónica de Venezuela introdujo un recurso de amparo por ante el Juzgado Cuarto de Primera Instancia en lo Civil, del cual conocieron tanto el Juez titular, Alirio Abreu Burelli, como el Juez Suplente, César Augusto Montoya. Las decisiones del Juzgado acordaron que el CONAC debía entregar a la OSV la suma de dinero presupuestada para subsidiarla (17-8-87) [109]. Luego de varias incidencias y de otra decisión de la Corte Primera de lo Contencioso-Administrativo en otro amparo solicitado por otra sociedad constituida como OSV, el CONAC, en aviso publicado en la prensa, señalaba que

"han quedado en evidencia los atropellos jurídicos del Tribunal 4º de Primera Instancia en lo Civil contra el Patrimonio del Estado" [110].

---

107. *El Nacional,* 2-9-87, p. D-13.
108. *El Nacional,* 9-11-87, p. D-23.
109. Véase las informaciones en *El Nacional,* 26-8-87, p. C-1; *El Universal,* 26-8-87, p. 4-1; *El Nacional,* 4-9-87, p. D-16; *El Universal,* 16-9-87, p. 4-1.
110. *El Universal,* 17-9-87, p. 1-20.

En una asamblea de jueces y abogados celebrada el 7-9-87, se denunció a la Ministra de Estado para la Cultura, Paulina Gamus, por "no sólo haber irrespetado al Poder Judicial utilizando un lenguaje desconsiderado" sino por desacatar decisiones judiciales y denunciar personalmente a los jueces que tomaron las decisiones contrarias al CONAC "para amedrentar a los jueces" [111].

Tanto el Juez Abreu Burelli como el Juez Montoya fueron denunciados ante la jurisdicción de Salvaguarda del Patrimonio Público por sus decisiones en el caso por el CONAC; y la Ministra de Estado para la Cultura señaló ante el Juzgado XXIII de Primera Instancia en lo Penal y de Salvaguarda del Patrimonio Público, que estos jueces habían "actuado a favor de particulares pidiendo que se les haga entrega de un dinero que no les corresponde" [112], agregando en declaraciones a la prensa sobre el desacato a cumplir la sentencia de amparo:

> "que no tiene por qué acatar lo que es inacatable porque es ilegal y que, de hacerlo, incluso violaría la Ley de Salvaguarda" [113].

Luego, en más de una ocasión se corrieron rumores de que contra los Jueces Abreu y Montoya se había dictado auto de detención, lo cual afortunadamente no sucedió [114].

---

111. *El Universal*, 8-9-87, p. D-17; *El Universal*, 8-9-87, p. 1-23.
112. *El Nacional*, 28-8-87.
113. *El Universal*, 28-8-87.
114. *El Universal*, 8-10-87, p. 1-31. El Juez Montoya declaró a la prensa al preguntársele sobre los rumores de su inminente detención, "que de ser cierto el rumor, aspiraba a que se le diera chance de entregarse "antes de maniatarme". *Idem.*

Sobre este hecho, el Magistrado del Consejo de la Judicatura, Jesús Petit D'Acosta, ha señalado:

"El gobierno interpretó la actitud de estos jueces que no había bastado el escarmiento hecho en la persona de la Juez Parra. Procedió entonces a tomar medidas más enérgicas. Ha pedido que se le abra juicio penal a estos dos jueces. Su delito sería el haber amparado a unos ciudadanos que ocurrieron ante ellos. Pues bien, lo que este Gobierno no ha hecho con los atracadores y asaltantes que andan sueltos por las calles, cometiendo fechorías, pretende hacerlo con jueces honestos y dignos, que gozan del respeto de los abogados y de la comunidad. Quiere meterlos en la cárcel, donde deberían estar únicamente los asesinos y ladrones, para que todos los jueces entiendan que no les está permitido sentenciar en contra del Gobierno, porque el que ose hacerlo va directo a un calabozo" [115].

En definitiva, es la técnica del "terrorismo judicial", pero utilizada por el Poder Ejecutivo contra los jueces.

C. *Tercer Caso:* El amparo a Isa Dobles contra Radio Suave

Ante el mismo Juzgado IV en lo Civil del Distrito Federal y Estado Miranda, Isa Dobles solicitó un amparo constitucional respecto de su programa "Botón de Arranque" en Radio Suave [116], programa particularmente crítico al Gobierno del Presidente Lusinchi. El amparo fue acordado (18-8-87) pero sólo fue al mes de esta decisión que el programa

---

115. *El Nacional,* 2-9-87, p. D-13.
116. *El Universal,* 3-9-87, p. 1-5; *El Diario de Caracas,* 16-9-87, p. 5.

volvió al aire [117] con la ayuda de la Policía Metropolitana, y a pesar de la oposición del dueño de la emisora. Los efectos de la decisión judicial, sin embargo, no duraron mucho tiempo más, pues el 21-10-87, el Ministerio de Transporte y Comunicaciones decidió cerrar temporalmente a Radio Suave,

> "por las irregularidades que vienen ocurriendo en la programación ordinaria de esa empresa a través del programa "Botón de Arranque", "hasta tanto exista una razonable certeza de que la programación de la emisora se encuadre dentro de los lineamientos de nuestro ordenamiento legal",

es decir, hasta tanto desapareciera el Programa que salía al aire en virtud de un amparo judicial.

Ello se consideró por René Molina, abogado de la recurrente, como

> "la evidencia de cómo el Ejecutivo, de una manera arbitraria, pretende eludir los efectos de la sentencia emitida a favor de la libertad de expresión dictada por un tribunal" [118].

De todos estos casos de reacciones del Ejecutivo contra el Poder Judicial, calificados por el Magistrado del Consejo de la Judicatura Jesús Petit D'Acosta, como "el mayor atentado contra el Estado de Derecho que se haya consumado durante

---

117. *El Nacional,* 16-9-87, p. B-22. Un año después, la sentencia definitiva de amparo en este caso, concilió los derechos en juego. Una reseña periodística de julio de 1988 señala que el juez consideró que así como la libertad de expresión es un derecho consagrado en la Constitución, también lo es el derecho a la propiedad, por lo que "el amparo no implica gratitud en los medios de comunicación social", *El Nacional,* 16-7-88, p. D-22. Véase además, la información sobre el tema en *El Nacional,* 17-9-88 p. D-4.
118. *El Nacional,* 22-10-87, p. B-30 y 23-10-87, p. B-30.

el presente período constitucional", este Magistrado concluyó señalando:

> "El gobierno está alzado contra el Poder Judicial, intimida a los jueces que se han atrevido a darle amparo a los ciudadanos que lo han pedido para protegerse de la arbitrariedad y de la prepotencia de altos funcionarios, concretamente Ministros, quienes consideran que están por encima de la Constitución y de las leyes. Ya no se conforma el Gobierno con perseguir y hacer destituir a los jueces que no son de su simpatía; ahora quiere meterlos en la cárcel, por el solo hecho de sentenciar en contra suya, para acabar de una vez por todas con la pretendida independencia de los Tribunales" [119].

2. *El desacato de funcionarios contra las decisiones judiciales*

En todo caso, el desacato del Ejecutivo a las decisiones judiciales, no es una situación nueva. Basta recordar lo sucedido en relación a la destitución de un Director del Banco Central de Venezuela en 1978. En efecto, el Presidente de la República, por Decreto Ejecutivo, Nº 2.667 destituyó del cargo de Director Principal del Banco Central de Venezuela al Dr. José Miguel Uzcátegui, nombrado por un período de 2 años. Impugnado el Decreto ante la Corte Suprema de Justicia, el Máximo Tribunal declaró la nulidad del Decreto por violación de la Ley de Banco Central de Venezuela en sentencia de 17-10-78. El Ejecutivo desacató la sentencia y se negó a reincorporarlo al cargo [120], pues ya había dictado un nuevo Decreto, el Nº 2.855 el 15-9-87, removiendo de

---

119. *El Nacional,* 2-9-87, p. D-13.
120. *El Nacional,* 12-11-78, p. D-13; y 14-11-78, p. D-24.

nuevo del cargo a Uzcátegui. Así, declaró el Ministro de la Secretaría de la Presidencia, Carmelo Lauría, "se mantiene la destitución del economista José Miguel Uzcátegui" [121].

La decisión de la Corte Suprema, en esta forma, había sido irrespetada y no pudo cumplirse.

Pero la actitud de funcionarios públicos de desacato al Poder Judicial nunca se manifestó tan abiertamente durante todo el período democrático, como en 1988, al haber declarado públicamente por la prensa y la televisión, el Presidente del Concejo Municipal del Distrito Sucre del Estado Miranda, Humberto D'Ascoli, frente a una sentencia de amparo contra normas, de un Juez competente de Primera Instancia en lo Civil, que ordenó desaplicar un artículo de un Reglamento Municipal por violar derechos constitucionales, que

"Nos declaramos en completa rebeldía, puesto que consideramos la sentencia un exabrupto por parte del Juez" [122].

Así, de un solo golpe, Humberto D'Ascoli, de profesión abogado, quebrantaba la base más esencial del Estado de Derecho que impone la obligación a todos, funcionarios y ciudadanos, de acatar las decisiones judiciales, pues sólo los jueces pueden resolver los conflictos de intereses. Lo contrario es lo que el Estado de Derecho precisamente quiso sustituir, es decir, la "Ley de la Selva", de manera que nadie se haga justicia por sus propias manos.

Pero ¡no! No sólo el funcionario "en un alarde de soberbia que escandaliza y desafía el Estado de Derecho" como

---

121. *El Universal,* 11-11-78, p. 1-13.
122. *El Diario de Caracas* 30-9-88, p. 21.

lo calificó el Director de la Escuela de Derecho de la Universidad Central de Venezuela [123], desafiaba a la justicia y caía en una conducta tipificada en el Código Penal como falta [124] y en la propia Ley de Amparo como delito [125], sino que incitaba a delinquir a los funcionarios inferiores. Declaró así a la prensa:

> "Como defensor del interés colectivo (sic), voy a instruir al Ingeniero Municipal para que por ningún motivo cumpla con esa decisión, aunque se me tilde de rebelde, porque la considero un exabrupto jurídico que atenta contra el desarrollo urbano de la ciudad y violenta un reglamento municipal que sólo puede soslayar la Corte Suprema de Justicia" [126].

Esa sola declaración pública configuraba el supuesto delictivo de la incitación a delinquir prevista en el artículo 284 del Código Penal [127], pero ningún Fiscal del Ministerio Pú-

---

123. Jorge Pabón, *El Nacional,* 17-9-88, p. C-3. Omar Alberto Corredor V. escribió posteriormente: "Contemplamos con indignación cómo el Presidente del Concejo Municipal del Distrito Sucre, reaccionó *ab Irato* contra la decisión de un juez constitucional, y llamó arbitrariamente al desacato y a la desobediencia a la orden del tribunal. Es el desprecio a los pocos vestigios que aún quedan del Estado de Derecho en el país". *El Universal,* 24-10-88, p. 1-5.

124. El artículo 485 del Código Penal castiga como falta al que "hubiere desobedecido una orden legalmente expedida por la autoridad o no haya observado alguna medida legalmente dictada por dicha autoridad en interés de la justicia".

125. El artículo 31 de la Ley Orgánica de Amparo castiga con prisión de 6 a 15 meses a "quien incumpliese el mandamiento de amparo constitucional dictado por el Juez".

126. *El Nacional,* 19-9-88, p. C-7.

127. Dicha norma castiga con penas de prisión y presidio a "cualquiera que instigare, públicamente, a otro a cometer una infracción determinada, por el solo hecho de la instigación".

blico se tomó la molestia de partir de la *noticia criminis* para iniciar el proceso penal. Al contrario, el resto de los concejales en lo que se calificó "un acto histórico y sin precedentes", como en efecto lo fue por absurdo y ajurídico, respaldaron unánimemente la actitud del Presidente del Concejo [128], y el Ingeniero Municipal que quiso respetar el Estado de Derecho y acatar la decisión judicial se vio obligado a renunciar, seguramente antes de ser destituido [129]. Lamentablemente, algunos periodistas calificaron la sensata actitud de dicho funcionario, que actuó ajustado a la Ley, como "caricaturesca", quedando los Concejales que lo incitaron a delinquir, como héroes [130], apoyados, por supuesto, por dirigentes vecinales [131].

3. *El Poder Legislativo ignora al Poder Judicial*

La falta de respeto por las decisiones judiciales también las ha tenido en alguna oportunidad el propio Congreso de la República. Basta recordar la celeridad de la reforma de la Ley del Trabajo después de una célebre sentencia de la Corte Suprema de Justicia sobre derechos laborales, que había provocado toda suerte de epítetos contra el Alto Tribunal.

En efecto, la Sala de Casación Civil de la Corte Suprema de Justicia, en sentencia de 21-4-83, consideró que la re-

---

128. *El Diario de Caracas,* 14-9-88, p. 26; *El Diario de Caracas,* 16-9-88, p. 22.
129. *El Nacional,* 16-9-88, p. C-3; *El Diario de Caracas,* 16-9-88, p. 22.
130. Graciela García, *El Nacional,* 16-9-88, p. C-3.
131. *El Diario de Caracas,* 12-9-88, p. 32. Posteriormente, en una absurda sentencia de un Juez Superior, se "amparó" al Concejo Municipal, anulándose la sentencia que dicho órgano se había negado a acatar.

forma de la Ley del Trabajo adoptada por Decreto Ley Nº 124 de 31-5-74, que estableció los derechos de indemnización por antigüedad y cesantía, como derechos adquiridos, no permitía que se interpretase que esos derechos debían liquidarse en base al último salario, sino que como debían abonarse anualmente, estimó que eran derechos adquiridos año a año, y que ingresaban anualmente al patrimonio del trabajador, conforme al salario de cada año.

Dos meses después (21-6-87) "ante la forma escandalosa, llena de infundios contra el más Alto Tribunal", los Magistrados de la Sala de Casación Civil tuvieron que publicar un "Comunicado" (hecho poco común) en el cual rechazaban

> "los irrespetos al Máximo Tribunal y por ende a sus Magistrados… consideramos deber ineludible destacar, como alerta al país nacional, nuestra preocupación por esa conducta, a todas luces condenable, porque revela algo mucho más grave dentro de la actual crisis nacional, o sea, el aprovechamiento de cualquier coyuntura, para desconocer el Estado de Derecho, base de nuestra institucionalidad democrátiáca" [132].

Al mes siguiente, en todo caso, vino la respuesta del Congreso: la Ley del Trabajo había sido reformada para que no pudiera producirse otra decisión como la que había adoptado la Corte [133].

Pero la actitud del Congreso de ignorar al Poder Judicial se ha evidenciado en otras ocasiones. Por ejemplo, respecto de la propia labor legislativa del Congreso, los Magistrados

---

132. *El Diario de Caracas,* 21-6-83, p. 8.
133. Reforma del 11-7-83.

274

de la Corte Suprema de Justicia se han quejado de que el máximo tribunal nunca es oído por las Cámaras en la labor de redacción de textos legales que luego es la Corte la que tiene que aplicarlos. Así, el Presidente de la Sala de Casación Civil, en agosto de 1988 expresaba

"pedimos que se nos tome en cuenta para que no sigamos enterándonos sorpresivamente cuando se concluye un texto legislativo" [134].

La poca importancia que los miembros de los cuerpos legislativos dan a la propia Corte Suprema de Justicia, en todo caso, quedó evidenciada con la siguiente reseña noticiosa publicada en primera página de la prensa en agosto de 1988:

"El Congreso dejó esperando al Tribunal Supremo. Unicamente el diputado Gehard Cartay asistió al acto en el que el Congreso de la República participaría a la Corte Suprema de Justicia la finalización de las sesiones ordinarias de 1988. Los demás parlamentarios de la comisión designada, cinco senadores y ocho diputados, dejaron esperando a los Magistrados, quienes iniciaron un alto en sus vacaciones para atenderlos en el salón protocolar del máximo tribunal de la República. La sesión comenzó con hora y media de retraso y trece sillas vacías, en lo que fue calificado como un irrespeto" [135].

4. *Las presiones políticas al Poder Judicial*

La mediatización efectiva del Poder Judicial, en todo caso, resulta de las presiones políticas contra los jueces, las cuales no necesariamente provienen de los órganos del Estado, sino del sistema político en general: la partidocracia. De allí la

---

134. Aníbal Rueda, *El Nacional,* 27-8-88, p. D-12.
135. *El Nacional,* 27-8-88, p. A-1; *El Universal,* 27-8-88, p. 1-1.

afirmación rotunda de uno de los candidatos presidenciales en la campaña electoral de 1988:

"el Poder Judicial está parcializado políticamente" [136].

Este proceso de configuración del Estado de Partidos, que minimiza la autonomía de los jueces y desacredita la Justicia, ha quedado resaltado en algunos casos recientes, que deben destacarse.

A. *Primer Caso:* El divorcio del Presidente de la República (1987-1988)

El Presidente de la República durante el período constitucional 1984-1989, Dr. Jaime Lusinchi, con todo el derecho que le otorga la legislación civil, intentó en 1987 un juicio de divorcio contra su esposa, Gladys Castillo de Lusinchi.

El divorcio es una institución civil que en Venezuela está establecida desde el siglo pasado —muchísimos años antes, por tanto, que las recientes reformas legales de los países latino-europeos—, pero definitivamente nunca, ninguna persona en ejercicio de la Presidencia de la República se le había ocurrido acudir a ella, para separarse legítimamente de su cónyuge.

Este solo hecho, sin duda, hizo de un asunto civil un problema político nacional, por sus diversas implicaciones, las cuales, lamentablemente, apuntaron hacia el Poder Judicial.

La parte demandada, nada menos que la esposa del Presidente de la República, se encargó de resumir su situación frente al Poder, y ante el Poder Judicial, así:

---

136. Eduardo Fernández, *El Nacional*, 13-3-88, p. D-5.

"Las cosas están pasando como se planearon desde Miraflores. La manipulación de los jueces es obvia" [137].

Y agregó en otra ocasión, luego de referirse a las "presiones ejercidas por los hilos invisibles del Poder" [138], que

"Este caso, además de pretender declarar disuelto un vínculo matrimonial por causas que no son las verdaderas, pone en juego, una vez más, el prestigio del Poder Judicial, que ha sido pisoteado con las manipulaciones, tergiversaciones y presiones de un grupo de allegados circunstanciales del Presidente".

Concluía, agregando:

"Si el Poder Judicial se pliega al Ejecutivo, no hay democracia. No tenemos Estado de Derecho. . . Se están socavando las bases del Poder Judicial; con ello se está liquidando la democracia" [139].

De esta situación denunciada por la esposa del Presidente, se hizo eco uno de los líderes fundamentales del Partido de Gobierno y miembro de su Comité Ejecutivo Nacional, Luis Piñerúa Ordaz, diciendo:

"el divorcio es producto de una grosera manipulación e intimidación de los jueces" [140].

---

137. *El Nacional,* 1-6-88, p. D-12.
138. *El Diario de Caracas,* 27-5-88, p. 19.
139. *El Diario de Caracas,* 3-6-88, p. 24. La esposa del Presidente ratificó sus denuncias de manipulación al Poder Judicial y a la propia Corte Suprema de Justicia por parte del "Presidente de la República y sus abogados" en octubre de 1988. Acusó a su esposo de dar la siguiente orden a sus abogados: "Divorcio a como dé lugar, no importan procesos, normas, instancias, criterios jurisprudenciales, doctrinas, lo importante es que salga rápido", *El Diario de Caracas,* 29-10-88, p. 24.
140. *El Nacional,* 4-6-88, p. D-1.

Por ello, la esposa del Presidente señalaba en forma angustiosa a los medios de comunicación:

"Me siento desamparada frente al Poder en este caso, no ha habido ni igualdad, ni libertad ni sana administración de justicia" [141].

¡No tenemos que imaginarnos lo que pudiera ocurrirle a un ciudadano común, al pobre mortal, si sólo lo llegase a tocar algún mínimo filamento del Poder!

En todo caso, el problema judicial del divorcio del Presidente de la República fue un problema político nacional. Algunos Magistrados del Consejo de la Judicatura, incluso, reconocieron que "la Primera Dama fue víctima de una maniobra" ejercida por determinado Juez Superior que conoció del caso, y que supuestamente tendría vínculos con el Presidente de la República; razón por la cual había sido recusado y denunciado al Consejo de la Judicatura, órgano que en este caso no actuó con la celeridad con que habría actuado en otros casos [142]. Todo ello había llevado al principal partido de oposición a afirmar que en este caso:

"El Poder Judicial fue puesto en función del interés del Presidente" [143].

Y la Iglesia, incluso, terció en el debate a través de voceros calificados. El Arzobispo de Valencia, en efecto, dijo

---

141. *El Universal*, 9-12-87, p. 1-14.
142. *El Universal*, 7-6-88, p. 13; *El Universal*, 10-6-88, p. 1-27; *El Nacional*, 10-6-88, p. D-14; *El Diario de Caracas*, 10-6-88, p. 2. Véase el reportaje de Roberto Romanelli en el cual establece un símil entre el caso del Juez J. M. Céspedes y el Juez Silva Garrido, *El Universal*, 16-6-88, p. 1-35.
143. *El Universal*, 27-4-88, p. 1-28.

278

en abril de 1988, en relación a alguna de las múltiples incidencias del proceso:

> "Esta sentencia lo que ha puesto de manifiesto es la corrupción que existe en el Poder Judicial de Venezuela, en el cual definitivamente no se puede confiar porque está en manos de un grupo que favorece a los poderosos" [144].

B. *Segundo Caso:* La justicia "electoral" (1988)

La presión y utilización de la justicia como arma electoral, fue denunciada progresivamente durante el proceso electoral de 1988.

El Secretario General de Copei, principal partido de oposición, Dr. Enrique Pérez Olivares quien fue Decano de la Facultad de Derecho de la Universidad Central de Venezuela y profesor de Derecho Administrativo por muchos años, lo denunció en junio de 1988:

> "Pareciera que de la fase del divorcio del Presidente estamos ahora en una situación generalizada de manipulación de la justicia como arma electoral. Esto es un hecho grave desde el punto de vista institucional, pues se está tocando la base misma del Estado de derecho" [145].

Así, se utilizó la vía judicial para demandar a algunos parlamentarios del principal partido de oposición [146]; y para denunciar penalmente a familiares del candidato presiden-

---

144. *El Nacional*, 20-4-88, p. D-15. En similar sentido declaró el Obispo de Maracaibo. *Idem.*
145. *El Nacional*, 15-6-88, p. D-2.
146. *El Nacional*, 16-6-88, p. D-29; *El Universal*, 16-6-88, p. 1-35.

cial de dicho partido de oposición. En este último caso, sin embargo, cuando el Juez competente dictó una decisión absolutoria, el sub-jefe de la Fracción Parlamentaria del partido de gobierno, calificó la decisión como un "madrugonazo judicial" [147].

El Partido Copei, principal partido de oposición, ratificó su apreciación en un Documento de su Comité Nacional, del uso de la justicia como arma electoral, destacando que ha sido

"una tradición la utilización por parte de Acción Democrática de los Tribunales para perseguir a adversarios políticos" [148].

Todo ello contribuía, por supuesto, al deterioro progresivo de la imagen del Poder Judicial, que se percibía como manipulado políticamente. Así lo expresaba, incluso, un Magistrado del Consejo de la Judicatura, Jesús Petit D'Acosta, al referirse a la "crisis de la justicia penal":

"A) La política judicial del partido AD se ha centrado en el control de la justicia penal con fines políticos.

En la ejecución de su política judicial, dicho partido ha demostrado eficacia, puesto que ha conseguido el objetivo que se propuso alcanzar. Con razón el diputado Homero Parra ha dicho lo siguiente: *"Soy jefe de jueces.* Soy secretario general de profesionales y técnicos de AD. *De mí depende en buena parte el funcionamiento del Poder Judicial"*. (Entrevista por radio con Pedro Romera, publicada en 2001). Sus palabras revelan la mentalidad predominante en el partido gobernante.

---

147. *El Universal,* 13-8-87, p. 1-21.
148. *El Universal* 20-7-88, p. 1-13; *El Nacional,* 20-7-88, p. D-1. Véase además las declaraciones de José Guillermo Andueza, ex-Procurador General de la República, *El Nacional,* 15-8-88, p. D-2.

B)   La hegemonía partidista en los tribunales penales, condición esencial para la manipulación, se ha visto complementada con el control partidista de la distribución de expedientes y con la designación de instructores especiales cada vez que ha sido necesario.

C)   La manipulación política de la justicia penal ha tenido, entre otros efectos, los siguientes: a) Ha contribuido a la ineficiencia de la justicia penal, porque los jueces distraen su tiempo en asuntos de exclusivo interés político con desmedro de la atención que deberían dispensarle al enjuiciamiento de los delincuentes comunes. Mientras los jueces están ocupados en el juego político, el hampa agrede impunemente a la población y las cárceles rebosan de presos sin condena; y, b) Ha sido factor determinante del clima de inseguridad jurídica, de la desconfianza general en los jueces y del deterioro intelectual y ético del Poder Judicial.

D)   La manipulación partidista de los jueces penales propicia la corrupción judicial, porque *la manipulación con fines políticos degenera fácilmente en manipulación con fines mercenarios*" [149].

5.   *La presión de grupos externos: las campañas de opinión y el vapuleo del Poder Judicial*

Pero quizás, la mediatización más certera contra el Poder Judicial y la lesión más directa contra la autonomía de los jueces, están en la campaña de opinión que los medios de comunicación, cíclicamente, desarrollan contra la justicia, sea por la difusión de los atentados que el Poder Ejecutivo ha realizado contra los jueces, sea por intereses propios de los periodistas o columnistas.

---

149. *El Universal*, 27-8-88, p. 1-4.

A. *Los periodistas vs. los jueces*

Un caso muy difundido en 1975, es un ejemplo de ello. En efecto, el Juez 5º de Instrucción, Ricardo Vera Delgado, dictó auto de detención por difamación e injuria contra la Junta Directiva del Sindicato Nacional de Trabajadores de la Prensa. El Ministro de Estado para la Información, Guido Grooscors, calificó "a título personal y en su condición de periodista" pero no de Ministro del Ejecutivo (?), que era "preocupante que se adopte este tipo de decisiones" [150]. Los periodistas repudiaron la decisión en comunicados gremiales:

> "si los jueces van a actuar como éste de ahora, estarán poniendo la justicia, la administración de la justicia, al lado de una de las partes" y anunciaron "paro nacional de la prensa" [151].

Gonzalo Barrios, Presidente del Congreso, señaló que "si él hubiese sido Juez no habría dictado el auto de detención que suscribió el Juez Quinto de Instrucción", lo que provocó la reacción de abogados que consideraron tales declaraciones como "imprudentes, incomprensibles e injustificables" pues los periodistas no pueden gozar de "fueros especiales" [152].

Jóvito Villalba criticó a Gonzalo Barrios de incurrir en una "barata politiquería hacia los periodistas" al emitir sus declaraciones que consideró debilitaban "la independencia y la dignidad de la Magistratura" [153].

---

150. *El Nacional*, 26-11-75, p. C-10.
151. *Idem.*
152. *El Universal*, 3-12-75, p. 2-1.
153. *Idem.*

282

Frente a todo ello, el Consejo de la Judicatura publicó un comunicado señalando que "los jueces en el ejercicio de sus funciones propias no pueden ni deben estar sometidos a presiones de ninguna naturaleza, por ningún grupo o personas naturales o jurídicas", considerando "contrario a la Constitución, a la Ley, la actitud de cualquier persona o grupo que tienda a presionar a los jueces" [154].

Más recientemente se destaca otro ejemplo de la presión de los periodistas contra los jueces.

Después de un largo proceso civil por daños y perjuicios iniciado por la madre del periodista Carlos Moros Rodríguez, fallecido en el accidente de la planta de Tacoa, de la Electricidad de Caracas, C.A., contra dicha empresa, proceso que en primera instancia había sido declarado con lugar, el Juez Superior Primero en lo Civil, Dr. José Ramón Burgos Villasmil, dictó sentencia revocando la decisión, exonerando de responsabilidad a la empresa demandada.

El Colegio de Periodistas, a través de su Secretario General en el Distrito Federal, al conocer la decisión en julio de 1988, endilgó todo tipo de epítetos tanto a la decisión como al propio Juez. La sentencia fue calificada de "parcializada" e "insólita" [155], y el Juez fue "denunciado ante el Consejo de la Judicatura" señalándose que estaba "descalificado para ejercer la responsabilidad de administrar justicia", por lo que se pidió su destitución "a fin de mantener la majestad del Poder Judicial" [156].

---

154. *El Nacional,* 30-11-75, p. C-6.
155. *El Diario de Caracas,* 8-7-88, p. 18.
156. *El Nacional,* 14-8-88, p. D-27; *El Diario de Caracas,* 22-8-88, p. 31.

Esto ponía en evidencia, una vez más, que los periodistas, por la fuerza que les dan los medios de comunicación, siempre pretenden ser inmunes a la justicia, siendo por tanto "injusta" toda decisión que no se adecúe a sus intereses.

B. *La justicia periodística*

Pero los medios de comunicación, en más de una ocasión, se han convertido en jueces de los procesados y de los propios jueces. Se trata de lo que Mariano Arcaya ha denominado la "justicia periodística" [157].

Por ejemplo, en 1982, la Juez Delia Bolívar, Juez Superior de Menores, se quejaba por el giro publicitario que se le había dado al caso del cantante D'León, procesado por algún delito de menores, y decía:

> "la condición de intérprete de ritmos populares con una misión de recrear no le da a nadie un fuero especial para tratar o ser tratado... no se puede generar situaciones de privilegio porque no se puede ennoblecer una actitud violatoria de la moral y de las buenas costumbres" [158].

Las páginas de farándula, así, habían absuelto al cantante y los jueces quedaban mediatizados por el giro publicitario. Pero ¿cuántas veces no es la prensa la que condena, de antemano, una situación?

Volvamos al caso del Juez Silva Garrido. La prensa lo condenó; lo condenaron los periodistas; lo condenaron los

---

157. *El Nacional*, 30-3-88, p. D-15.
158. *El Nacional*, 10-11-82, p. D-16.

284

medios de comunicación, sin duda, instigados por la paranoia colectiva que deriva de la lucha contra el abuso de las drogas. Su detención policial fue insólita, como lo señaló el Magistrado Petit D'Acosta, del Consejo de la Judicatura:

"No bastó con insultar a los jueces, con presionarlos, hostigarlos y atemorizarlos. Llegóse al extremo de la humillación, haciendo un espectáculo indignante de una medida policial que ha debido practicarse con discreción. Se acabó sin piedad con la majestad de la Magistratura" [159].

En esa forma, la justicia, movida por las campañas de opinión, se mediatizó. No se puede sentenciar en medio de un estado de perturbación psíquica colectiva, basada en gritos, escándalos e injurias, como la que se ha originado en la lucha contra el tráfico de drogas. Pues de lo contrario pasa, como lo señaló Petit D'Acosta, que:

"Los jueces, descalificados con el mote infamante de narcocomplacientes, fueron suplantados por una legión de espontáneos que tomó a su cargo hacer justicia con prescindencia de los expedientes" [160].

Todo el mundo, entonces, quiere y pretende ser juez, y se presiona por que los jueces amolden sus sentencias a lo que la opinión pública, que no es espontánea sino creada y dirigida, diga. La situación del juez, por tanto, como lo ha advertido José Vicente Rangel, es delicada, porque "a la hora de sentenciar" se encuentran en la necesidad de pensar en la "reacción que su decisión provocará en el Gobierno de

---

159. *El Universal,* 31-10-87, p. 1-14.
160. *Idem.*

turno..., en los grupos económicos y de poder, en los partidos políticos"[161].

Por ello, Alberto Quiroz Corradi, como Director del *Diario de Caracas*, con razón señaló:

"Hay que darle al Poder Judicial el poder de decidir. Para eso está. Es muy peligroso convertirse en juez sin derecho ni conocimiento"[162].

Lamentablemente, como se dijo, han sido los propios medios de comunicación los que presionan a los jueces, mediatizando su autonomía de decisión; y en más de una ocasión, han sido los periodistas los que han asumido el peligroso papel de juzgar[163].

C. *La justicia vecinal*

Y ¿por que no? También habría que agregar a las asociaciones de consumidores, de vecinos, de protección ambiental, etc., que tienen buena cabida en la prensa, y que en más

---

161. *El Nacional*, 20-9-87, p. D-23.

162. *El Diario de Caracas*, 21-4-88, p. 7. Por ello, el Colegio de Abogados del Estado Guárico, en comunicado publicado en la prensa en defensa de un juez, advertía: "...el pueblo se erige como juez del juez, motivado por un sentimiento heterogéneo de justicia, emitiendo, por tanto, opiniones y hasta sentenciando sin conocimiento de causa", *El Nacional*, 21-10-88, p. D-17.

163. En este sentido, por ejemplo, en el sonado caso del "bebé congelado", la madre de la criatura señalaba: "Una máquina de escribir puede matar más que un revólver; antes de saber nada, sin haber leído el expediente ni el reporte del forense, me juzgaron y me condenaron en la calle". *El Universal*, 13-9-88, p. 1-34.

de una ocasión condicionan a la opinión pública y por tanto, a los propios jueces en sus decisiones. En estos casos, también, a la hora de sentenciar, los jueces se encuentran en la situación de pensar en la reacción que tendrán dichos grupos de intereses.

Y la presión ejercida sobre ellos viene incluso de los propios hacedores de opinión. Por ejemplo, el propio José Vicente Rangel, en un caso muy sonado de una edificación multifamiliar en la Urbanización Los Palos Grandes, que por la arbitrariedad municipal unida a la demagogia vecinal de algunos Concejales, se había ordenando demoler parcialmente, como el asunto estaba por decidirse en los Tribunales (la decisión municipal fue impugnada por ilegal y abusiva), sirvió de vehículo para ejercer presión por la prensa en contra de la Juez que decidió la causa, y que se ha caracterizado, como juez contencioso-administrativo que es, por tomar múltiples decisiones anulando actos ilegales de los Concejos Municipales de Caracas. Así, al hablar de la manipulación de la justicia, ilustró la situación —hay miles de casos—, dijo:

"el "Monstruo de Los Palos Grandes, edificación con la que se violaron todas las normas legales existentes. Los vecinos han ganado varias batallas: la de la opinión pública, la que se dio en el ámbito municipal. Pero tienen temor ahora. Corren versiones de que la juez que tiene a su cargo decidir en la jurisdicción de lo Contencioso-Administrativo lo hará a favor de los propietarios. Hay muchas presiones. De variado signo. Lo que acrecienta los temores. Algunos me han planteado el problema. Los veo preocupados y se capta en ellos escepticismo. Porque comparten la extendida reacción contra la administración de justicia en general. ¿Efectivamente se producirá, una vez más, en el ámbito judicial, una decisión frustrante para el ciudadano y contraria a la legalidad? [164].

Como se ve, Rangel ya había decidido. Se convirtió en juez; calificó de ilegal cualquier decisión que anulase los ilegales actos de la Municipalidad, y que pudiera estar en contra de las batallas "ganadas" por los vecinos: la de la opinión pública y la de la demagogia municipal. Pero para dictar su sentencia, Rangel ni había visto el expediente ni conocía la magnitud de la arbitrariedad cometida en nombre de los vecinos. ¡No! quienes representan a los vecinos, parece que siempre tienen razón; constituyen la "opinión pública", por lo que todo lo que digan es bueno, así sea ilegal.

Por su parte, Rangel sometió a la Juez a la duda pública: si ya él había sentenciado a favor de la batalla de opinión pública, por cierto muy bien dirigida en este caso por especialistas en publicidad que suelen pensar por los demás, y calificó de legal lo ilegal y arbitrario, entonces una decisión que pudiera tomar la juez, y que pudiera resultar contraria a la Municipalidad, por más ajustada a derecho y a las pruebas del expediente que fuera, según su apreciación sería producto, no de la aplicación de la Ley, sino de la influencia de los interesados!

Respecto de este caso de Los Palos Grandes, que estuvo en las páginas de los periódicos durante buena parte de los años 1987-1988, el propio Alberto Quiroz Corradi, al des-

---

164. *El Universal,* 1-11-87, p. 1-12.

288

pedirse de su cargo de Director de *El Nacional,* en su última "Nota del Director", señalaba que

"también toda noticia tiene aspectos subjetivos que requieren comentarios. Lo que no debe mezclarse en lo informativo, son las posiciones personales del periodista. Eso sí es el real peligro. Un caso ilustra el punto: El edificio llamado Monstruo de Los Palos Grandes".

concluyendo su apreciación real de que

"la inclinación natural de muchos (periodistas) era destacar la posición de los vecinos y disminuir las otras respuestas"[165].

Y efectivamente, en ese caso, los representantes de los vecinos no sólo tuvieron una cobertura permanente en los medios de comunicación, sino que tuvieron una actitud de franca presión frente a la Juez que debía decidir el caso, cuya competencia es el ejercicio del control de legalidad de las actuaciones municipales.

Así, incluso, antes de que la empresa propietaria ejerciera las acciones de nulidad contra los actos municipales que habían ordenado la demolición de unos pisos de la edificación, el Secretario Nacional de Asuntos Municipales de Copei, Orlando Contreras Pulido, anunciaba que se pediría la recusación de la juez[166]; luego, la expresidenta de FACUR, Ligia de Gerbasi, habló de "terrorismo judicial contra los vecinos", pues afirmaba, desde ese mismo momento (julio 87), que

165. *El Nacional,* 31-12-87, p. A-4.
166. *El Diario de Caracas.* 4-4-87.

"Los tribunales siempre dictaminarán en contra de los vecinos y no valen las leyes ni que las decisiones adoptadas contra los abusos de los constructores estén ajustadas a derecho"[167].

Paralelamente, un vocero de la Federación de Comunidades Urbanas (julio 87), declaraba que se pediría en ese caso
la inhibición de la juez,

"por haber demostrado en sus sentencias reiteradamente ser
una enemiga del movimiento ciudadano" [168].

Posteriormente, durante el juicio (septiembre 1987), la
Presidenta de la Asociación de Residentes de Los Palos Grandes recusó formalmente a la Juez contencioso-administrativa [169], decisión que posteriormente fue declarada sin lugar por
la Corte Primera de lo Contencioso-Administrativo, razón por
la cual, incluso, la recusante fue multada [170].

En definitiva, la Juez contencioso-administrativa de la
Región Capital, a pesar de toda la presión de los medios de
comunicación y de los grupos de presión vecinal, en junio
de 1988, sentenció en el caso sometido a su consideración,
anulando por ilegales los actos municipales que habían or-

---

167. *El Universal,* 9-7-87, p. 1-31.
168. *El Diario de Caracas,* 10-7-87, p. 4. Elías Santana, Vice Presidente
de Facur también declaraba (julio 87) que "la Juez Noelia González, está actuando reconocidamente en contra de los intereses municipales y en segundo lugar, contra los intereses de la comunidad",
El Diario de Caracas, 11-7-87.
169. *El Diario de Caracas,* 11-9-87, p. 3; *El Nacional,* 14-9-87, p. D-22.
170. *El Universal,* 7-10-87, p. 1-29; *El Universal,* 9-10-87, p. 1-33; *El
Nacional,* 9-10-87.

denado la demolición parcial del inmueble bajo presión de los grupos vecinales [171].

Ante ello, el Secretario Nacional de Asuntos Municipales del Partido Copei abogó por la existencia de un "derecho vecinal" y criticó la decisión judicial así:

"La administración de la justicia en el área contencioso-administrativa, se caracteriza por una actitud peligrosa de adversar permanentemente los planteamiento vecinales. La decisión de la juez Noelia González, no es la excepción, por el contrario es la regla. Necesitamos jueces con sensibilidad vecinal y no magistrados de laboratorio apegados a la letra de la Ley, pero desconocedores de una realidad que reclama una nueva posición a la hora de sentenciar sobre los intereses de la comunidad" [172].

Por supuesto, dicha afirmación rompía el orden jurídico. Los jueces, sin duda, no pueden, en sus sentencias, aplicar el derecho en otra forma que no sea "apegados a la letra de la Ley", sobre todo cuando se trata de jueces que controlan la legalidad de los actos de los órganos del Estado. De resto, si se permitiera a los jueces decidir conforme a otros criterios que no sean la letra de la ley, como el inexistente y moldeable "derecho vecinal" al cual hacía referencia Contreras Pulido, se desquiciaría el orden jurídico y se acabaría con el Estado de Derecho [173].

---

171. A pesar del reclamo permanente de los representantes vecinales porque se dictara sentencia (Ver, por ejemplo, *El Diario de Caracas,* 3-4-88, p. 15; *El Universal,* 6-6-88, p. 1-35), sin embargo, la sentencia fue calificada de "sorpresiva" por algún periodista: *El Diario de Caracas,* 1-7-88, p. 26.

172. *El Diario de Caracas,* 4-7-88, p. 5; *El Nacional,* 4-7-88.

173. Véase las declaraciones de refutación a lo afirmado por Contreras Pulido, de Allan R. Brewer-Carías, *El Nacional,* 5-7-88, p. C-3.

La Juez, en todo caso, había restablecido la legalidad que había sido lesionada por el Concejo Municipal del Distrito Sucre, y señaló a la prensa

> "No puedo dar la razón a los vecinos porque no la tienen. Yo soy parte de una comunidad, pero no puedo actuar como tal. . . soy sólo una juez, no puedo tomar partido por nadie" [174].

Los representantes de los vecinos, sin embargo, insistieron en que "no les sorprendía la decisión" pues venía de la misma Juez que en más de una ocasión había fallado contra el Concejo Municipal de Petare [175], respecto de lo cual algunos hacedores de opinión, sin siquiera conocer ni el expediente ni la sentencia, también se hicieron eco [176].

En esta situación, y el caso reseñado es una muestra, sólo jueces serios, que no basan sus sentencias en lo que diga la prensa, salvan la Judicatura, particularmente como en el caso de los jueces contencioso-administrativos que tienen que controlar las arbitrariedades y desafueros de las autoridades ejecutivas, incluidas los Municipios. Pero éstos también reaccionan: más de una vez han pretendido denunciar ante el

---

174. *El Diario de Caracas,* 2-7-88, p. 20. Otro magistrado, el Juez Manuel Magaldi, de Primera Instancia en lo Civil, al comentar su decisión en un juicio de amparo, de desaplicar una norma reglamentaria municipal, señaló: "Yo tengo que sentenciar en base a los expedientes y no en base a que miles de vecinos estén pegando gritos por allá. Incluso yo vivo en el sudeste, pero como juez tengo que apegarme al derecho establecido". *El Diario de Caracas,* 15-9-88, p. 22.

175. *El Nacional,* 2-7-88.

176. Por ejemplo, Oswaldo Alvarez Paz, atribuyó a la Juez haber "interpretado caprichosamente" las Ordenanzas, *El Diario de Caracas,* 1-8-88, p. 4.

292

Consejo de la Judicatura a los jueces que controlan las ilegalidades que cometen. Así, los órganos sometidos a control también quieren zafarse de ello, y presionan para quitar y nombrar los jueces contralores de sus actos!

En todo caso, lo cierto, como lo dijo el Magistrado Petit D'Acosta, del Consejo de la Judicatura, es que

"La demagogia no cabe en el templo de la ley, ya que los jueces, no pueden sustentar sus fallos en las encuestas de popularidad, sino en las pruebas existentes y aportadas en juicio[177].

D. *Los abogados vs. los jueces*

Pero la falta de respeto a las decisiones judiciales viene también de los propios abogados, cuyos órganos gremiales no aceptan decisiones judiciales en su contra. Recordemos, así, que la Corte Suprema de Justicia (Sala Político-Administrativa) en sentencia de 13-1-76, anuló el Reglamento de Honorarios Mínimos del Colegio de Abogados del Estado Zulia de 1967. El Consejo Superior de la Federación de Colegios de Abogados de Venezuela, acordó

"dar un voto de censura a los abogados integrantes de la Sala Político-Administrativa de la Corte Suprema de Justicia, por su actitud antigremialista en la sentencia dictada en contra de los legítimos intereses de nuestro gremio"[178].

Ernesto Silva Tellería, con razón, consideró dicho acuerdo como "irrespeto a la Corte Suprema de Justicia", y como un

---

177. *El Universal,* 31-1-87, p. 1-4.
178. *El Nacional,* 26-2-76, p. D-9.

absurdo el que los organismos gremiales de los abogados se constituyan en censores de la Corte Suprema [179].

E. *Los estudiantes vs. la justicia*

La ciudad de Mérida, como ciudad universitaria por excelencia, ha sido teatro, por supuesto, de toda suerte de conflictos imaginables en los cuales han sido parte los estudiantes y sus organizaciones. Recientemente, sin embargo, se produjo uno entre los estudiantes universitarios organizados y los jueces de la circunscripción, que se tornó en una escalada de violencia y presión contra los jueces. Se trata del caso de Bernardino Nava Vera y sus secuelas.

En efecto, a mediados de 1987, y con motivo de celebrar el fin de los exámenes universitarios, un exceso de celebración estudiantil terminó con la lamentable muerte de un estudiante, Luis Ramón Carballo, por parte del abogado Bernardino Nava Vera, al frente de su casa. El hecho conmovió la ciudad, y hubo reacciones violentísimas que comenzaron con el incendio y destrucción de la casa y bienes del victimario y que sacudieron por varios días a la ciudad. Nava Vera fue detenido y procesado, pero meses después, en mayo de 1988, el Juez penal del Estado Mérida dictó auto de detención a dos estudiantes por otro delito distinto al homicidio cometido, por el incendio y destrucción de la casa del victimario; estudiantes a quienes se acusaba de ser los presuntos cabecillas de la acción delictiva.

Nava Vera había sido vinculado al partido Copei, y al conocerse la sentencia del Juez Penal sobre la detención de

---

179. *El Universal,* 6-3-76, p. 2-5.

294

los estudiantes, David Morales Bello dio unas declaraciones en Mérida acusando al Juez de "copeyano". La violencia estudiantil estuvo a punto de estallar de nuevo. El Magistrado Jesús Petit D'Acosta censuró la conducta de Morales Bello, a quien acusó de

> "hacer demagogia a costa del Poder Judicial y sobre todo incitar a las masas estudiantiles a que irrespeten a los jueces y se alcen contra sus decisiones" [180],

calificando como

> "inaceptable que las decisiones se discutan en base a la militancia o simpatía política de los jueces en lugar de las razones en que se fundan" y como "inadmisible que los jueces deban sujetar sus decisiones al criterio de la conveniencia política" [181].

En todo caso, el Presidente del Partido Copei en el Estado Mérida rechazó la versión de que el Juez fuera "copeyano" [182] y de que el mismo abogado victimario lo fuera. Sin embargo, el mal estaba hecho, y en Mérida no era seguro administrar justicia. El Presidente del Consejo de la Judicatura se tuvo que trasladar a dicha ciudad, y ante dicho funcionario, el Vice-Presidente de la Federación de Estudiantes de la Universidad de los Andes, afirmó que "la casa de Bernardino Navas la derribaron todos los estudiantes con sus propias manos" acusando de paso al Juez "de estar vinculado al narcotráfico y haber puesto en libertad a varios traficantes" [183].

---

180. *El Universal,* 19-5-88, p. 135.
181. *El Diario de Caracas,* 25-5-88, p. 23.
182. *El Universal,* 19-5-88, p. 1-17.
183. *El Nacional,* 20-5-88, p. D-6; *El Universal,* 20-5-88, p. 1-27.

En esa situación era claro que ningún Juez podía decidir, con el mínimo de seguridad, conforme a derecho, lo que llevó a la Magistratura del Estado a pedir protección para impartir justicia. Los Jueces de Mérida, incluso, acordaron el 30 de mayo de 1988,

> "suspender indefinidamente los procesos judiciales porque en el Palacio de Justicia no existen las condiciones mínimas de seguridad para la realización de sus tareas",

y para el 1º de junio se había anunciado una marcha de estudiantes en la cual estos

> "masivamente declararían en Tribunales, que ellos también participaron en los hechos de violencia, del año pasado, cuando la casa del abogado Bernardino Navas fue destruida, al igual que sus bienes muebles" [184].

En todo caso, los autos de detención a los dos estudiantes fueron revocados posteriormente por el Juez Superior [185]. Bernardino Navas continuaba siendo procesado por matar injustificadamente a un estudiante; pero los estudiantes que destruyeron su casa y sus bienes, no serían tocados por la justicia.

6. *El terrorismo generado contra los jueces suplentes y el abuso informativo de la llamada "Justicia Vacacional"*

Dentro de toda la mediatización del Poder Judicial que hemos venido desarollando en los últimos años, en lo cual los medios de comunicación han jugado el primer papel,

---

184. *El Nacional,* 31-5-88, p. 1-1.
185. *El Universal* 7-6-88, p. 2-20.

debe destacarse el terrorismo que éstos han venido creando en relación a lo que se ha denominado la "justicia vacacional" y que ahora abarca a los jueces suplentes y a los conjueces, con mayor riesgo de paralización y lentitud judicial de la que hay.

Sobre el tema, ante todo hay que puntualizar situaciones diversas, que se mezclan y colocan en un mismo recipiente. Por una parte, todo Juez titular tiene su suplente para llenar las faltas temporales, como lo aconseja un principio elemental de organización. El Juez suplente designado, es tan juez como el titular, y la falla fundamental en este campo está, como se ha comentado anteriormente, en que el Consejo de la Judicatura no los ha nombrado por concurso.

Por otra parte, en los Tribunales colegiados y en los Tribunales Superiores, la Ley permite la designación de conjueces para que puedan colaborar, con el Juez titular, en la decisión y sentencia de determinadas causas. Los Conjueces de la Corte Suprema de Justicia, por ejemplo, son nombrados por la misma Corte. Se trata de abogados destacados, especialistas en determinadas áreas, que ejercen funciones accidentales para decidir casos concretos, y colaborar con el Tribunal a agilizar determinadas causas.

Por último, están los Jueces provisionales, designados en un Tribunal en el cual el Consejo de la Judicatura aún no ha nombrado Juez titular porque el concurso respectivo no se ha realizado o decidido. Mientras este concurso no se realice, y no exista nombrado un Juez titular, el Juzgado tiene que continuar funcionando y para ello se han designado Jueces provisionales. Como se ha señalado, el Consejo de la Judicatura está en mora en la resolución de algunos concursos y hay aún muchos Juzgados sin titular, a cargo de Jueces provisionales.

Lo cierto, en todos estos supuestos, es que la justicia, por sobre todo, no puede esperar. Lo decía Martín Pérez Guevara cuando ejerció la Presidencia de la Corte Suprema de Justicia:

"Una justicia tardía, no es justicia sino una grotesca e irritante caricatura de ella" [186].

Por tanto, los Jueces provisionales, mientras se nombra a los titulares; los suplentes, cuando suplen a los titulares, y los conjueces, cuando auxilian a los titulares, tienen que decidir las causas que estén para decisión.

Ciertamente que en los últimos años han transcendido a la prensa algunas decisiones judiciales tomadas por jueces suplentes, durante las vacaciones judiciales, y que provocó el mote de "justicia vacacional" que se generalizó en todos los casos, y que está generando una situación de terrorismo contra jueces provisionales, suplentes y conjueces, que no se atreven a decidir.

Sin embargo, lo cierto es que a partir de 1987, no hay más "vacaciones judiciales". En efecto, de acuerdo a la Ley Orgánica del Poder Judicial y al Código de Procedimiento Civil, hasta 1986 existían sendos lapsos de vacaciones judiciales, entre los meses de agosto y septiembre; y diciembre

---

186. *El Nacional*, 8-7-77, p. D-1. Rafael Caldera señaló más recientemente: "La peor lacra de la administración de justicia en Venezuela, es su desesperante lentitud", *El Diario de Caracas*, 2-6-85, p. 25.

y enero, en los cuales no había "audiencias", lo que provocaba que durante esos períodos la justicia se paralizaba, pues los jueces suplentes, en general, no decidían las causas; y sólo adoptaban decisiones judiciales en casos excepcionales. Esta situación de inactividad procesal, que retardaba los procesos, quiso ser corregida por la reforma de 1986, tanto del Código de Procedimiento Civil como de la Ley Orgánica del Poder Judicial, mediante las cuales se eliminaron las vacaciones judiciales, es decir, los lapsos fijos de vacaciones de los Tribunales, sustituyéndose ello sólo por "vacaciones de los jueces" cuando a cada uno le corresponda disfrutarlas.

Precisamente por esa reforma, no es nada anormal que los Jueces suplentes tomen todas las decisiones pertinentes del proceso, y es un error hacer ver que es una anomalía, como lo difunden a cada rato los medios de comunicación social.

No hay que olvidar que el Consejo de la Judicatura mediante Circular Nº 7.034 de 11-8-87, informó "a los señores Jueces titulares y suplentes" lo siguiente:

"Los jueces temporales, que suplan a los jueces activos durante sus vacaciones, deberán tener presente:

a. que las vacaciones de los jueces no suspenden el curso de las causas ni los lapsos procesales; y

b. que, por consiguiente, están autorizados y obligados legalmente para atender todas las fases del proceso (admisión, instrucción, decisión y ejecución).

Los jueces temporales *pueden y deben sentenciar* las causas que estén para decisión".

En esta forma, los jueces temporales están obligados a decidir y ello no necesariamente constituye lo que José Muci Abraham ha calificado como "un irreparable gravamen" [187] hecho a la justicia.

Pero no han sido sólo los medios de comunicación los que han generado esta confusión. Recientemente ha sido el Presidente de la República en su discurso al inaugurar la nueva sede de la Corte Suprema de Justicia, el 14-10-87, el que ha planteado de nuevo el tema así:

"Otra circunstancia que ha contribuido grandemente a una especie de zozobra perniciosa y al caldo de cultivo para hechos notorios de corrupción, es la de sorpresivas sentencias dictadas por jueces accidentales, que las más de las veces ni tienen tiempo de estudiar los expedientes ni tienen la responsabilidad de una carrera que cuidar. En este sentido me atrevo a proponer que se adelanten las reformas necesarias para que los llamados jueces accidentales, cuando actúen en razón de faltas temporales del titular, se limiten a sustanciar los expedientes y adelantar los procesos para situarlos en estado de sentencia, las cuales deberán ser dictadas sólo por los jueces titulares" [188].

En estas palabras, sin duda, no puede haber mayor confusión: fue durante el gobierno del Presidente Lusinchi, y a partir del año 1987, y de ello seguramente estaba enterado su Ministro de Justicia, que se buscó eliminar la limitación a que los jueces suplentes decidieran los asuntos; por lo que al menos era contradictorio, que algunos meses después de

---

187. José Muci Abraham, *El Nacional*, 30-9-87, p. A-4.
188. *El Nacional*, 15-10-87, p. D-1. Véase en sentido similar, Aníbal Rueda, *El Universal*, 13-1-88, p. 1-20.

iniciada la aplicación de la reforma, se "descubriera" que habría que hacer otras reformas, para volver atrás.

Lamentablemente el Presidente se hizo eco de lo que comúnmente se había señalado, para desprestigio del Poder Judicial, al referirse a las decisiones de los jueces suplentes, y él mismo cayó en lo que en ese mismo discurso señaló; que

"a ratos parece que se fomenta por parte de sectores interesados una suerte de campaña de opinión pública en contra del Poder Judicial, sin reparar en el peligro de la generalización" [189].

Así, lo cierto es que los jueces suplentes ya no se atreven a decidir, en beneficio incluso de las partes, para que no se diga de inmediato que la sentencia es fruto de la justicia "accidental o vacacional", y progresivamente los abogados van rehusándose a aceptar cargos de suplentes, precisamente por la campaña de opinión generada sobre el tema.

Uno de éstos escribía al Consejo de la Judicatura:

"Ningún abogado que precie su moral y condición de profesional, podrá en las actuales circunstancias contribuir con su esfuerzo a la difícil tarea de impartir justicia" [190].

Este es el producto de la desinformación y la generalización que ha provocado la campaña de descrédito contra el Poder Judicial, que como lo decía un remitido de la Asociación de Jueces del Distrito Federal, ha sido "desplegada

---

189. *El Universal,* 15-10-87, p. 1-40. Véase las críticas al discurso del Presidente en cuanto al tema de los jueces suplentes, en J. Petit D'Acosta *El Universal,* 24-10-87, p. 1-4.
190. Véase la referencia en J. Petit D'Acosta, *El Universal,* 31-10-82.

irrestrictamente en los últimos años"[191] para desgracia del país y sus instituciones.

CONCLUSION

La situación antes descrita, sin duda, exige la ejecución ineludible de una serie de reformas al Poder Judicial. No podemos plantear aquí el elenco de tales reformas que se requiere introducir en el Poder Judicial, de tipo estructural y funcional, para el logro de su independencia y autonomía. Ello ya se ha hecho, y muy bien y sucintamente, al menos en tres documentos recientes: el documento del Partido Copei, *Una Reforma Judicial para fortalecer la democracia,* Caracas, 1985[192]; el documento de la Comisión Presidencial para la Reforma del Estado, *Reforma inmediata del Poder Judicial,* Folletos para la discusión N⁰ 5, Caracas, 1987; y las propuestas del Grupo Roraima sobre "Desarrollo de un Poder Judicial Autónomo, Eficaz y Eficiente" en *Más y Mejor Democracia,* Caracas, 1987, p. 162-163.

A los planteamientos allí formulados nos remitimos.

Pero adicionalmente a esas reformas, por supuesto, está quizás la más importante, que debe formar parte de un programa de educación política necesaria.

De verdad, la República no se puede conservar sin un Poder Judicial autónomo e independiente, respetado y respetable, efectivo y confiable. Todo lo que se haga por des-

---

191. *El Nacional,* 2-10-87, p. D-5.
192. Publicado en *El Diario de Caracas,* 24-4-85, pp. 20-21 y 27-4-85, p. 19 (Cfr. *El Nacional,* 25-4-85, p. D-1.

prestigiarlo y por minar su majestad, constituye una conspiración contra la República y la democracia.

La campaña sistemática que se ha desatado contra el Poder Judicial, de parte de los otros Poderes Públicos, de parte de los medios de comunicación, de los que se sirven de ellos para dar su opinión, y de parte de los ciudadanos en general, aun cuando algunos no estén conscientes de ello, es quizás el movimiento desestabilizador de mayor importancia que se está gestionando contra la democracia. Francamente, es difícil que un régimen democrático perdure mucho tiempo más, si alrrededor del 90% de la población expresa desconfianza del Poder Judicial como conjunto y de los jueces en particular [193]; y si el 54.5% de la población piensa que el Poder Judicial funciona muy mal o más mal que bien [194]. Así, la República no tiene fuente de conservación.

Por ello, para salvar la República, el rescate de la respetabilidad y majestad del Poder Judicial debe ser la tarea prioritaria.

Para ello, por supuesto, muchos otros aspectos adicionales a los anteriormente indicados, deben ser enfrentados, y entre ellos uno terrible que es el de la corrupción judicial, consecuencia, en general, del deterioro existente, y de la falta de atención, de nuevo, del Consejo de la Judicatura respecto del funcionamiento del Poder Judicial en cuanto a las tasas que deben pagarse por los servicios judiciales. En este sentido, la Ley de Arancel Judicial de 1956, ha quedado en

---

193. Según encuesta de la COPRE. Véase J. M. Echeverría, "Justicia y Democracia", *El Universal,* 18-9-88, p. 1-4.
194. Grupo Roraima, *Más y Mejor Democracia,* cit., p. 101.

desuso y la inflación ha sido un agudo detonante a la comercialización descarada de los servicios judiciales. Ello ha conducido, en algunos casos, a que algunos secretarios, amanuenses, escribientes y alguaciles de los Tribunales, manipulen a su antojo la marcha de la justicia conforme a las "tasas" que imponen ilegalmente a sus "clientes", los abogados. Como consecuencia, como lo ha señalado Manuel Cardozo, en ese mundillo o mercado tribunalicio habría una clasificación de los abogados en buenos o malos clientes: los buenos, son los malos abogados, deshonestos, generalmente incompetentes, pero cuyos asuntos marchan sin dilación porque pagan bien por ello; los malos clientes, son los buenos abogados, honestos, generalmente competentes, pero cuyos asuntos quizás permanecen desatendidos porque no pagan lo que cualquier mercader requiera [195].

El mundo de la justicia, así, a veces se ha trastocado, o como lo diría Humberto Eco en boca de Adso de Melk, "marcha patas arriba". Aquí también podemos decir que a veces sucede que "los ciegos guían a otros ciegos y los despeñan en los abismos, los pájaros se arrojan antes de haber echado a volar, los asnos tocan la lira, los bueyes bailan, los perros huyen de las liebres y los ciervos cazan leones" [196]. La justicia, así, está descarriada y cualquier cosa puede pasar en el foro: con frecuencia vemos como lo justo se convierte en injusto, y a la inversa, la injusticia en justicia; el derecho se trastoca en obligación y la obligación en derecho; lo legal en ilegal y las ilegalidades en actuación ajustada a derecho; el

---

195. *El Universal*, 1-9-88, p. 1-4.
196. Humberto Eco, *El nombre de la rosa,* Ed. Lumen, Barcelona 1987, pp. 22 y 98.

denunciante se convierte en delincuente y el delincuente es absuelto [197].

Por ello, nuestra apreciación, de que la Justicia, sola, está acabando con la República.

197. Recordemos, sólo, que la denominada "Manzopol" o policía paralela y clandestina que aparentemente funcionaba en el Ministerio de Justicia, nunca existió, porque un Juez así lo dijo (*El Nacional*, 6-9-88, p. D-6); y que los cobros de viáticos por parte de la esposa del Fiscal General de la República, quien no era funcionario público, se convirtieron en legales porque el Fiscal General, mediante Resolución, los había mandado a pagar. El Juez dijo a la prensa: "si no es ilegal la Resolución del Fiscal General que manda a pagar esos viáticos, su cobro no puede ser ilegal". Frente a ello, el periodista Víctor Manuel Reinoso le señaló al Juez: "Pero de acuerdo con esa práctica podríamos concluir que Pérez Jiménez, que había tomado un dinero y echando a una maleta que se le quedó, no cometió delito. El estaba facultado para manejar fondos"... (*El Nacional,* 6-9-88, p. D-18).

VI

REFLEXION FINAL

I.   ¿LA FUTURA REFORMA DEL ESTADO?

Los dos candidatos presidenciales con mayor opción en las elecciones de diciembre de 1988, Eduardo Fernández y Carlos Andrés Pérez, han estado respaldados por los dos partidos políticos más importantes del país, el Partido Socialcristiano Copei y el Partido Acción Democrática. Ambos partidos políticos, en promedio general, han representado en los últimos 30 años al 80% o más de la población y han sido los únicos "partidos de gobierno" que ha habido durante todo el período democrático desde 1959. Así, Copei y Acción Democrática fueron partidos de gobierno de coalición en el período 1959-1964; Copei fue partido de gobierno en los períodos 1969-1974 y 1979-1984; y Acción Democrática en los períodos, 1964-1969; 1974-1979 y 1984-1989. Por tanto, sin la menor duda, ambos partidos han sido los responsables de la configuración del *Estado de Partidos* que tenemos, con todos sus problemas, incluso, el de la no realización de su reforma.

Sin embargo, ambos candidatos presidenciales, han planteado en su campaña electoral y preelectoral, el tema de la reforma del Estado y sus aspectos más importantes.

Eduardo Fernández, como Secretario General del Partido Socialcristiano Copei, formuló ante la COPRE, en octubre de 1985, una exposición sobre "Soluciones para la nueva democracia", la cual puede considerarse, sin duda, como el más completo programa de reforma del Estado formulado por un Secretario General de uno de nuestros partidos fundamentales. Posteriormente, inició su campaña electoral en 1988, con el planteamiento de la exigencia de la reforma del Estado, con el reclamo al partido de gobierno y a su candidato, Carlos Andrés Pérez, por su realización inmediata.

Carlos Andrés Pérez, en su discurso pronunciado en la sesión solemne del Concejo Municipal de Caracas, el 22 de enero de 1988, con motivo de la celebración de los 30 años de la democracia, también formuló un conjunto de propuestas de reforma del Estado, que marcaron el inicio de su campaña electoral, con lo cual incluso, le arrebató la bandera sobre el tema a Eduardo Fernández.

Ambos candidatos presidenciales, por tanto, en 1988, coincidieron completamente en los aspectos básicos de la reforma del sistema político (de los partidos políticos y del Estado centralizado) y de la necesidad de su realización. Ello provocó la ineludible necesidad de que las Cámaras Legislativas, en las cuales dominan holgadamente ambos partidos políticos y en la cual el partido de gobierno, Acción Democrática, tenía mayoría, tuvieran que discutir algunas reformas. Sin embargo, a pesar del compromiso de los candidatos, sólo tres aspectos del tema de la reforma del Estado fueron discutidos en 1988: la reforma municipal para la elección del Alcalde que había sido propuesta por el partido Copei en 1984; la elección popular de gobernadores, que también había sido propuesta por el partido Copei en 1988; y la reforma electoral, de la cual todos los partidos políticos venían hablando desde hacía varios años. De esos proyectos, sólo los dos primeros fueron sancionados, no sólo porque la oferta político-electoral en torno a ellos y el compromiso de los candidatos había sido demasiado claro, sino en realidad, porque su aprobación no afectaba la marcha inmediata del proceso político, pues no tendrían repercusión en las elecciones de 1988, que era lo que estaba en juego. Por ello mismo, en cambio, la reforma electoral no se aprobó, en forma alguna, en 1988, y los dos partidos fundamentales, en cambio, a pesar de las promesas, sólo acordaron posponer su consideración para el futuro. Así, el sistema electoral que asegura el monopolio de la representatividad a los partidos políticos, quedó incólume, por lo que nunca antes la lucha intrapartido para la configuración de las planchas fue tan aguerrida.

En todo caso, el tema de la reforma del Estado continuó tratándose durante la campaña electoral de 1988, e incluso, quedó inscrito como una parte fundamental de los Programas de Gobierno presentados al electorado por ambos candidatos presidenciales.

En el Programa de gobierno de Eduardo Fernández, intitulado *El Poder para el pueblo,* están contenidas las "propuestas para el cambio político", en las cuales se plantean todas las reformas necesarias para la profundización de la democracia política y para la transformación de la Administración Pública. En el Programa de gobierno de Carlos Andrés Pérez, intitulado *Acción de gobierno para una Venezuela moderna,* se dedica el primer capítulo al tema de la "Modernización de la democracia" con propuestas sobre la democratización del sistema político, fortalecimiento del Estado de Derecho y descentralización del poder político y económico.

En ambos documentos puede decirse que hay coincidencia básica en torno a los temas de la descentralización política y transferencia de competencias nacionales a los Estados y Municipios; a la reforma de los partidos políticos; a la reforma del poder judicial; a la reforma del sistema electoral, y a la reforma de la Administración Pública, particularmente en cuanto al sistema de planificación, al sistema de control interno de la gestión pública, la desburocratización y la participación.

Ante esta coincidencia, el país no podría esperar otra cosa que la ejecución de las reformas que requiere el Estado venezolano, para su descentralización y despartidización, asegurándose que, al menos, la función pública y el Poder Judicial estén fuera del alcance de los partidos políticos. Sin embargo, la pregunta, que sólo los partidos políticos podían responder en el futuro, continúa siendo la misma: ¿Están dispuestos los partidos políticos a renunciar voluntariamente al control absoluto del poder político? Al menos, sus candidatos presidenciales lo prometen...

A continuación, transcribimos los capítulos correspondientes de los Programas de gobierno de Eduardo Fernández y Carlos Andrés Pérez, sobre el tema de la reforma del Estado. Su conocimiento será indispensable para que, gane quien gane la nominación presidencial, se puedan hacer en el futuro los reclamos necesarios en caso de promesas incumplidas o de negativas al llamado a la concertación que el próximo Presidente de la República tendrá que hacer en torno a estos temas.

II.   Anexo A: EDUARDO FERNANDEZ, Programa de Gobierno, *EL PODER PARA EL PUEBLO,* 1988, CAPITULO III: MIS PROPUESTAS PARA EL CAMBIO POLITICO

1.   *Profundización de la Democracia Política: Un Estado Moderno y un Sistema Político eficiente y participativo.*

El cambio que propongo requiere un Estado moderno descentralizado y desconcentrado en sus estructuras y funciones y de un sistema político eficiente y participativo. Voy a promover el consenso necesario para impulsar la reforma del Estado, a través de las reformas del Poder Legislativo y del Poder Judicial, la modernización de la Administración Pública Nacional, una política integral de desarrollo regional y local y la reforma del Sistema electoral y de los partidos políticos, según los siguientes lineamientos estratégicos.

A.   *Un Congreso moderno*

Promoveré las reformas correspondientes para modernizar el Congreso de la República a fin de que pueda cumplir eficientemente sus funciones legislativas y contraloras.

B. *Una eficiente Administración de Justicia*

Me propongo hacer realidad la reforma del Poder Judicial para lograr una Administración de Justicia eficiente, confiable, imparcial y no partidizada. Nuestro programa de reformas del Poder Judicial comprende:

* Reformas en el Sistema de escogencia de los jueces, haciendo realidad los concursos.

* Reformas en la manera de elegir los Magistrados de la Corte Suprema de Justicia por el Congreso, con mayoría calificada de dos tercios, en lugar de mayoría simple.

* Reformas en la composición, atribuciones y formas de escoger el Consejo de la Judicatura.

* Dotación de los recursos financieros necesarios al sistema judicial para incrementar el número y tipo de tribunales, para una mejor remuneración de los jueces y demás funcionarios del sistema judicial y para modernizar y equipar adecuadamente los tribunales.

* Creación de la Institución del Defensor del Ciudadano, como órgano del Congreso para controlar la justicia de los actos de la Administración Pública.

C. *La modernización de la Administración Pública Nacional*

En la Democracia Nueva el Estado debe organizarse y funcionar, de acuerdo con los principios y técnicas más modernas de gestión. En tal sentido, gerenciaré desde el más alto nivel del Ejecutivo Nacional, un proceso de reforma que garantice la eficacia y la eficiencia en la Administración Pública Nacional.

Asignaré al Ministerio de la Secretaría de la Presidencia, además de las funciones de apoyo a la Presidencia de la República, la responsabilidad de ejecutar un programa integral de reformas de la Administración Pública que contemplará no sólo los cambios necesarios para modernizar la organización y el funcionamiento de la Administración Pública Central y Descentralizada, sino también todo lo referente al desmontaje de la permisería y al proceso de privatización de aquellas actividades y servicios que pasarán a la responsabilidad del sector privado.

* *Reforma de la Administración Central* reagrupando los sectores institucionales en cinco grandes áreas de gestión, en función de las prioridades gubernamentales: Economía y Finanzas; Desarrollo Social; Ordenamiento del Territorio, Infraestructura y Servicios; Relaciones Interiores; Defensa y Política Exterior. Daré la jerarquía y la delegación de funciones necesarias a los Ministros coordinadores de estos Gabinetes sectoriales, a fin de que dichos Gabinetes operen como verdaderos órganos ejecutivos, para agilizar y racionalizar el proceso de toma de decisiones al máximo nivel gubernamental.

* Se fortalecerá a los Ministerios, ejes Institucionales de cada sector, jerarquizando la figura del Ministro ante los organismos descentralizados que le están adscritos conforme a la Ley y estableciendo inequívocamente el principio administrativo de la *unidad de mando*.

* Transformaré al Ministerio de Fomento, en el Ministerio de Desarrollo de la Industria y el Comercio, instrumento fundamental para la reactivación económica de este sector. Igualmente, nombraré un Ministro de Estado para la Promoción Económica Internacional, responsable de dirigir, coordinar y promover las actividades tradicionalmente generadoras de divisas, en particular, las exportaciones no tradicionales y el turismo internacional.

* Dentro de un plan de modernización de la Oficina del Presidente institucionalizaré la figura de los asesores especiales del Presidente. En atención al Artículo 109 de la Constitución y a la necesidad de un Gobierno de Concertación, crearé el *Consejo Nacional Consultivo de la Presidencia de la República,* integrado por personalidades de los sectores empresariales, laborales, colegios y organizaciones profesionales, organizaciones comunales y representantes del mundo de la ciencia y la cultura. Dicho Consejo actuará como órgano de consulta del Presidente sobre los temas fundamentales del país.

* *Reforma de la Administración Descentralizada,* reorganizando las empresas y servicios públicos en función de los programas de Reforma del Estado y de privatización, con el objeto de lograr un servicio público eficiente. Igualmente se establecerán criterios e indicadores específicos de eficiencia para orientar y evaluar la gestión de los entes públicos descentralizados. En la gestión de las empresas del Estado se privilegiará el criterio de auto-financiamiento para el desempeño de sus

actividades, es decir, el criterio de *eficiencia económica,* mientras que en el desarrollo y evaluación de la gestión de los institutos autónomos y otras formas organizativas de Derecho Público, se tomarán en cuenta criterios de *eficiencia social.*

* Devolveré a las Corporaciones Regionales de Desarrollo su potencial financiero para que las mismas cumplan su función de promoción y financiamiento de programas de desarrollo regional. Atenderé especialmente las demandas de aquellas regiones o áreas deprimidas o con situaciones especiales, por su naturaleza estratégica (fronteras, áreas ecológicamente vulnerables, etc.), mediante programas especiales implementados a través de las Corporaciones Regionales o mediante la creación de Autoridades de Area con atribuciones y responsabilidades específicas en cada caso.

* *El Sistema Nacional de Planificación será descentralizado, de carácter estratégico y participativo* y propiciará la coherencia en las funciones de programación, presupuestación y control de la gestión pública. Igualmente deberá orientar las funciones de generación, organización, procesamiento y divulgación de la información básica, que debe servir de apoyo al proceso de toma de decisiones y de gerencia moderna que pretendo introducir durante mi mandato.

A tal fin se desarollara un Plan Maestro de Organización de los datos del Estado con el objetivo de identificar el tipo de datos y estadísticas requeridas e integrar y organizar un sistema nacional de estadísticas, con información abierta y disponible para todos, confiable y neutral, fácil de utilizar y mantener, computarizado totalmente, formando parte de una red electrónica nacional.

El Sistema Nacional de Planificación, se apoyará coyunturalmente y mientras se apruebe la Ley correspondiente, en el Comité de Coordinación de las Oficinas Centrales de la Presidencia de la República, previsto en la Ley Orgánica de la Administración Central e inoperante hasta ahora.

El Sistema Nacional de Planificación, se concibe como un instrumento de apoyo para descentralizar y hacer más eficiente la toma de decisiones, para realizar un efectivo control de la eficacia y eficiencia de la gestión pública y en general para contribuir a modernizar la gerencia del sector público, tanto en su actividad normativa como en su operación.

* *Estableceré un Sistema de Control de Gestión del Sector Público* para hacer el seguimiento interno de la labor administrativa gubernamental, el cual permitirá a gobernantes y gobernados tener un mejor conocimiento de la ejecución del Programa de Gobierno y aplicar oportunamente los correctivos necesarios.

En una primera etapa la misión del Sistema de Control de Gestión del Sector Público será el seguimiento de los principales programas de la Administración Central, de los institutos autónomos y de las empresas del Estado, con especial énfasis en los compromisos establecidos en el referido Programa de Gobierno.

318

La dirección y administración del sistema estará a cargo de una Oficina Central de Control de Gestión del Sector Público adscrita a la Presidencia de la República.

Como complemento indispensable del Sistema de Control de Gestión del Sector Público se transformará la Escuela Nacional de Hacienda en Instituto de Administración y Gerencia Pública y se creará el Consejo Superior del Sector Público, encargado de seguir la evolución y actividades del sector integrado por la Administración Central, los institutos y otros entes autónomos o semi-autónomos, y las empresas del Estado y de presentar cada dos años un informe que contenga un análisis de la composición del sector, su financiamiento, los resultados del control de gestión, sus relaciones con el sector privado y la comunidad en general, así como las proposiciones del Consejo para aumentar la eficiencia y eficacia gubernamentales.

Así mismo me comprometo a establecer formas transparentes de información y participación que permitan a las comunidades organizadas en el ámbito nacional, estadal y local, actuar como entes democráticos de control externo de la labor gubernamental para vigilar el cumplimiento de las promesas electorales.

* *Modernizaré el sistema de información y relaciones gubernamentales* con la comunidad, a fin de mantener canales objetivos de comunicación que permitan a la ciudadanía estar enterados del quehacer nacional y de la labor gubernamental.

* *Me propongo mejorar el sistema de administración de personal del sector público* para adaptarlo a los nuevos

requerimientos del Estado moderno, institucionalizando el sistema meritocrático y la carrera administrativa y llevando a cabo una política de adiestramiento y formación de personal en todas las áreas de la gestión pública. Se revisarán las condiciones de trabajo del servidor público en función de las nuevas demandas y objetivos del modelo de Estado que estoy proponiendo, y se creará el Fondo de Previsión Social del Funcionario Público para mejorar la asistencia social a los servidores del Estado.

D. *Política integral de desarrollo regional y local*

La elección directa de los Gobernadores de Estado y las elecciones directas y uninominales de los representantes al Congreso de la República, a las Asambleas Legislativas, a los Concejos Municipales y la elección directa de los Alcaldes, que se sucederán durante mi gestión presidencial, constituirán el cambio político más significativo dentro del proceso evolutivo de nuestro sistema democrático.

Estos logros, que han sido nuestra bandera por muchos años, pueden llegar a frustrarse, si no son acompañados con una política integral de Desarrollo Regional y Local, que asegure a los gobiernos constituidos en los diferentes niveles, los recursos económicos y el marco legal e institucional adecuados para lograr su cometido, que no es otro sino *lograr el bienestar y el progreso de la Comunidad, con la Comunidad.*

La política de Desarrollo Regional de mi gobierno estará dirigida a convertir nuestra democracia representativa en una democracia participativa, en la cual el pueblo organizado en sociedades intermedias, como lo son las Asociaciones de Vecinos, los organismos gremiales, los sindicatos, las cámaras de comercio y producción, las universidades, las sociedades culturales, científicas y deportivas, contribuya no sólo en la toma de decisiones que lo afectan sino también en la creación, distribución y disfrute del producto social.

Las principales líneas de acción de esta política serán las siguientes:

* *Las Gobernaciones de Estado serán fortalecidas política, administrativa y financieramente con el fin de convertirlas en modernos agentes del cambio;* contarán con una moderna oficina de Planificación y Presupuesto, a cuyo cargo estará la formulación y concertación, con la comunidad organizada, de los planes regionales de desarrollo.

El Gobernador será el coordinador de la Administración Pública en la región y para ello utilizará como instrumentos el Presupuesto Regional Consolidado y los Comités de Coordinación por área de gestión, en los cuales participarán no sólo los organismos públicos involucrados, sino también los representantes de la comunidad organizada.

Se dotará a los gobiernos regionales de recursos financieros de acuerdo con la marcha del proceso de descentralización y desconcentración de los servicios públicos, e igualmente se llevará al Congreso de la República la iniciativa de derogar la Ley Orgánica que impone la Coordinación del 50% del Situado Constitucional con el Poder Ejecutivo Nacional, para dar total autonomía a los Gobernadores en el manejo de dicho Situado.

El Gobierno Nacional pondrá al alcance de los gobiernos regionales, por medio de las Corporaciones Regionales de Desarrollo y otros organismos nacionales e internacionales, programas para el mejoramiento de la gerencia pública que coadyuven a convertir a las gobernaciones regionales en modernas agencias para la prestación de servicios y para la promoción del desarrollo económico y social.

> * *Impulsaré la descentralización y desconcentración administrativa.*

Durante mi gestión, se iniciará y profundizará un proceso de transferencia de competencias y responsabilidades hacia los gobiernos regionales y locales. Este proceso se realizará de manera progresiva y selectiva, iniciándose con la descentralización de aquellas funciones que se consideren más importantes y susceptibles de ser gerenciables a nivel regional y local.

Con estas medidas se persigue acercar los organismos responsables de los servicios a la comunidad, lograr la mayor eficiencia de los programas y hacer participar a la comunidad en la solución de sus problemas, en una línea de acción que elimine el paternalismo estatal y promueva el auto-financiamiento de los servicios básicos.

Paralelamente se desconcentrarán hacia las regiones aquellas funciones públicas que no admiten su descentralización, de manera de eliminar los trámites burocráticos innecesarios y de agilizar, simplificar y poner al alcance de todos, aquellas gestiones que puedan realizarse regional o localmente.

* *Fortaleceré el Municipio como célula básica de la Democracia Nueva.*

El apoyo y fortalecimiento a los gobiernos regionales es válido en igual medida para los gobiernos a nivel local.

Los lineamientos expuestos en materia de planificación, financiamiento, modernización de la gestión, participación de la comunidad, descentralización y desconcentración son igualmente aplicables para el caso de los Municipios, los cuales serán la célula básica de la Democracia Nueva y actuarán como el ámbito de gobierno primario para hacer efectiva la participación de la comunidad.

E. *La reforma del Sistema Electoral y de los partidos políticos*

Vamos a promover la concertación requerida para lograr la reforma del obsoleto mecanismo electoral que rige nuestro sistema democrático. Auspiciaremos una reforma que consagre la separación de las elecciones dentro de un sistema mixto, donde la mitad de los diputados al Congreso y a las Asambleas Legislativas, sean electos por el sistema de representación proporcional y la otra mitad por la vía nominal, y propondremos el establecimiento de la institución del Referéndum para legitimar democráticamente las decisiones de gran trascendencia nacional.

Impulsaremos la reforma de la Ley de Partidos Políticos que obligue a ampliar el poder de la base, de acuerdo al principio de descentralización que se propone el Estado; que dé mayor transparencia a las finanzas de los partidos, estableciendo la figura del Contralor del Partido, escogido por las propias organizaciones políticas para supervisar el uso y la recaudación de fondos; que se establezcan mecanismos que acorten y abaraten las campañas y se prevea un mecanismo de financiamiento de los partidos, con participación del Estado.

2. *El redimensionamiento del Estado y la agilización de los trámites públicos*

A. *Privatización de empresas y servicios públicos*

Iniciaré este proceso como un programa especial a ser ejecutado como una de las tareas prioritarias del nuevo Gobierno. Estoy absolutamente convencido de la necesidad y conveniencia de transferir a la comunidad, sea a empresarios ya existentes, a grupos nuevos de empresarios, a trabajadores, a profesionales, a inversionistas nacionales o extranjeros, la propiedad o la administración, según sea el caso, de empresas y servicios que no sean esenciales ni estratégicos, para que puedan ser gerenciadas y desarrolladas de manera más eficiente en forma privada, a nivel regional, estadal o local.

El proceso de privatización de empresas y servicios públicos se implementará en forma integral y dentro de una estrategia a corto y mediano plazo, que incluye como objetivos adicionales al de redimensionar el Estado para que sea más eficiente en sus funciones básicas, el de democratizar la propiedad, promoviendo un nuevo sector de propiedad social no estatal con la participación de los trabajadores y de los empleados de las empresas a ser privatizadas, ampliar el mercado de capitales, ampliar el campo de oportunidades para nuevos inversionistas nacionales y extranjeros, incrementar la eficiencia de estas empresas y servicios y orientar su gestión, en función del mercado y la competencia.

Para activar el proceso se aplicarán diversas formas de privatización que incluyen la venta total o parcial de empresas públicas y el otorgamiento de concesiones para la administración de dichas empresas y servicios públicos.

Dentro de este proceso se incluirán los Servicios Portuarios, la administración de los peajes de puentes y autopistas, el INCE; los servicios de recolección de basura; la comercialización del gas por tuberías a nivel doméstico; el desarrollo de empresas regionales privadas con posible participación de la Municipalidad como administradores del recurso agua, la electricidad y los teléfonos; la privatización total o a través de formas mixtas de empresas que se constituyan sobre los procesos secundarios del sector petrolero, de empresas petroquímicas, del aluminio, y del acero; la privatización de hoteles y bancos comerciales actualmente administrados por el Estado; y la privatización de la administración del Instituto Venezolano de los Seguros Sociales en manos de los trabajadores y empresarios cotizantes y en forma de oficinas autónomas regionales.

B. *Desburocratización y desmontaje de la permisería*

Me propongo impulsar un programa especial de simplificación y agilización de los trámites públicos, reduciendo al mínimo imprescindible las interferencias del Gobierno en la actividad de los ciudadanos. A tal fin, en el primer año del gobierno se eliminarán todos los controles, firmas, licencias y demás trámites burocráticos que no sean realmente indispensables y que no estén sustentados en leyes vigentes. Igualmente promoveré la modificación o derogación de aquellas leyes que establezcan trámites burocráticos innecesarios.

Como oferta concreta y ejemplo del alcance de este compromiso, adelanto que durante mi gobierno, eliminaré las tramitaciones de las agobiantes solvencias y dispondré que los recibos de pago, de cualquier tipo de servicio público que se preste a la colectividad, se acepten una vez cancelados como solvencia indiscutible. Con esto obligaremos al prestatario del servicio a tener sus cuentas al día y será él quien tendrá que indicar si el usuario tiene alguna deuda pendiente o en caso contrario se le considerará "SOLVENTE" con tan sólo cancelar el último recibo del servicio.

El Programa de desburocratización se iniciará en los órganos y entidades de la Administración Pública, en especial los servicios públicos y otros entes del Estado cuyas funciones interfieran o estén vinculadas con las actividades rutinarias de los ciudadanos. En esta tarea se dará prioridad a la reducción y simplificación de la permisería en actividades tales como la industria de la construcción, industria turística, actividades agropecuarias y de la pequeña y mediana empresa y la actividad exportadora no tradicional.

Dicho programa se extenderá luego hasta las entidades municipales y los órganos del Poder Judicial, con fines de desburocratizar los lentos procedimientos de administración de justicia.

Otro campo de acción prioritaria del Programa será el mejoramiento de los servicios de atención al público, especialmente los relativos a trámites fiscales, recaudación de rentas, expendios de timbres y otras especies fiscales.

III.   Anexo B: CARLOS ANDRES PEREZ, Programa de Gobierno: *ACCION DE GOBIERNO PARA UNA VENEZUELA MODERNA*, 1988, CAPITULO 1: LA MODERNIZACION DE LA DEMOCRACIA

La experiencia de los últimos años demuestra que parte importante del entrabamiento al desarrollo económico y social del país se encuentra en el rezago de sus instituciones. El desarrollo de un país es un proceso integral donde no se puede avanzar en la modernización económica y urbana sin que se creen tensiones en el plano político y social.

Después de 30 años de vida democrática los venezolanos reclaman un gobierno capaz de resolver los complejos problemas que enfrentan las sociedades modernas. Una presencia más activa en el seno del Estado de todos los estratos sociales que son afectados por las decisiones del gobierno; una menor concentración del poder político en las instituciones que representan a densos sectores de la población; métodos más transparentes para escoger y legitimar a sus líderes, un verdadero pluralismo político donde domine la tolerancia y se acepte el conflicto y la disidencia como forma de distender y de resolver los problemas que no tienen solución consensual.

Venezuela ha experimentado en los últimos 30 años profundas transformaciones políticas y sociales. La sociedad democrática que conquistamos el 23 de enero de 1958 facilitó el desarrollo de una infraestructura social, cultural y política. Pero ésta demanda hoy un mayor dinamismo y un mayor alcance de su sistema democrático. Venezuela necesita una democracia más profunda y expandida. Una democracia más sentida y compenetrada con todos los sectores de la población, una democracia moderna.

En esa dirección estará orientada nuestra acción de gobierno. Nuestro compromiso es el de asegurar que las reformas que actualmente requiere el Estado venezolano se pongan en práctica y se asegure la plena *democratización del sistema político*.

Nuestros esfuerzos tenderán al *fortalecimiento de la sociedad civil*, consolidando las diversas organizaciones y mecanismos participativos de las comunidades y a controlar la abusiva discrecionalidad del Estado.

En síntesis, nuestra acción estará dirigida al *fortalecimiento del Estado de Derecho*, base fundamental de una sociedad democrática y participativa; y a promover una coherente y sistemática descentralización de la Administración Pública, así como un desarrollo regional más estable y equilibrado.

1. *La democratización del sistema político*

A. *El sistema político electoral*

El apoyo decidido y resuelto de Acción Democrática hizo posible que en este período constitucional el Congreso de la República sancionara gran parte de las reformas legales vinculadas a nuestro sistema político electoral.

Ahora reiteramos nuestro compromiso de aprobar la reforma a la Ley Orgánica del Sufragio en todo lo relacionado con el procedimiento de votación. Estamos comprometidos a no seguir empleando el procedimiento del sufragio por planchas de candidatos, cerradas y bloqueadas. Buscaremos un mecanismo de votación que combine simultáneamente la nominalidad y la representación proporcional de las minorías, principio este último de rango constitucional. Para ello propiciaremos la concertación con las demás fuerzas políticas; y utilizaremos los servicios de la Comisión Presidencial para la Reforma del Estado (COPRE).

B. *La reforma de los partidos políticos*

Entre las reformas más importantes que seguiremos adelantando está la democratización a fondo de las estructuras, relaciones y actividades de los partidos políticos. Propiciaremos una reforma a la Ley de Partidos Políticos que acerque más a los militantes a la toma de decisiones fundamentales de sus colectividades y asegure los procedimientos democráticos en sus elecciones internas. Estamos decididos a modificar nuestros Estatutos a fin de que los próximos candidatos de Acción Democrática sean electos directamente por las bases del partido.

También pondremos especial énfasis en que los partidos mantengan solidez programática, ejerzan su papel de formar cultural y políticamente a los ciudadanos y abandonen aquellos espacios donde interfieren negativamente.

C. *Las reformas al Poder Legislativo*

No podemos concebir un Estado moderno y democrático en el que el Congreso Nacional y los órganos legislativos regionales no cumplan a plenitud con sus funciones de legislar y supervisar la Administración Pública.

Impulsaremos un profundo proceso de modernización administrativa del Congreso Nacional, dotándolo de los elementos técnicos que requiera; desarrollando una organización de asesoría legal, técnica y documental para los congresantes y las comisiones; mejorando la programación del trabajo y creando procedimientos más expeditos orientados a abrir nuevas vías de participación entre la colectividad y el Poder Legislativo.

Al mismo tiempo, fortaleceremos y actualizaremos los entes legislativos regionales, en el contexto de la reforma en curso del sistema político venezolano, dirigida a la descentralización y desconcentración del poder a nivel nacional.

D. *Las reformas al Poder Ejecutivo*

La modernización del Estado venezolano exige diferenciar las tareas propias de un Jefe de Estado de la marcha ordinaria de los asuntos de gobierno y del gabinete. Por esta razón, plantearemos la creación de la figura del *Primer Ministro Ejecutivo*, y, con este propósito, se adelantarán los estudios necesarios para determinar sus funciones y adaptarlas a las modalidades propias del sistema político venezolano. Como esto requiere una enmienda constitucional, ésta, y otras modificaciones de fondo de la estructura del Estado, ameritan un vasto consenso político, para lo cual nuestro candidato Carlos Andrés Pérez ha propuesto un Pacto para la Reforma contenido en el discurso pronunciado en la Sesión Solemne del Concejo Municipal de Caracas, el 22 de enero de 1988, con motivo de la celebración de los 30 años de democracia.

De igual modo promoveremos el estudio de una simplificación del trabajo del Consejo de Ministros, con posible limitación del número de éstos que a él asistan con carácter permanente, en tanto que los otros pertenecerían a gabinetes sectoriales y participarían sólo cuando fuere necesario en el Consejo de Ministros.

La planificación económica y social es una obligación constitucional. Es por lo demás, la única forma de conducir la acción de un Estado Moderno y democrático. Es necesario desburocratizar a Cordiplán, devolverle su posición doctrinal y reconvertirlo en su papel propio de cabeza del sistema de la Administración Pública, y de inductor del proceso armónico entre el sector público y el privado, concertado en el Plan de la Nación.

Además, con el fin de fortalecer la concertación al nivel del Ejecutivo Nacional, se institucionalizará un mecanismo de asesoría permanente al Presidente de la República en la tarea de formulación de políticas y toma de decisiones.

Finalmente, nos comprometemos a institucionalizar *la consulta y la concertación* sobre todos los asuntos de interés nacional, con los sectores económicos privados, consumidores, las organizaciones sindicales y la sociedad civil en general y a tal efecto no sólo promoveremos la adecuada legislación prevista en el Art. 109 de la Constitución Nacional, sino que se constituirán mecanismos *ad hoc* de concertación entre todos los factores de la producción y se potenciará la activa participación de la sociedad civil en la acción y decisión de los organismos del Estado, por conducto de las asociaciones de vecinos y otros mecanismos adecuados.

Se desentrabará la Administración Pública, eliminando la permisología innecesaria y garantizando el derecho constitucional a la respuesta oportuna. Se creará un sistema integral de capacitación de los empleados públicos que abarque, desde el adiestramiento en servicio, como cursos hasta del más alto nivel. Se vincularán los ascensos al cumplimiento de condiciones que incluyan concursos y la aprobación del respectivo curso de perfeccionamiento. Se simplificará el escalafón de carrera administrativa y se aumentará la protección médica y asistencial de los funcionarios. A la par de lograr la progresiva disminución del agigantado aparato burocrático del Estado y la normalización de sueldos a niveles compatibles con los del sector privado.

E.	*Las reformas del Régimen Municipal*

La gestión municipal deberá fortalecerse. Entre las medidas a tomar en esta área está la incorporación del nivel municipal al proceso de planificación física, social y económica, regional y nacional, a través de un sistema interconectado de planificación.

También habrá que propiciar un proceso intensivo de transferencia de competencia hacia el Municipio y el fortalecimiento de sus finanzas. Para ello promoveremos una reforma justa y equitativa del régimen municipal en la que, además, se contemple la unificación de la normativa fiscal y las modalidades de complementación de los fondos autogenerados por las comunidades en casos que se justifiquen.

Se fortalecerá la participación en el gobierno Municipal de las Asociaciones de Vecinos y se institucionalizará y reglamentará la obligatoria reunión trimestral de los Cabildos Abiertos y el Referéndum Municipal para determinar las decisiones de los Concejos.

Finalmente, nos comprometemos a replantear las relaciones entre la administración central, la estadal y la municipal, para que a través de asociaciones entre ellas se garantice una mejor prestación de los servicios públicos.

2.	*El fortalecimiento del Estado de Derecho*

A.	*El Poder Judicial*

No hay democracia efectiva sin el respeto al cumplimiento de las leyes y esto es sólo posible con un sistema judicial confiable y eficaz. Para ello, hay que dotar a la justicia de los recursos humanos y materiales necesarios y protegerla de todo tipo de presiones partidistas, económicas o de poder.

Su independencia será garantizada no sólo por los concursos obligatorios y remunerando adecuadamente a los jueces, sino también liberándolos de la injerencia de intereses particulares en su selección, estabilidad y actividad, y poniendo a su disposición sistemas modernos de organización de las oficinas judiciales.

La legislación habrá de ser reformada, modernizada, para acabar con deficiencias, incongruencias e incluso instituciones caducas y obsoletas que parte de ella contiene.

B. *El sistema penitenciario*

Resulta imprescindible el cambio estructural del régimen penitenciario. En este sentido, se impondrán acciones para mejorar la infraestructura física de los centros carcelarios; mejorar la formación del personal carcelario y su cantidad; implantar mecanismos eficientes de evaluación, diagnóstico y clasificación de la población penal; asegurar la asistencia legal del recluso, su atención médico-psicológica y su rehabilitación por medio de la educación y el trabajo obligatorio.

Se erradicará la denegación de justicia que se constituye con la violación de los lapsos en los juicios penales que mantienen privados de libertad por largos años a ciudadanos sin sentencia.

C. *Los jueces de paz*

Se crearán los jueces de paz o juzgados permanentes para garantizar que todo ciudadano debe ser presentado por los organismos policiales a sus jueces naturales, dentro de las 24 horas de su detención.

D. *Cambios en la legislación*

Reactivaremos la Comisión de Legislación, creada en anterior oportunidad, a objeto de analizar sistemáticamente las reformas legislativas más importantes para impulsar y sustentar las transformaciones políticas, económicas, sociales e institucionales que nos proponemos adelantar.

E. *La lucha contra la corrupción*

El próximo quinquenio será el de la consolidación del control fiscal en Venezuela. A tal respecto, profundizaremos la acción iniciada en el período 1974-1979, cuando propusimos y promulgamos la reforma de la Ley Orgánica que rige las actividades del ente Contralor, lo cual constituyó vigoroso paso de avance en la modernización de la vigencia fiscal del país.

Asumimos el compromiso de poner en práctica las proposiciones formuladas ante el Congreso de la República, para fortalecer la autonomía de la Contraloría y redefinir sus cometidos con arreglo a las actuales tendencias de la gestión fiscalizadora que inspiran el proyecto de la Ley, preparado conjuntamente por la Contraloría General de la República y la Comisión Presidencial para la Reforma del Estado. Estructuraremos un Sistema de Control Interno de la Administración Pública coordinado por la Contraloría, cuyos funcionarios, además de satisfacer los requisitos que determine el ente contralor, sólo podrán ser removidos con el parecer favorable de éste. Se sancionarán y pondrán en vigor los proyectos de leyes redactadas por la Comisión de Estudio y Reforma Fiscal sobre las áreas de la contabilidad pública y de la Tesorería Nacional. Se dictará la Ley Orgánica de Administración Descentralizada propuesta al Congreso desde 1976, de modo de instaurar un régimen homogéneo de coordinación, administración y control de los institutos autónomos, empresas y demás asociaciones estatales.

Se promulgará la Ley de Licitaciones Públicas a objeto de definir el marco jurídico de la contratación con el Estado. Se creará el Registro Obligatorio de los Representantes de Empresas Extranjeras y Nacionales para el control de las comisiones que perciban en razón de los negocios que realicen con el Estado venezolano. Por ello, aprobaremos y aplicaremos la Ley que Regula la Actividad de Intermediación en las Relaciones Contractuales entre la República u otras Personas de Carácter Público y Empresas Nacionales o Extranjeras.

También reformaremos el Código de Comercio para establecer regulaciones legales a la constitución de las sociedades mercantiles, en especial lo atinente a suscripción y pago del capital social, creándose una Superintendencia de Sociedades Mercatiles encargada de asegurar la aplicación de la Ley en el campo de competencia que se le atribuya.

En suma, daremos efectiva respuesta a la demanda de la opinión nacional por un sano manejo de los recursos públi-

cos que preserve los negocios estatales de prácticas ventajistas y de manipulaciones indebidas tendientes a beneficiar a
funcionarios inescrupulosos en detrimento del patrimonio
de la Nación. La vigencia del sistema democrático así lo
exige.

F.   *La Seguridad Pública*

Se pondrá término a la dispersión de los servicios policiales. Estos serán supeditados a la coordinación de una jerarquía administrativa que se trazará como objetivo permanente una mayor eficiencia en la acción del Estado destinada a garantizar la seguridad de personas y bienes así como
el orden público.

Las ventajas de un sistema coordinado de policías, serán
las de agilizar la lucha contra el delito, delimitar la competencia y cooperación de cada cuerpo policial, agilizar la operatividad procedimental y centralizar la información.

G.   *El Defensor del Pueblo (Ombudsman)*

Se institucionalizará la figura del Defensor del Pueblo
tanto a nivel municipal y estadal como nacional. Será un
ciudadano calificado, de prestigio cívico, dotado de presupuesto e infraestructura suficientes para cumplir su elevada
misión.

3. La descentralización del Poder Político y Económico

A. El desarrollo regional

La ocupación del territorio es la expresión física de la interacción de la sociedad y su ambiente, moldeada por fuerzas sociales y económicas que operan a escala nacional.

El desarrollo armónico de todas las regiones será objetivo fundamental del Plan de la Nación, para lo cual la Ley incorporará las Corporaciones Regionales al Sistema Nacional de Planificación.

B. La transferencia de competencias

Al país se le presenta un nuevo escenario a partir del año próximo con la elección popular de los gobernadores de Estado y de los alcaldes municipales. Ante estas circunstancias, adquiere una importancia de primer orden la asignación de competencias, su transferencia y distribución entre los distintos niveles de gobierno. Será imprescindible una adecuada coordinación de las decisiones que se tomen en cada nivel y se debe prever que los mandatarios estadales y municipales cuenten con los recursos financieros necesarios que les permitan ejercer efectivamente sus atribuciones. En este sentido, impulsaremos las reformas necesarias.

Una reestructuración de las competencias del Estado en sus diferentes niveles debe abarcar el área de fomento agrícola e industrial, la de ordenamiento urbano, la construcción y mantenimiento de infraestructura, la gestión ambiental, la salud, la educación, la prestación de servicios públicos, el fomento de la investigación científica y tecnológica y el desarrollo de fronteras. Además de la regionalización de los Servicios Públicos, aun cuando estén organizados nacionalmente.

Los Municipios deberán ser los puntales del aparato público en la gestión de protección y desarrollo del ambiente. A ellos corresponderá la labor de concientización de la población, sobre la necesidad de preservar el entorno natural, sin que ello niegue las competencias que en este campo deba ejercer el gobierno central.

Debido a que el país se ha venido desarrollando desigualmente y que todos los Estados y Municipios no están en las mismas condiciones para aceptar al mismo tiempo las funciones y competencias, es imperativo introducir en la ley de descentralización que recoja las transferencias de competencias y la coordinación estadal, una cláusula de suplencia mediante la cual las competencias sean transferidas gradualmente a los Estados y Municipios, a medida que cada Estado y cada Municipio esté en capacidad de asumirlas.

III

LOS PROBLEMAS DE LA FEDERACION CENTRALIZADA

IV

LOS PROBLEMAS DE LA ADMINISTRACION PUBLICA

V

EL PROBLEMA DEL PODER JUDICIAL

VI

REFLEXION FINAL

Printed by BoD™in Norderstedt, Germany

9 789806 070264